Martin Arz

GIE SING

Reiseführer für Münchner

München. Giesingerkirche mit Altmünchen

Giesing – für viele gebürtige Münchner ist das immer noch »Terra incognita«, unbekanntes Land. Denn Giesing hatte bis vor Kurzem einen ganz speziellen Ruf. Woher der kam, werden wir in diesem Buch natürlich ausführlich erklären.

Giesing verteilt sich heute auf zwei Stadtbezirke, den Bezirk 17 Obergiesing-Fasangarten und 18 Untergiesing-Harlaching. Da wird etwas auseinanderdividiert, was eigentlich zusammengehört; auch wenn das Gebiet von der Sozialstruktur bis heute in zwei Teile zerfällt. Das historische Bauerndorf Giesing wurde zum Arbeiterviertel und ist heute Obergiesing, die einstigen Arme-Leute-Siedlungen und ehemaligen Industriegebiete unterhalb des Bergs bilden heute Untergiesing. Auch das vornehme Harlaching, jene bevorzugte Villen-Wohngegend für die Besserverdienenden, gehört schon seit ewigen Zeiten historisch zur Gemeinde Giesing. Der einzige Fremdkörper ist der Fasangarten, der mutwillig dem Bezirk 17 zugeschlagen wurde, historisch aber immer zu Perlach gehörte.

Giesing verfügt mit seinen einzelnen Vierteln über eine enorm große Fläche. Hier leben zudem über 100.000 Menschen. Das ist eine Großstadt innerhalb der Millionenmetropole. Weite Teile Giesings sind reine Wohnquartiere. Nur rings um den Tegernseer Platz, am Wettersteinplatz und (in sehr bescheidenem Maße auch) am Theodolinenplatz finden sich urbane Zentren.

Giesing geriet in den vergangenen Jahren verstärkt in den Fokus der Immobilienspekulanten. Durch das Freiwerden großer Flächen – zuletzt das Agfa-Gelände – entstanden und entstehen neue Wohnquartiere, das Bild Giesings verändert sich rasant. Hier setzt unser Buch an. Was war, was das Viertel und seine Bewohner geprägt hat, ist unser Hauptthema. Es ist kein trendiger Szeneguide für kurzlebige Gastronomie- und Erlebnisshopping-Experimente – Giesing bietet ohnehin nur ein recht überschaubares Angebot in den Bereichen Restaurants und Nachtleben. Dennoch geben wir im Service-Teil auch ein paar Tipps zum Shoppen und Speisen. Das Buch ist vor allem auch ein Stadtteilführer für Münchner und alle Interessierten, die Giesing in all seinen Facetten (dazu zählen wir auch Harlaching) ein wenig näher kennenlernen möchten.

Historisches findet ebenso Berücksichtigung wie Aktuelles. Vergangenes und Verlorenes steht neben Verborgenem und Verführerischem. Blättern, schmökern, Bilder angucken – das Buch soll so viel Spaß machen wie Giesing und Harlaching.

Martin Arz, München im Winter 2018/2019

Inhalt

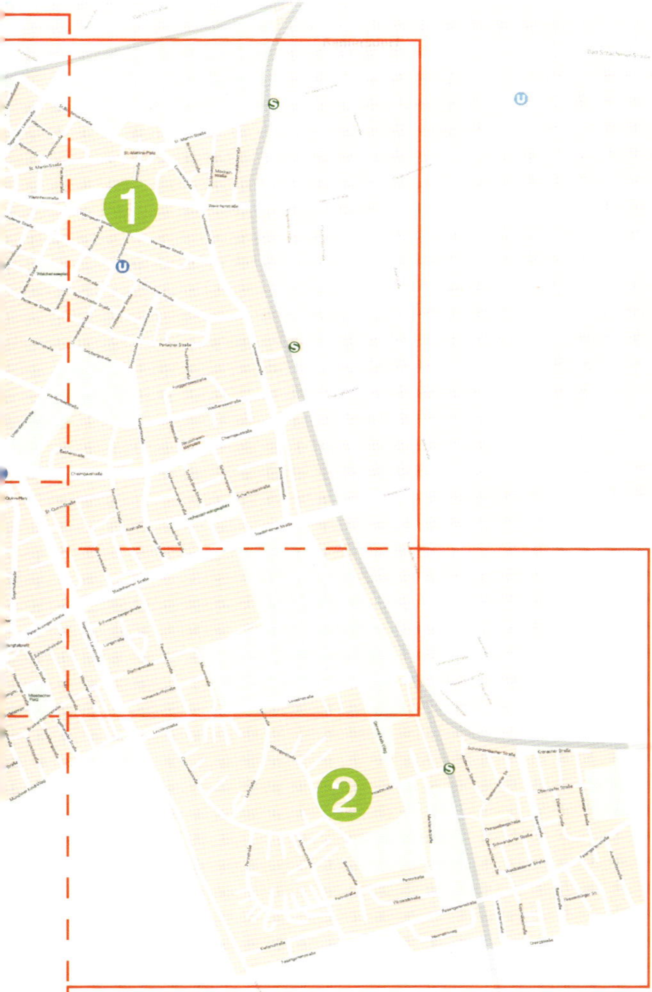

GIESING auf einen Blick:
Erstnennung 14. Juli 790 als »Kyesinga«
Namensbedeutung Siedlung des Kyeso/Kyso; noch im 19. Jh. wurde der Name allerdings von den Geißen (Ziegen) oder von den Quellen, die aus dem Berg »gießen«, abgeleitet
Gemeindebildung 1818 (Ober-)Giesing, mit den Ortsteilen Birkenleiten, Falkenau, Harlaching, Hellabrunn, Lohe, Menterschwaige, Papiermühle, Pilgersheim, Siebenbrunn, Stadelheim, Soyerhof, Warthof; Unter-(Nieder-)giesing war seit 1814 Teil der Vorstadt Au
Eingemeindung 01. Oktober 1854 mit Verleihung des Titels »Vorstadt Giesing«

HARLACHING auf einen Blick:
Erstnennung zwischen 1149 und 1155 als »Hadaleichingen«
Namensbedeutung Gut/Ort des Hadaleih; alternativ gibt es die sehr naheliegende Deutung von »Harlachen«, was Waldlichtung bedeutet, demnach wäre Harlaching ein unechter -ing-Ort; da Orte mit -ing-Endung aus der Zeit der bajuwarischen Landnahme stammen, wollte vielleicht ein Chronist Harlaching älter erscheinen lassen, als es ist
Gemeindebildung 1818, mit Geiselgasteig, Harthausen, Hellabrunn, Laufzorn, Siebenbrunn, Wörnbrunn; später Teil der Gemeinde (Ober-)Giesing
Eingemeindung 01. Oktober 1854 als Teil der »Vorstadt Giesing«

Bauern, Revoluzzer und Schickimickis

Giesing genoss noch vor wenigen Jahren einen denkbar schlechten Ruf und der hatte Tradition. 1879 schrieb das Münchner Fremdenblatt: »Giesing hat eine Gemeinschaft mit allen orientalischen Städten, nämlich: Man soll sie von Weitem anschauen, aber nicht hineingehen.« Wer sich dennoch hineinwagte, fand sich in einem einfachen Arbeiterviertel mit schmutzigen Fassaden wieder, ein Aschenputtel jenseits der Isar, das Münchner großräumig mieden. Dabei hatte Giesing eine stolze Tradition als eines der größten Dörfer im Münchner Umland, und es ist viel älter als die Stadt, die es erst zur Vorstadt und dann zum Stadtteil machte.

Am 14. Juli 790 schenkten der Priester Ihcho und sein Neffe Kerolt »ihr eigenes Erbgut an die Freisinger Kirche, die sie besitzen an dem Ort Kyesinga, und zwar vollständig«. Diese Schenkung ist die erste schriftliche Erwähnung Giesings. Das Dorf muss damals schon eine beachtliche Größe gehabt haben, wie die 303 bajuwarischen Reihengräber mit ihren reichhaltigen Grabbeigaben aus der Zeit zwischen 580 und 730 belegen, die man an der Ecke Tegernseer Land-/Ichostraße fand. Der Auer Armenarzt Martin Anselm schrieb in seiner 1837 erschienenen *Topographie und Statistik des kgl. bayer. Landgerichtes Au bei München*, dass das Pfarrdorf Giesing »nach der Sage von den aus dem Berg daselbst hervorquellenden und in das Thal hinabströmenden (gießenden) Quellen seinen Namen« ziehen würde.

Auf Giesinger Grund lag auch die älteste Mühle Münchens, die Schrafnagel- oder Bäckermühle. Der Auer Mühlbach, der früher gerechterweise zum größten Teil Giesinger Mühlbach hieß, da er seine längste Strecke durch Giesing fließt, betrieb vermutlich schon im 7. Jh. die Räder der Bäckermühle am Candidplatz. 957 schenkte

ein Edler namens Wolftregil diese Mühle dem Freisinger Hochstift. Bis 1972 wurde hier noch Mehl gemahlen, dann stellte man den Betrieb ein und riss Münchens älteste Mühle ab. Auf dem Gelände entstand ein großer Bürokomplex, in dessen Schatten versteckt das kleine Kraftwerk Bäckermühle heute noch an die historische Bedeutung des Ortes erinnert.

Die Herren von Giesingen

Über die mittelalterliche Geschichte Giesings ist wenig bekannt. Im 12. und 13. Jh. finden sich Hinweise auf einen Edelsitz derer »von Giesingen«, der in Nieder-(Unter-)giesing gelegen haben muss. Denn Giesing ist nicht gleich Giesing. Früher benannte man die Ortsteile oben am Berg Obergiesing und Untergiesing – nach dem Lauf der Isar. Der Name Untergiesing kam dann bald auch für das Gebiet rings um den heutigen Kolumbusplatz auf. Deshalb muss man in historischen Quellen genau hinschauen, ob Untergiesing am Berg oder am Kolumbusplatz gemeint ist. Sei es drum: Das historische Unter- oder Niedergiesing – also ungefähr das Gelände zwischen Alpenplatz und Ruhestraße sowie Kolumbusplatz – gehören längst zum Stadtbezirk Au. Wir werden im Buch dennoch darauf eingehen.

Heute versteht man unter Untergiesing ausschließlich die ehemalige Auenlandschaft unterhalb des Giesinger Bergs südlich der Humboldtstraße und unter Obergiesing den Stadtteil oben auf der Anhöhe hinter der Giesinger Kirche.

Den Edelsitz derer von Giesingen kaufte 1403 Herzog Ludwig der Gebartete von Ingolstadt, der mit seinen Münchner Verwandten einen erbitterten Krieg um die Herrschaft in Bayern austrug. Ludwig richtete in Untergiesing seinen Stützpunkt ein – und unterlag. Die Münchner Vettern siegten und übernahmen Untergiesing. Aus dem Rittersitz wurde später Marquartskreuth.

Das Bauerndorf Giesing geriet schnell immer mehr unter den Einfluss der dicht besiedelten Vorstadt Au. Den kleinen Weiler Untergiesing nördlich der Heilig-Kreuz-Kirche sah man sowieso als Teil der Au an. So bekam die Au auch die erste Schule der Gegend und die Giesinger mussten von 1560 bis ins Jahr 1800 ihre Kinder hinunter in die Au schicken. Gleichwohl blieb die Kirche Heilig-Kreuz oben am Berg, eine Filialkirche von Bogenhausen, zunächst das seelsorgerische Zentrum für beide Orte. Das änderte sich erst, als Kurfürst Maximilian I. die Au und Giesing von der Pfarrei Bogenhausen trennte und die Pfarrei Au gründete. Nun unterstand Heilig-Kreuz der Auer St.-Borromäus-Kirche. Wenn es aber galt, die Toten zu bestatten, kamen die Auer hinauf zum Friedhof der Giesinger Kirche. Der musste ständig erweitert werden, bis die Au und Untergiesing 1817 end-

Kein anderer Stadtteil Münchens feiert sich gern so ausgiebig in Aufklebern wie Giesing

lich einen eigenen Friedhof hinter dem Nockherberg-biergarten bekamen. Ab 1876 mussten dann alle Giesinger ihre Toten auf dem Auer Friedhof beerdigen, aus dem der heutige Ostfriedhof hervorging.

Das Giesinger Narrenhaus

Giesings Ansehen bekam schon sehr früh einen gewaltigen Knacks – weniger durch die erbärmlichen Herbergen in der Lohe, sondern durch das »Narrenhaus«, das 1692 am Kolumbusplatz eröffnete. Ursprünglich war es ein Krankenhaus für Hofbedienstete mit ansteckenden Krankheiten. Ende des 18. Jh. suchte man nach besseren Unterbringungsmöglichkeiten für die »Tollsinnigen«, die man bisher in Gefängnissen weggesperrt hatte. So baute man das Hofkrankenhaus zum kurfürstlichen Irrenhaus um. Im Volksmund wurde »Giesing« damit gleichbedeutend für Klapsmühle, so wie heute »Haar«. Das änderte sich auch nicht, als die ständig überfüllte Irrenanstalt 1859 schloss. Das Gebäude wurde dann wieder als Krankenhaus genutzt und schließlich abgerissen. 1897 eröffnete in einem Neubau die Kolumbusschule, die im Krieg zerstört wurde. Auf dem Gelände steht heute ein Wohnhaus mit Kindergarten.

Der Wandel des alten Giesing vom Bauerndorf zur Vorstadt vollzog sich kurz nach der Gemeindebildung 1818. Seit Jahrhunderten hatte das Dorf ziemlich konstant aus etwas mehr als 20 Höfen bestanden (1574: 21 Höfe,

1812: 24). Nun war Giesing sprunghaft gewachsen, von rund 700 Bewohnern im alten Dorfkern auf über 2 200 Einwohner, die vor allem in den Quartieren unten am Berg lebten. Die verschiedenen Ortsteile ober- und unterhalb des Hangs – oben Giesing, Soyerhof, Warthof, Stadelheim, Harlaching, Menterschwaige; unten Lohe, Falkenau, Birkenleiten, Pilgersheim, Hellabrunn und Siebenbrunn – waren nur über eine extrem steile, gefährliche Straße mit Haarnadelkurve mit dem Zentrum Altgiesing verbunden. Durch den Bau der Wittelsbacherbrücke war Giesing nun mit der Isarvorstadt verbunden. Die ersten Ansätze zum verkehrsgerechten Ausbau des Giesinger Bergs gab es schon im frühen 19. Jh., die erste große Regulierung erfolgte 1861, dann eine umfangreichere 1892, in deren Zug auch die alte Pfarrkirche dem Verkehrsweg geopfert wurde. Erst als die Steigung von ursprünglich 12 % auf 4 % abgemildert war, konnte der Giesinger Berg gefahrlos befahren werden. Ab 1896 fuhr sogar die Straßenbahn den Giesinger Berg hinauf. 1934 kam dann das endgültige Aus für den historischen Ortskern: Der Giesinger Berg wurde direkt mit der Grünwalder Straße verbunden. Für die mehrspurige Ausfallstraße riss man im Dorfkern des alten Giesing die Bauernhöfe weg. Heute steht an der verkehrsumtosten Kreuzung zwischen Heilig-Kreuz-Kirche und Martin-Luther-Kirche nur noch der Hauserbauernhof, Silberhornstraße 2, seit 1812 im Besitz der Familie Knoll,

Schrebergärten entlang der Bahngleise an der Teutoburgerstraße

Giesings letzter Bauernhof, der 1954 den landwirtschaftlichen Betrieb einstellte.

Arbeiterhochburg Giesing

Mit der Eingemeindung von Giesing, Haidhausen und der Au im Jahr 1854 wuchs München auf über 100 000 Einwohner. Giesing selbst explodierte geradezu: Im Jahr 1900 lebten hier schon 25 218 Menschen, vor allem in den neuen Siedlungsgebieten zwischen Ostfriedhof und Wirtstraße sowie im neuen Untergiesing zwischen Humboldtstraße und Candidplatz. Wegen des Bevölkerungsanstiegs wurde es Zeit, eine neue, große Kirche zu bauen. Direkt neben dem alten Dorfkirchlein entstand 1886 die neugotische Heilig-Kreuz-Kirche. Kurz danach setzte der Wohnungsbau im großen Stil ein. Zunächst entstanden schlichte zweigeschossige Vorstadthäuser, dann mehrstöckige Mietshäuser im Stil des Historismus für die Arbeiter, die vor allem in der Untergiesinger Lederfabrik, der Maschinenschlosserei, bei den Mühlen oder in der Stadtgärtnerei beschäftigt waren. Sie gründeten Giesings Ruf als Arbeiterviertel. Um die Jahrhundertwende hatte Giesing die billigsten Mieten Münchens und zählte neben der Schwanthalerhöhe zu den ärmsten Bezirken.

Als Arbeiterhochburg geriet Giesing unmittelbar in den Strudel der Revolution von 1918 und der Räterepublik.

Nicht nur, dass Bayerns erster Ministerpräsident Kurt Eisner kurzzeitig wegen revolutionärer Umtriebe in Stadelheim einsaß und nach seiner Ermordung unter gewaltiger Anteilnahme auf dem Ostfriedhof beerdigt wurde, Giesing selbst war heiß umkämpft. Am alten Giesinger Wegkreuz an der Tela-Post richteten die rechtsgerichteten Freikorps unter den »Roten« ein Massaker an. 61 Anhänger der Räteregierung wurden hier standrechtlich erschossen. Eine Gedenksäule erinnert heute an die Toten. Giesing blieb rot, eine Hochburg der Kommunisten und Sozialdemokraten, sehr zum Unbill der aufkommenden Nationalsozialisten, die vor der Machtübernahme nicht nur einmal vom Mob durch die Straßen geprügelt wurden.

In den späten 1920er Jahren begannen dann die gemeinnützigen Wohnungsbaugesellschaften mit dem Errichten großer Mietsblöcke, so zum Beispiel zwischen Tegernseer Landstraße und Giesinger Bahnhof oder auf dem mittlerweile stillgelegten Gelände der Lederfabrik an der Pilgersheimerstraße. In jenen Jahren siedelte sich auch ein weiterer großer Arbeitgeber in Giesing an: die Agfa Camerawerke, deren ehemaliges Betriebsgelände ab 2010 mit Wohn- und Gewerbeeinheiten sowie einem neuen Hochhaus neu bebaut wurde.

Nach dem Zweiten Weltkrieg erlebte Giesing eine neue große Bauphase, die größtenteils wieder in den Händen

Das »Münchner Fremdenblatt« fand 1879 folgende Worte für Giesing: »Viel berechtigter wäre der Ausspruch: ›Die neue Wittelsbacherbrücke sei über die Isar gebaut, um bei ihrem prächtigen Anblick zu vergessen, welche Enttäuschung folgt, wenn man sie überschritten hat und sich einer Vorstadt nähert.‹ Da wir einmal auf dem Wege sind, wollen wir uns auf dem Schyrenplatz, so genannt zum Andenken der Wittelsbacher Ahnen, weiterwagen; denn es ist Schönwetter und die Police der Unfallversicherung in unserer Tasche. Die Stadt hat aufgehört und liegt hinter uns – das Dorf beginnt, und zwar ein schmutziges Dorf. (…) So kommen wir rechts vor dem Eingang in das eigentliche Giesing, an eine eigentümliche Fallgrube. Auf unser Befragen hin wurde uns mitgeteilt, dass sie die Universalabtrittsgrube der Adjazenten (= Anwohner) ringsherum bilde, die in ihren Häusern des allernötigsten Rückzugsortes entbehren, der für alle zivilisierten Völker der notwendigste ist. Gleich neben der Kommunegrube arbeitet die Wasserversorgungsanstalt, welche die Vorstadt mit filtriertem (?) Isarwasser beglückt. Und wieder nur einen Schritt weiter kommen wir an eine Pfütze, an ein Stinkwasser, das von Zeit zu Zeit ein ärgeres Parfüm ausströmt, als alle Böcke von Bar el Maserim – und wahrhaftig, diese stinken arg. Giesing hat eine Gemeinschaft mit allen orientalischen Städten, nämlich: Man soll sie von Weitem anschauen, aber nicht hineingehen. (…) Links ein eingeplank- ter Garten, rechts Holzhütten, in deren Vergleich die Troglodyten (= Höhlenbewohner) noch besser logiert haben, schließen eine Straße, zu deren Herstellung respektive Erweiterung schon längst hätte energisch vorgegangen werden müssen – wenn eben Giesing kein Stiefkind der Stadt wäre. Einstimmig muss man von den Giesingern hören: ›Wir sind nur gut genug, Steuern und Abgaben zu bezahlen, im Übrigen schert sich kein Mensch um uns.‹ (…) In dem ganzen zur Stadt gehörigen Giesing ist mit Ausnahme der Tegernseer Landstraße kein Trottoir; bei jedem Regen stehen die Tümpel in den Straßen, die nach längerer Zeit die Luft verpesten und die Gesundheit schädigen. Während in den übrigen Vorstädten die Nacht hindurch die bestimmten Gaslaternen noch Licht haben, ist diese Wohltat für die Giesinger nicht gegeben; um 1 Uhr nachts sind die Lichter gelöscht – um diese Zeit hat eben der Giesinger nichts mehr auf der Straße zu suchen!«

Alt - München: Giesing.

Romantisierende Postkarte von Alt-Giesing

der Wohnungsbaugesellschaften lag. So errichtete die Neue Heimat zwischen 1953 und 1958 zwischen Giesinger Bahnhof und Stadelheim ein komplett neues Giesing mit 71 mehrstöckigen Gebäuden, Postamt, Stadtbücherei, Kindergarten, Schule und Gaststätte. Am Rand des Perlacher Forsts entstand die Amerikanische Siedlung für die Angehörigen der US-Streitkräfte, die zunächst in beschlagnahmten Häusern in Harlaching untergebracht waren. Rings um den Wettersteinplatz bildete sich durch die verstärkte Bebauung in den 1960er Jahren ein zweites Giesinger Zentrum. In Untergiesing siedelte sich nach dem Krieg der Leuchtmittelhersteller Osram an, nicht zuletzt deshalb wuchs die Bebauung beiderseits der Schönstraße bis hinunter nach Hellabrunn.

Das Schmuddelkind wird schick

Einige Teile Giesings erlebten in den letzten Jahren einen enormen Aufschwung als attraktive Wohngegend. In Obergiesing ist besonders das erhaltene Altbauviertel zwischen Ostfriedhof und U-Bahn Silberhornstraße renoviert – und selten luxussaniert – worden und zieht junge Gutverdiener an. Untergiesing, vor allem rings um den Kolumbusplatz, mausert sich nicht zuletzt wegen der Isarnähe zu einem neuen In-Viertel.
Ein wichtiger Identifikationsfaktor Giesings ist der Fußball – schließlich ist auch der »Kaiser« Franz Beckenbauer ein Giesinger, der seine ersten Erfolge beim SC 1906 am Martinsplatz feierte. Vor allem aber gehören die Sechzger, die Löwen vom TSV 1860 München, zum

Viertel. Schräg gegenüber des Wettersteinplatzes thront das Sechzgerstadion, das zwischen 1911 und 1926 gebaut wurde. Von 1963 bis 1972 fanden im Sechzgerstadion die Bundesliga- und Europapokalspiele der Löwen, aber auch des FC Bayern München statt. Allgemein gelten nur die Löwen bei ihren Fans als Giesinger, wobei sie ursprünglich mitten aus dem Glockenbachviertel stammen. Gleich ums Eck, in der Säbener Straße und damit offiziell in Neuharlaching, ist seit 1945 der FC Bayern München ansässig. Bombenschäden vertrieben damals die Bayern aus ihrer Schwabinger Heimat. Sie fanden ein neues Trainingsgelände auf dem Areal des Sportvereins der Bayerischen Hypotheken- und Wechselbank von 1926.

Edelsitz Harlaching

Fünf Spiralen, ein Ring und ein Bügel, alles aus Bronze, sind die ältesten Belege für eine Siedlung in Harlaching. Sie stammen aus Hockergräbern, die man in der Nähe des Tiroler Platzes entdeckte. Harlaching kann demnach schon auf eine Geschichte zurückblicken, die um 1800 v. Chr. begann. Und der Ort schien schon früh eine wohlhabende Klientel angezogen zu haben. In einem römischen Grab aus dem 4. Jh., das Bauarbeiter 1910 beim Verlegen einer neuen Wasserleitung entdeckten, fanden sich kostbare Geschmeide aus Gold und Perlen. Um das Jahr 600, so vermutet man, muss dann die Sippe eines germanischen Clanchefs namens Hadaleih den Ort übernommen haben. Die erste schriftliche Erwähnung Harlachings als Eigentum des Klosters Te-

Die Bergstraße im Jahr 1905, im Hintergrund der Bergbräu

Die Herberge Hochhauser (auch Beim Fock) wurde 1939 abgerissen. Heute ist hier eine Grünanlage neben der Wirtstraße 2

gernsee gibt es allerdings erst im 12. Jh. In dieser Zeit, genauer im Jahr 1163, berichtet auch eine Urkunde erstmals über eine kleine Kirche am Harlachinger Berg. Um 1290 bestand Harlaching aus einem großen Gutshof, fünf kleinen Halb- und Viertelhöfen sowie einer Mühle. Im ältesten Einwohnerverzeichnis des Weilers sind als Harlachinger aufgeführt: »Huber Tench, Huber Sifridus, Lechner Rupertus, Lechner Swevus, Müller Reicher und Mühlenhuber Wernherus.« Die im Dreißigjährigen Krieg von den Schweden geplünderte, stark be-

schädigte und anschließend wieder aufgebaute Kirche ist der Heiligen Anna geweiht.

Lange blieb der Ort ein beschauliches Dorf und ein beliebtes Ausflugsziel für Städter. 1527 erwarb Herzog Wilhelm IV. das Klostergut Harlaching, um daraus einen Jagdsitz zu machen. Selbst Kaiser Karl V. weilte hier als Gast bei einer großartigen Treibjagd. 1660 überließen die Wittelsbacher die Güter Harlaching, Harthausen und Geiselgasteig dem geheimen Rat Max Kurz von Valley. Vierzig Jahre später ließ der neue Besitzer von Harla-

Das Landhaus ließ sich Hofrat Bernhard Spatz 1903 an der Holzkirchner Straße 1 erbauen, es wurde 1971 abgerissen.

ching, Kriegskanzleidirektor Max Christoph von Mayr, neben der Kirche St. Anna ein prächtiges Schloss samt Lustgarten erbauen. 1793 verkaufte die Familie Mayr das Schloss samt den dazugehörigen Gutshöfen Harlaching, Hellabrunn und Siebenbrunn an den Fürsten von Isenburg, der sich nur kurz daran erfreuen konnte. Ein Brand zerstörte das Schloss 1796. Die Ruine brach man letztlich komplett ab.

Harlaching wurde 1818 gemeinsam mit Geiselgasteig, Harthausen, Hellabrunn, Laufzorn, Siebenbrunn und Wörnbrunn zu einer Gemeinde zusammengefasst. Später kam Harlaching zur Gemeinde Giesing. Die Grenze zwischen dem alten Giesing und dem alten Harlaching verlief zwischen Quirinplatz und Tiroler Platz.

Die Erbin des Fürsten von Isenburg verkaufte das Gut Harlaching 1857 schließlich an den Hofbankier Joseph von Hirsch, der hier eine florierende Schafzucht betrieb. Nur knapp 50 Einwohner zählte das ganze Gebiet, als die Stadt München es am 1. Oktober 1854 eingemeindete. Die Stadt lehnte aber ab, als ihr Freiherr von

Hirsch 1887 seine Ländereien zum Kauf anbot. Schließlich schlug der Bauunternehmer Jakob Heilmann zu und erwarb Gut Harlaching, wo ab dem Jahr 1900 nach Plänen der Architekten Gabriel von Seidl und Max Littmann die Gartenstadt Harlaching entstand, die bis heute ihren grünen Charakter bewahrt hat und zu den exklusivsten Wohnlagen Münchens zählt. Ursprünglich war geplant, eine weitaus größere Gartenstadt in den Perlacher Forst zu bauen. Die Pläne wurden aber nie umgesetzt.

Am 1. November 1899 eröffnete dann direkt am Rande des Perlacher Forsts das Städtische Sanatorium Harlaching, in dem vor allem Lungenkranke Erholung finden sollten, seine Tore. Die moderne Klinik ist heute der größte Arbeitgeber im Stadtteil. 1914 entstand ein weiteres Krankenhaus zwischen Grünwalder und Harlachinger Straße, die Orthopädische Klinik.

Villenvorort und Gartenstadt

Mit der Einweihung der Tramlinie von München nach Grünwald im Jahr 1910 kamen nicht nur mehr Ausflügler ins Isartal zwischen Flaucher und Grünwald, die günstige Verkehrsanbindung sorgte auch für weitere Erschließungen. Im Gegensatz zum schicken Alt-Harlaching besiedelte eine eher einfachere Klientel Neuharlaching, das in den 1920er Jahren nordwestlich des alten Ortskerns entstand. Hier zog man günstige Eigenheime und gemeinnützige Mehrfamilienhäuser hoch, wie z. B. die Kleinhaussiedlung Harlaching an der Rotbuchenstraße mit ihren charakteristischen »Kaffeemühlenhäusern«. Von der Kleinhaussiedlung ist heute nur noch ein Haus erhalten, die anderen, großzügigen Grundstücke wurden ab den 1970er Jahren dichter mit Mehrfamilienhäusern bebaut.

In den 1930er Jahren entstand die »Alte Kämpfer Sied-

Die Menterschwaige im Jahr 1830

Badespaß in einem Seitenarm der Isar unterhalb Harlachings, 1840 festgehalten in einer kolorierten Lithografie von Friedrich Olivier

lung« für die Teilnehmer am Hitlerputsch von 1923 und andere verdiente Parteigenossen der NSDAP. Heute kaum mehr vorstellbar ist, was die US-amerikanischen Behörden ab dem 16. April 1946 machten: Sie zäunten fast ganz Harlaching als Einzugsgebiet der McGraw-Kaserne (an der Tegernseer Landstraße) mit Stacheldraht ein, um hier rund 3 000 Angehörige der Streitkräfte unterzubringen. 894 Häuser wurden geräumt, fast 5 000 Menschen mussten ausziehen. Harlaching konnte nur noch an bewachten Übergängen betreten oder verlassen werden. Das änderte sich erst ab 1953, als man die Amerikanische Siedlung am Perlacher Forst baute. Die

letzten Familien konnten 1957 in ihre Häuser zurückkehren.

Nach der deutschen Wiedervereinigung und dem Abzug der US-Streitkräfte zogen verschiedene Polizeidienststellen in die Räume der ehemaligen McGraw-Kaserne. Die Amerikanische Siedlung kam auf den freien Wohnungsmarkt.

Die Bebauung von Alt- und Neuharlaching verdichtet sich in den letzten Jahren zunehmend. Viele freistehende Häuser in großzügigen Gärten wurden und werden abgerissen und durch Eigentumswohnanlagen ersetzt.

Ein Dorf wird zerstört ...

Der alte Dorfkern von Giesing vor und kurz nach dem Durchbruch der Martin-Luther-Straße im Jahr 1934, die eine direkt Verbindung vom Giesinger Berg zur Tegernseer Landstraße herstellte. Im Vordergrund der heute noch existierende Hauserbauer ❶, ganz rechts die Lutherkirche ❷, dahinter der Apothekerbauer ❸, der Zehentbauer ❹, die Fabrikanlage der Bayerischen Uniform Werke ❺, das Wirtshaus »Zum letzten Pfennig« ❻ und der Grafenbauer ❼.

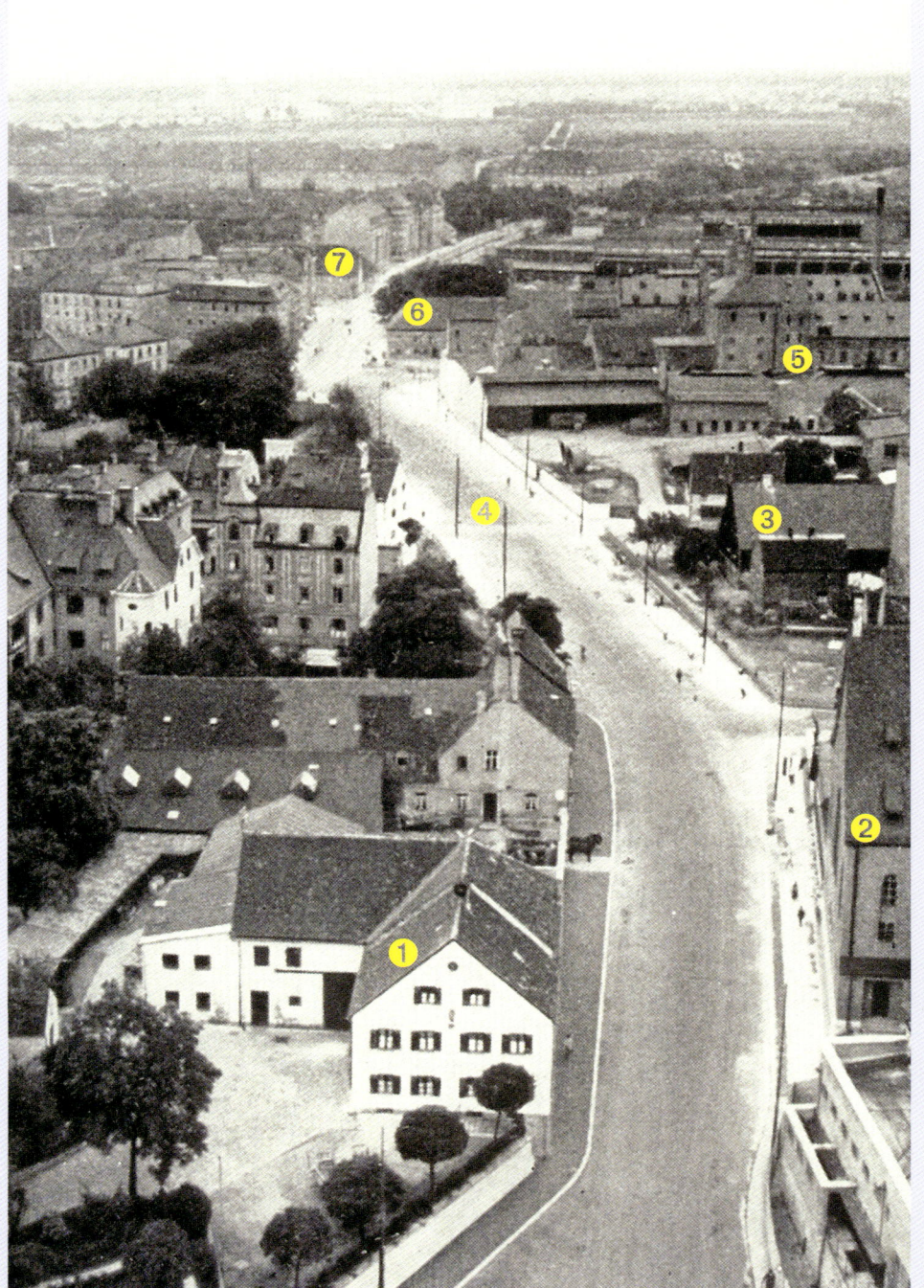

Humboldtstraße
Oefelestraße
Kolumbusplatz
Nockherstraße
U
1.35
Am Bergsteig
Alpenrosenstr.
Edelweißstraße
St.-Bonifatius-Straße
Sommerstraße
Oefelestraße
Freibadstraße
Claude-Lorrain-Straße
Untere Weidenstraße
Plattnerstraße
Hefnerstraße
Am Bergsteig
Untere Grasstraße
Tegernseer Landstr.
Watzmannstr.
1.34
1.37
Sachsenstraße
Birkenau
Kleiststraße
Mondstraße
Giesinger Berg
Gietlstraße
Alpenstraße
Zugspitzstraße
Teutoburgerstraße
Voßstraße
Cannabichstr.
Kiesstraße
St.-Martin-Straße
Piechlerstraße
1.38
Hans-Mielich-Platz
Kühbachstraße
Lohstraße
Ichostraße
Werinherstraße
Apollinger-straße
Gerhardstraße
Winterstraße
Martin-Luther-Straße
Silberhorn
Deisenhofener Straße
Detailkarte
siehe rechts
Warngau
Agilolfinger-platz
Thusneldastr.
Ammutsstraße
Konradinstraße
Bergstraße
Zehentbauernstraße
Weinbauern-straße
Kesselbergstraße
Rablstraße
Gerhardstraße
Konradinstraße
Jamnitzerstr.
Pilgersheimer Straße
Lohstraße
Tegernseer Landstraße
Perlacher Straße
Herzogstandstraße
Rotwein
Krumpertstraße
Hans-Mielich-Straße
Waldeckstraße
Wirtstraße
Wirtstraße
Rotbacher Straße
Walchenseeplatz
Landlstraße
Candidstraße
U
Candidplatz
Candidstraße
Raintaler Straße
Perlacher Straße
Bayrischzelle
Hellabrunner Straße
1.52
1.46
Spixstraße
1.45
Untersbergstraße
Setzbe
Pistoriusstraße
Volckmerstraße
Werner-Schlierf-Straße
1.47
Firstalmstraße
Schönstraße
Ludmillastraße
Weningstraße
Reginfriedstraße
Gozbertstraße
Tegernseer Landstraße
Halbigstr.
Albrecht-Dürer-Straße
Birkenleiten
Wetterstein-platz
U
Weißenseestraße
Lebscheestraße
Grünwalder Straße
1.51
Peißenbergstraße
Ottostraße
Fromundstraße
Reichenhaller Straße
1.50
Eliandstraße
Bad-Wiessee-Straße
Kurzstraße
Latemarstraße
Salzburger Straße
Saalggasstraße
Schellenbergstraße
Landfriedstraße
Untersbergstraße
Bacherstraße
1.54
Grödener Straße
Hochkalterstraße
Gulbauner Straße
1.49
Chiemgaustr
1.55
Berg-Isel-Straße
Stubaier-Joch-Straße
St.-Quirin-Platz
U
Meraner Straße
Klausener Platz
Klausener Straße
St.-Quirin-Straße
Kastanienstraße
1.53
Südtiroler Straße
Vintschgauer Straße
Am Hohen Weg
Rotbuchenstraße
Akazienstraße
Hochvogel-platz
Immergrünstraße
Ahornstraße
Soyerhofstraße

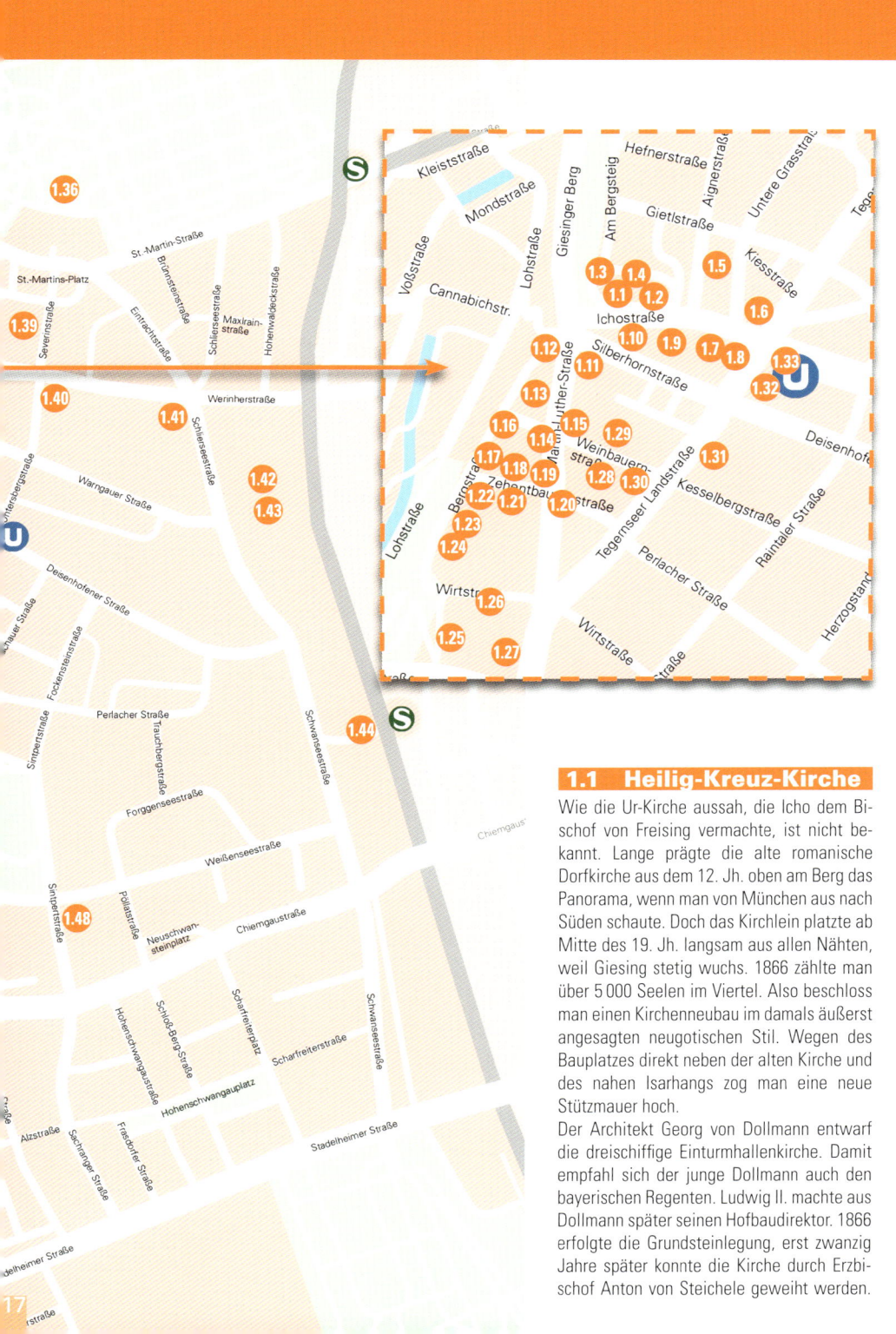

1.1 Heilig-Kreuz-Kirche

Wie die Ur-Kirche aussah, die Icho dem Bischof von Freising vermachte, ist nicht bekannt. Lange prägte die alte romanische Dorfkirche aus dem 12. Jh. oben am Berg das Panorama, wenn man von München aus nach Süden schaute. Doch das Kirchlein platzte ab Mitte des 19. Jh. langsam aus allen Nähten, weil Giesing stetig wuchs. 1866 zählte man über 5 000 Seelen im Viertel. Also beschloss man einen Kirchenneubau im damals äußerst angesagten neugotischen Stil. Wegen des Bauplatzes direkt neben der alten Kirche und des nahen Isarhangs zog man eine neue Stützmauer hoch.

Der Architekt Georg von Dollmann entwarf die dreischiffige Einturmhallenkirche. Damit empfahl sich der junge Dollmann auch den bayerischen Regenten. Ludwig II. machte aus Dollmann später seinen Hofbaudirektor. 1866 erfolgte die Grundsteinlegung, erst zwanzig Jahre später konnte die Kirche durch Erzbischof Anton von Steichele geweiht werden.

Giesing, die Lohe mit dem Irrenhaus, Birkenleiten und das historische Untergiesing im Jahr 1826

Zu knapp hatte man kalkuliert. Das Budget war bereits nach zwei Jahren komplett aufgebraucht, und erst nachdem man mehrere Lotterien veranstaltet hatte, konnte es mit dem Bau weitergehen. Zwei Jahre lang standen nun die beiden Giesinger Kirchen nebeneinander. 1888 riss man schließlich die alte Dorfkirche ab. Wo sie einst stand, befindet sich heute eine kleine Grünanlage vor der Icho-Schule.

Dollmann entwarf auch den Hochaltar und die Kanzel, deren Figurenschmuck der Bildhauer Joseph Beyrer umsetzte. Von Beyrer stammen zudem die 14 Kreuzwegstationen und 12 Apostelstatuen sowie einige Einzelfiguren; diese Giesinger Arbeiten Beyrers zählen zu seinen Hauptwerken.

Heilig-Kreuz überstand die Bomben des Zweiten Weltkriegs weitgehend unbeschadet, es ist also die einzig vollständig erhaltene neugotische Kirche Münchens, die auch diverse Purifizierungswellen der 1960er und 1970er Jahre überstand. Im achteckigen Hauptturm hängen heute vier Glocken im Salve-Regina-Motiv von 1953 und eine große Glocke. Der

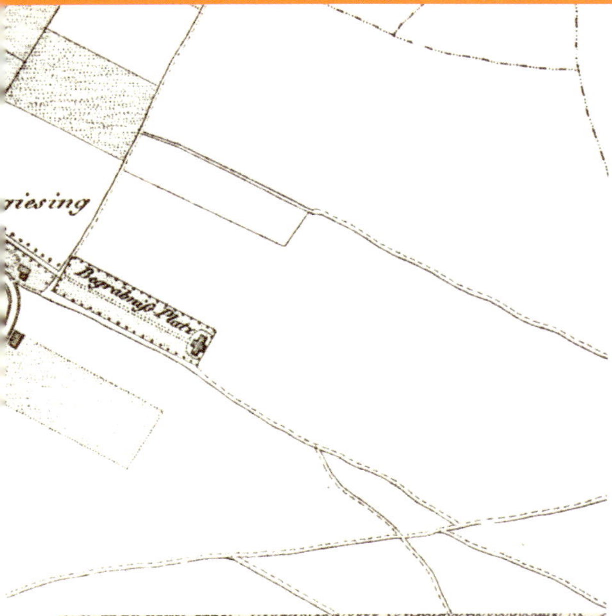

Eine Postkarte aus dem Jahr 1888 mit der alten und der neuen Giesinger Kirche; links neben der neuen Kirche stehen noch Reste des Sturmhofs

Gruss aus München.

Alte und neue Giesinger Kirche.

Detail des Kriegerdenkmals vor der Kirche Heilig-Kreuz: Den kubistischen Steinblock mit Helmskulptur und Reliefs auf quadratischem Stufensockel, Am Bergsteig, schuf Hans Lindl 1929.

1998 erneuerte Dachreiterturm im Osten beherbergt eine kleine Bronzeglocke.

Die Stützmauer der Terrasse, auf welcher die Giesinger Kirche steht, lockerte man 1892 durch zwei Freitreppen auf. Die etwas verwahrloste Brunnengrotte an der Ecke Giesinger Berg/Ichostraße stammt von 1893. Weiter nördlich neben der Treppe befindet sich ein weiterer Nischenbrunnen, den Richard Knecht 1936 schuf (Foto S. 118).

1.2 Schallerhof

Wie bei anderen Giesinger Bauernhöfen auch, liegt der Ursprung des Hofnamens im Dunkeln, ebenso, wann er genau gegründet wurde. Das 78 Tagwerk Land umfassende Anwesen wurde 1822 zerteilt und an verschiedene Interessenten verkauft. Den Schallerhof selbst samt Anger erwarb 1841 Theres Feldmüller, der bereits der benachbarte Sturmhof gehörte. Die Gärten und Anger parzellierte sie zu 22 Grundstücken, die sie an Handwerker und Tagelöhner verkaufte (*siehe* 1.5). Den Schallerhof erwarben 1847 die Armen Schulschwestern, die ihn 20 Jahre später für 7.500 Gulden an die Kirchenstiftung Giesing veräußerten. Die Stiftung riss das Haus ab, um den Bauplatz für die neue Heilig-Kreuz-Kirche zu schaffen.

1.3 Sturmhof

Der Sturmhof tauchte erstmals 1493 in einer Urkunde auf, als sein damaliger Besitzer, der herzogliche Jägermeister Hans Wag(n)er, eine ewige Frühmesse stiftete. Zur illustren Schar der späteren Eigentümer zählte auch der Truchsess Johann Ignaz von Winkelsperg, dem der Sturmhof ab 1732 gehörte. Zwei Jahre später erhielt Winkelsperg von Kurfürst Karl Albrecht noch Land am südlichen Isarhang dazu, wo der Truchsess sich ein Schlösschen erbaute, den späteren Edelsitz Birkenleiten (*siehe* 3.42). Winkelspergs Nachfolger wurde ab 1740 der kurfürstliche Kammerdiener Claude Destouches und schon sechs Jahre später Guido Graf von Taufkirchen. 1773 tauchte erstmals der Name »Sturmhof« auf, woher er stammte, ist unbekannt. Man nannte ihn aber auch Laberoder Desdusch(!)-Hof. Das Ende für den großen Hof kam 1807, als man alle Ländereien an 18 neue Besitzer »vergantete«, also verkaufte. Den Hof mit nur noch 1,36 Tagwerk

Land erwarb schließlich am 2. Januar 1840 die Privatiergattin Theres Feldmüller, die Stück für Stück das Land an Tagelöhner verkaufte, wodurch die sogenannte Feldmüllersiedlung entstand (*siehe* 1.5). Die Feldmüllerin selbst blieb bis 1846 auf dem Sturmhof. Ab 1855 wurde die Stadt München Eigentümerin des Hofs (Am Bergsteig 1), der schließlich nach dem Neubau der Heilig-Geist-Kirche und des dazugehörigen Pfarrhauses nur noch im Weg stand und abgerissen wurde.

1.4 Metzger/Kothhub

Wie auch der Schallerhof, musste der Metzgerhof (Am Bergsteig 2) letztlich dem Neubau der Heilig-Kreuz-Kirche weichen. 1418 fand die Kothhub erste Erwähnung, als der Münchner Bürger Hanns Pirmeyder das Anwesen an das St.-Klara-Kloster am Anger verkaufte. 1792 erwarb der wohlhabende Metzger Joseph Sailer aus Haidhausen die Kothhub. Sailer besaß schon den großen Metzgeranger in Haidhausen (heute steht hier die Johanniskirche). Nach Sailers Tod heiratete seine Witwe wieder einen Metzger, es blieb also bei dem neuen Hofnamen. Etliche Aufteilungen und Besitzerwechsel später kaufte die Stadt München 1853 die Reste des Metzgerhofs, die schließlich dem Kirchenneubau weichen mussten.

Schaller-, Sturm- und Metzgerhof mussten dem Neubau von Pfarrhaus (o.), Mesnerhaus (u.) und Heilig-Kreuz weichen.

1.5 Die Feldmüllersiedlung

Tagelöhner passten nicht ins alte Bauerndorf Giesing. Die sollten mal schön ihre billigen Herbergen unten am Isarhang bauen. Doch Theres Feldmüller plagten Geldsorgen. Sie hatte sich von ihrem Mann getrennt und mit dem Erbe ihres Vaters zwei Höfe in Giesing gekauft, wo sie u. a. eine kleine Milchwirtschaft betrieb (*siehe* 1.2 und 1.3). 1840–1846 lebte die Feldmüllerin in Giesing. Immer wenn sie Geld brauchte, verkaufte sie Parzellen ihres Grundstücks hinter der Kirche Heilig-Kreuz an Tagelöhner und Handwerker.

Zwischen 1840 und 1860 entstand so die Feldmüllersiedlung mit ihren winzigen Häuschen und handtuchgroßen Gärten, die so gar nicht zum benachbarten Bauerndorf Giesing passen wollte. Ihre Bewohner hatten es in gewisser Weise »geschafft«: Sie besaßen eigenen Grund und Boden für sich und ihre Familien. In den kleinen Gärten baute man sich zusätzlich Werkstätten oder Remisen.

Das Kleinsthausensemble ist zum Großteil bis heute erhalten. Es gilt als städtebaulich und sozialgeschichtlich weit über Münchens Grenzen hinaus bedeutend, weil es einen Einblick in die Wohnsituation Kleiner-Leute-Gebiete des 19. Jh. gibt. Vergleichbare Siedlungen entstanden anderswo erst nach dem Ersten Weltkrieg. Die Feldmüllersiedlung unterscheidet sich von den wild gebauten Herbergssiedlungen in der Lohe, der Au und in Haidhausen dadurch, dass die Straßen planmäßig ange-

Impressionen aus der Feldmüllersiedlung rings um die Untere Grasstraße

legt wurden. 1984 wurde die Siedlung zum Sanierungsgebiet unter der Leitung der Münchner Gesellschaft für Stadterneuerung (MGS) erklärt. Gefördert mit rund 2,5 Mio. Euro, konnten die Renovierungsarbeiten in der Feldmüllersiedlung 2005 beendet werden.

Der illegale Abriss des unter Denkmalschutz stehenden »Uhrmacherhäusls«, Obere Grasstr. 1, im September 2017 schlug hohe Wellen. Während diese Neuauflage entsteht, klagt der Eigentümer gegen die Auflage der Stadt, das Haus originalgetreu wieder aufzubauen.

1.6 Schweizerwirt/Karstadt/Puerto Giesing

Einen Sommer lang pulsierte mitten in Giesing die alternative Kulturszene. Im Rahmen einer Zwischennutzung wurde unter dem Motto »One Nation Under A Viertel« aus dem leer stehenden Karstadt-Haus der Puerto Giesing. Im April 2010 ging es los. Organisiert von München852 fanden in dem Gebäude Ausstellungen, Konzerte, Lesungen und Kunstprojekte statt, darunter auch die Nerd Nite. Der Münchner Chaos Computer Club gestaltete die Fensterfassade zur Tegernseer Landstraße mit einer Lichtinstallation, die den Titel »All Colours Are Beautiful«, kurz ACAB, trug. Nach dem Ende des Puerto Giesing am 1. Januar 2011 zog das Team weiter in das Norkauer-Gebäude an der Karlstraße und rief dort das Art Babel ins Leben. Das Gebäude wurde abgerissen und durch einen modernen Gebäudekomplex (Foto u.r.) ersetzt.

Auf dem Grundstück an der Ecke Tegernseer Land-/Ichostraße stand einst bis 1962 die Gastwirtschaft »Zum Schweizerwirt«, wo der Giesinger Faschingsverein seinen Hauptsitz hatte. Nach dem Zweiten Weltkrieg fand im Gasthaus der Hundemarkt statt.

1.7 Lerchenheim/Riegerbauer

Dies war der einzige Hof in ganz Giesing, der von Anbeginn einem freien Bauern gehörte, wie schon in der ersten Erwähnung 1574 festgehalten wurde. Den Namen verdankte er Paul Lerchl, der den Hof ab 1714 bewirtschaftete. 1777 viertelte man den Lerchenhof. Ein Viertel erwarb Augusta Gräfin Seissel d'Aix, die ein Jahr später von Kurfürst Karl Theodor die Gerechtigkeit für einen Edelsitz bekam und zugleich das Recht, den Sitz Lerchenheim zu nennen. Der Adelssitz kam 1811 an Katharina von Simmet, die einen Teil an die Familie Rieger verkaufte. Vier Jahre später veräußerte Frau von Simmet die restlichen Äcker und Wälder an Joseph von Utzschneider. Utzschneider verleibte den Besitz seinem Gut Wartberg ein. Der Lerchenhof selbst, nun Riegerbauer genannt, wurde 1892 an die Stadt München verkauft. Heute steht hier die Ichoschule (siehe 1.9).

1.8 Die Ur-Giesinger

Beim Aushub für Wohnhäuser an der Tegernseer Landstraße 70/72 gruselte es die Bauarbeiter, als die plötzlich auf menschliche Knochen stießen. Die Archäologen jedoch waren begeistert, denn man war auf ein bajuwarisches Gräberfeld mit 50 Einzelgräbern gestoßen. 1914 stieß man zum Teil in nur 50 cm Tiefe auf weitere 253 Gräber beim Bau der Ichoschule. Das Gräberfeld stammt aus der Zeit von 580 bis 730, also war Giesing lange vor der ersten schriftlichen Erwähnung besiedelt. Den Männern waren Langschwerter, Lanzenspitzen, Pfeile und Messer beigegeben, den Frauen Perlen aus Glas, Ton, Bernstein und Amethyst, dazu noch Bronzescheiben, Knöpfe und Ohrringe. Aus der Zahl der Gräber lässt sich schließen, dass in Giesing 50 bis 70 Menschen lebten. Damit war das Dorf für seine Zeit durchschnittlich groß. Die Funde aus den Gräbern, wie die abgebildete Fibel, sind heute in der Archäologischen Staatssammlung, Lerchenfeldstraße 2, ausgestellt.

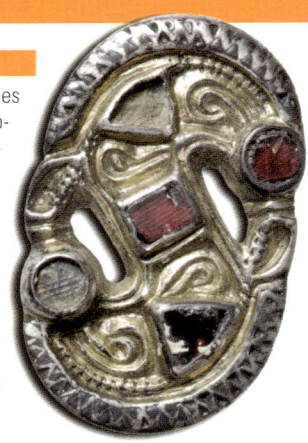

1.9 Ichoschule

Die erste Giesinger Schule existierte nur kurz an der Ecke Wirtstraße. Die Gemeinde hatte 1810 das ehemalige Schatzgütl erworben und zur Schule umgebaut. Bereits 1811 brannte alles ab. Also baute man zwei Jahre später an der Silberhornstraße 4 eine neue Schule. Sie wurde mehrfach erweitert und dann im Krieg zerstört. Für Untergiesing gab es nur eine 1885 erbaute Schulbaracke an der Pilgersheimerstraße. Zehn Jahre später konnte der beeindruckende Neubau der Volksschule am Kolumbusplatz eröffnet werden. Weil die Schule an der Silberhornstraße trotz aller Ausbaumaßnahmen bald zu

klein wurde, begannen 1914 die Bauarbeiten zur neuen Ichoschule. Der heutige Nachkriegsbau beherbergt eine Grund- und eine Mittelschule.

Interessant ist der Denkmäler-Wandel an der großen Mauer unterhalb des Schulhauses: 1919 schuf Hans Grässel hier ein Denkmal für den Heimatdichter Hermann von Schmid. Das ließen die Nazis entfernen, um 1942 den von Ferdinand Liebermann geschaffenen »Nackten Lackl«, das Freikorpsdenkmal, zu erbauen. Den unbekleideten Soldaten riss man nach dem Krieg ab. Seit den 50er Jahren zieren Reliefs mit Szenen aus der Geschichte Giesings die Mauer.

städt. Schulhaus München-Giesing

Vom Schmid-Denkmal (r.) über den »Nackten Lackl« der Nazis bis zu harmlosen Bronzefiguren heute

1.10 Spitzerhof/Pfarrhaus

Woher der Hofname stammte, ist heute unbekannt. Das Anwesen wurde 1574 erstmals erwähnt und gehörte damals den Herzögen von Bayern. Nach etlichen Besitzerwechseln kam der Spitzerhof 1827 an den Fabrikanten Heinrich Goldschmid aus Wallerstein. Der verkaufte alles sieben Jahre später an die Gemeinde Obergiesing für 1.800 Gulden, die das Hofgebäude abreißen und dort den Pfarrhof für die alte Dorfkirche bauen ließ. Der Pfarrhof existiert längst nicht mehr. Er musste 1892 der Regulierung des Giesinger Bergs weichen. Heute befindet sich hier eine kleine Grünfläche vor der Mauer zur Ichoschule.

1.11 Hauserbauer

Dieser Hof gehörte vermutlich bereits zu der Schenkung in »Kyesinga«, die der Priester Icho einst dem Bischof Atto von Freising vermachte. Der Name Hauserbauer tauchte allerdings erstmals 1760 auf. Damals gehörte das Anwesen der Familie Welsch. 1803 ging der Großteil des Besitzes schließlich auf die Brüder Andreas, Stephan und Johann Knoll aus Herxheim in der Pfalz über. Drei Jahre später auch der Rest. Andreas und Stephan besaßen je ein Viertel, Johann die andere Hälfte. Die Knolls verkauften in den Folgejahren munter Hofanteile und Ländereien untereinander oder auch an Dritte. 1866 brannte der Hof komplett nieder. Das danach errichtete neue Gebäude ist bis heute beinahe unverändert erhalten und steht verkehrsumtost an der Gabelung von Silberhorn- und Martin-Luther-Straße oben am Giesinger Berg. Die Knolls veräußerten zu Beginn des 20 Jh. große Stücke Land an die Stadt München, die Wohnsiedlungen darauf bauen ließ. Der Hof, im Zweiten Weltkrieg schwer beschädigt und danach wieder originalgetreu aufgebaut, wurde bis 1954 noch landwirtschaftlich genutzt. Der letzte Hauserbauer starb 1990. Noch heute ist Giesings letzter erhaltener Bauernhof im Besitz der Familie Knoll.

Giesings letzter Bauernhof, der Hauserbauer

Der mächtige Mayerhof am Giesinger Berg, dahinter sieht man den Lechnerhof, ganz links der Hauserbauer (1910)

1.12 Mayerbauer/ Giesinger Bräu

Auf vielen historischen Abbildungen sieht man den großen alten Mayerbauernhof stolz oben am Giesinger Berg genau gegenüber der Kirche stehen. In einem Stiftungsbrief von 1483 tauchte der Hof erstmals auf. Die Witwe Anna Schrenkh stiftete das Anwesen für eine ewige Messe in der Heilig-Kreuz-Kirche. Damals saß ein Bauer namens Neumair auf dem Hof, daher wohl der Hausname. Der große Hof gehörte ab 1741 der Familie Huber, die ab 1776 auch den benachbarten Lechnerhof ihr Eigen nannte. Den Lechnerhof erhielt später die einzige Tochter als Mitgift, den Mayerbauernhof verkauften die Hubers in zwei Hälften. So entstanden durch die Teilung ab 1804 zwei Bauernhöfe: beim Mayer und beim Halbmayer.

Den Mayer erwarb Jakob Kitt. Dessen Erben zerschlugen im Lauf des 19. Jh. das Anwesen und verkauften einzelne Grundstücke und Gebäude. Der Resthof gehörte zuletzt Benjamin Blumenthal und der Kaufmannswitwe Eliza Reinemann. Die Reinemann-Erben verkauften die letzten Äcker 1928 an die gemeinnützige Baugesellschaft GEWOFAG für 623 320 Mark.

Den Halbmayer kaufte Friedrich Geiger. Auch hier wurden die Ländereien bald als Baugrundstücke verkauft. 1840 existierte noch das Hofgebäude, der Halbmayer betrieb keine Landwirtschaft mehr. 1895 kaufte die Stadt München von den Erben die letzten Gebäude, ließ sie abreißen und errichtete dort ein Transformatoren-, Schalt- und Maschinenhaus. In dem Anwesen zog 2013 das Giesinger Bräu ein.

Giesinger Bräu

Es ist eine dieser klassischen Selfmade-Geschichten, die mit enthusiastischem Gebastel in einer Garage begann. Genauer gesagt in einer Doppelgarage in der Birkenau 5. Darin bauten sich Steffen Marx und Tobias Weber im Jahr 2006 ihr kleines Bierlaboratorium auf. Das war übrigens die erste Brauereigründung in München seit den 1930er Jahren. Eigenwillige Kreationen wie Frucht- oder Gewürzbiere machten das Bierlaboratorium schnell bekannt. Ebenso schnell war auch klar, dass man klassische Biere wie Helles und Weißbier anbieten musste. Schon 2007 produzierte man 300 hl Bier. Zwei Jahre später stieg Tobias Weber aus und aus dem Bierlaboratorium wurde die Giesinger Biermanufaktur und Spezialitätenbraugesellschaft mbH. Im Jahr 2011 erreichte der Ausstoß über 1 000 hl, zu viel, um weiterhin in einer Doppelgarage zu produzieren. Also wurde ein neuer Standort gesucht und oben am Giesinger Berg gefunden – der inzwischen ebenfalls nicht mehr ausreicht. Ende 2018 begannen die Bauarbeiten zu einer neuen Brauerei in Milbertshofen.

Hier stand 200 Jahre lang der Lehnerbauernhof: letzter Besitzer Martin Brandhofer

1.13 Lechner- oder Lehnerbauer/ Lutherkirche

Auch dieser Hof gehörte einst dem Münchner Bürger Hans der Pirmeyder und wurde 1418 an das St.-Anna-Kloster am Anger verkauft. Der Namensgeber für das Haus, Hans Lechner, zog 1635 auf den Hof. Schon 1849 begann unter dem Bauern Anton Rattenhuber der Verkauf von einzelnen Parzellen als Bauland. Das Land schwand dahin. Zuletzt erwarb die Protestantische Kirchenstiftung München-Giesing am 18. Februar 1925 den Bauernhof für 33 000 Mark, um an seiner Stelle die Lutherkirche samt Pfarrhof zu errichten. Denn die bislang zuständige Johanniskirche in Haidhausen reichte längst nicht mehr aus, die ständig wachsende Zahl von protestantischen Gläubigen aufzunehmen. Auch Pläne, eine Notkirche am Candidplatz zu bauen, scheiterten, denn das Grundstück erwies sich als zu klein. Für den Gottesdienst nutze man daher den Turnsaal der Kolumbusschule. So gab der Evangelische Verein den Kirchenneubau auf dem Gelände des Lechnerhofs in Auftrag. Die Kosten für den Bau nach Entwürfen von Hans Grässel verschlangen rund 650 000 Mark. Grässel wählte den historisierenden Stil von »Markgrafenkirchen«, der besonders im 18. Jh. ganz typisch für protestantische Kirchen vor allem in Franken war. 1927 konnte die Lutherkirche geweiht werden. Als Gemeindehaus diente die ehemalige Gaststätte Giesinger Weinbauer (siehe 1.15). Brandbomben zerstörten am 7. September 1943 erst die Kirche samt Pfarrhaus, dann am 25. April 1944 auch das Gemeindehaus. Der Wiederaufbau der Lutherkirche war 1953 abgeschlossen.

1.14 Gschwendtner

Das einst Scheffl-Lehen genannte Anwesen wurde bereits 1418 erstmals erwähnt, als Hans der Pirmeyder und seine Gattin Elspet all ihr Hab und Gut in »Gysingen« an das St.-Klara-Kloster am Anger verkauften. Die Namensgeber für den späteren Hausnamen, Georg und Barbara Gschwendtner, waren ab 1659 die Eigentümer. Nach etlichen Besitzerwechseln begannen die aktuellen Eigentümer, das Ehepaar Peter und Anna Maria Kitt, ab 1875 alles Land zu verkaufen. 1898 erwarb die Stadt München das Bauernhaus für 28 500 Mark. Es wurde 1934 für den Durchbruch der Martin-Luther-Straße abgerissen.

1.15 Hoffischerbauer/Weinbauer

Einst gehörte der Hof zu einer Messstiftung, die der Münchner Patrizier Konrad Wildbrecht für die Vorgängerkirche der Frauenkirche 1361 einrichtete. Der Hoffischer, der den Hausnamen gab, tauchte erst 1713 auf: Carl Ignatz Gebhardt, als Hoffischer für die kurfürstlichen Fischgewässer in der Falkenau (heute zwischen Falken-, Tauben- und Nockherstraße) zuständig, kaufte für 1 900 Gulden das Anwesen. Nach etlichen Besitzerwechseln erwarb der Pfälzer Jakob Dick den Hof und baute das Hauptgebäude zu einer Wirtschaft um, in der er seine Pfälzer Weine ausschenkte. Die Familie Dick war übrigens die erste protestantische Familie im alten Giesing. Der alte Name Hoffischerbauer geriet in Vergessenheit, fortan sprach man vom Weinbauern.

Zum Hof gehörten immerhin 74 Tagwerk Land. Davon war 1923 nicht mehr viel übrig, denn da wurden die letzten Grundstücke des Weinbauernhofs verkauft. Zuletzt erwarb drei Jahre später der Evangelische Verein München Giesing e. V. das Hofgebäude als Gemeindehaus (Weinbauernstraße 9).

1.16 Kaffee Giesing

Eine Kneipenlegende befand sich an einer unscheinbaren Giesinger Straßenecke: 1984 gründete der Liedermacher Konstantin Wecker in der Bergstraße 5 das Kaffee Giesing, das wegen seiner Live-Bühne schnell über die Grenzen Münchens hinaus bekannt wurde. Von Udo Lindenberg (mit Alla Pugatschowa und Konstantin Wecker, v. l.) bis zu Gerhard Polt reichte die Liste prominenter Gäste. Im Frühjahr 2012 lief der Mietvertrag aus und die Betreiber, Fritz Otto und Iris Holste, zogen mit dem Kaffee um in die Tegernseer Landstraße. 2016 übernahm Florian Falterer den Betrieb und eröffnete ihn als Riffraff neu.

Der Schrannenbauer im Jahr 1910, dahinter rechts erkennt man noch den kleinen Daimer (*siehe* 1.18)

1.17 Schrannenbauer

Der kleine Bauernhof fand 1671 seine erste Erwähnung, damals teilten sich Kaspar Mayerl und Franz Stässenegger das Anwesen. Den Hof teilten sich lange Jahre stets mehrere Besitzer, erst ab 1805 kamen alle Anteile in die Hände eines einzigen Eigentümers, den Eheleuten Dafner. Joseph Dafner verstarb bereits 1820, als sein Sohn dann 1847 ebenfalls starb, das Wohnhaus auch noch abbrannte und sich die Schulden häuften, überließ die Witwe Maria 1848 alles Land der Gemeinde Giesing. Im Gegenzug wurden ihr die Schulden erlassen, und sie bekam Kost und Logis frei im Hofspital bzw. in der Pfründneranstalt. Die Gemeinde Giesing verkaufte das Land an die anderen Bauern. Die Brandruine erwarb Georg Pauly als Bauplatz für ein Wohnhaus mit Stadel und Stall. 1897 ging das Anwesen an die Eheleute Bichl und blieb dann im Besitz der Familie bis 1982. Dann wurde es abgerissen und durch ein großes Mehrfamilienhaus (Bergstraße 9) ersetzt. (Foto von 1910)

1.18 Daimer

Die Geschichte des kleinen Hofs (Zehentbauernstraße 3) lässt sich bis 1639 zurückverfolgen. Damals wurde die Witwe Barbara Lechner als Eigentümerin genannt. Christoph Daimer, der dem Hof den Namen gab, tauchte erst 1696 auf. 1851 umfasste der Daimer immerhin auch 32 Tagwerk Grund, doch schon vier Jahre später musste die Besitzerfamilie Weigel aus Finanznot allen Grund verkaufen, 1861 verkauften sie auch die Gebäude und zogen nach München. Ab 1876 wurde auch der Hof mit den Nebengebäuden aufgeteilt und verkauft. Heute steht hier ein 2008/09 erbautes Mietshaus.

1.19 Apothekerbauer

Einer der größten Giesinger Höfe war der Apothekerhof, der ab 1671 nachgewiesen war. Den ungewöhnlichen Namen verdankte das Anwesen der Maria Ursula Weinhardtin, die am 24. Oktober 1752 den Hof erbte – sie war Witwe eines Apothekers. Der zeitweise 65 Tagwerk umfassende Grund wurde ab 1886 sukzessive verkauft. Das letzte Grundstück an der Grünwalder Straße ging 1943 an die Krauß'sche Krankenhausstiftung. Das Grundstück, auf dem das Wohnhaus stand, wurde zerstückelt. 1955 entstand auf einem Teil die heute noch existierende Tankstelle (Zehentbauernstraße 5), ab 1963 baute man auf dem restlichen Land Wohnhäuser und Läden (Martin-Luther-Straße 8 und 10).

1.20 Zehentbauernhof

Dieser Hof gehörte der Kirche, als er 1574 erstmals in einer Urkunde auftauchte. Wie der Name verrät, handelte es sich dabei um einen Hof, in dem der Zehent eingelagert wurde. Die abgabepflichtigen Bauern mussten nach der Ernte den Zehent ihres Getreides und sonstiger Feldfrüchte hier abgeben. Im Jahr 1900 kaufte die Stadt München einen großen Teil der Wiesen und Äcker des Zehentbauernhofs. Die Familie Pauly, Eigentümer des Zehentbauernhofs Anfang des 20. Jh., veräußerte das restliche Land ab 1920. Die Stadt München erwarb zuletzt 1934 das Grundstück mit dem Bauernhof und ließ ihn zur Erweiterung der Martin-Luther-Straße abreißen. Auf einem Teil des Hofgrundstücks stand das Totengräberhaus (Foto u.l.), auf diesem Gelände steht heute ein kleiner Biergarten (s. unten).

Der Zehentbauer um 1930 (o.l.), der Apothekerbauer (o.r.), der Totengräber (u.l.) und der heutige Biergarten

1.21 Sattlerbauer

Als es 1574 erstmals urkundlich auftauchte, hieß das kleine Anwesen noch Lippenhof, was vermutlich auf einen Eigentümer namens Philipp zurückging. Zum Sattlerbauer wurde es erst 1773, als die verwitwete Bäuerin den ebenfalls verwitweten Sattler Franz Paul Eyrainer aus der Au heiratete. Nach etlichen Besitzerwechseln kam der Sattlerbauer mit 20 Tagwerk Grund 1855 für 4 900 Gulden an Joseph Wagmüller. Dessen Tochter und Erbin Katharina, verheiratete Knoll, verkaufte ab 1895 nach und nach das Land. Das restliche Anwesen ging 1950 an eine Alleinerbin aus der Familie Knoll, die den ehemaligen Bauernhof abreißen ließ und dort eine Eigentumswohnanlage (Zehentbauernstraße 6) erbaute.

1.22 Altwirt

Die alte Giesinger Gaststätte fand 1636 erstmals Erwähnung, als Hans Schmäderer von Friedrich Graf von Toerring-Seefeld die Tafernwirtschaft erwarb, die der Graf auf die grüne Wiese gestellt hatte. Schmäderer kaufte zehn Jahre später auch noch den benachbarten Hof. Vermutlich um 1770 gaben die Schmäderers die Wirtschaft auf, die Wirtsgerechtigkeit wurde auf den »Letzten Pfennig« übertragen. Aus dem Altwirt machten die Giesinger dann den »Nixwirt«. Ab dem 1850er Jahren gehörte zum Anwesen aber wieder eine Wirtschaft, die ab 1883 wegen ihres Baustils den Namen »Zur Alm« trug. 1895 riss man das Gebäude ab und erbaute ein komplett neues Gasthaus mit Kegelbahn. Ab 1922 wechselten die Besitzer mehrfach. 1929 kaufte die Stadt München das Anwesen Zehentbauernstraße 2, der es bis heute gehört.

1.23 Ostermayerbauer

Er war einer der ältesten urkundlich erwähnten Bauernhöfe Giesings: der 1340 von den Herren von Eurasburg ans Heiliggeistspital verkaufte Ostermayerbauer. Der Hausname tauchte erstmals 1760 auf. 1847 erwarb der Ostermayerbauer den benachbarten Michlbauernhof und zog hinüber in das Wohnhaus, der Hausname zog gleich mit. 1899 errichtete das Ehepaar Ferdinand und Maria Niedermaier, aktuelle Eigentümer des Ostermayerbauern, die Ausflugswirtschaft »Burg Fichteneck« mit Biergarten, Kegelbahn, Schützenhalle und Aussichtsturm an der Tegernseer Landstraße 189. Die Landwirtschaft lohnte sich nämlich kaum noch. Wie viele andere Bauern verkauften die Niedermaiers ihr Land für Bauvorhaben. Der landwirtschaftliche Betrieb wurde 1911 mit dem Tod des alten Niedermaiers komplett eingestellt. Das Haus an der Bergstraße 13 kaufte 1916 die Münchner Export Malzfabrik AG, die aus dem Karmeli-

terbräu an der Tegernseer Landstraße 37 hervorgegangen war. 1968 riss man die alten Gebäude endgültig ab und errichtete eine Eigentumswohnanlage. (Foto um 1930)

1.24 Giesinger Brauerei

Aus zwei alten Bauernhöfen machten findige Investoren eine florierende Brauerei. Da gab es zum einen den **Michlbauernhof**, der 1574 erstmals erwähnt wurde. Seinen Namen verdankte er dem ersten namentlich bekannten Besitzer Michael Lechner, der ab 1671 den Hof betrieb. Am 3. August 1815 verkaufte das Ehepaar Vitus und Katharina Messner den Michlbauer für 3 500 Gulden an den Geheimen Rat Joseph von Utzschneider. Utzschneider, Landtagsabgeordneter und von 1818 bis 1825 zweiter Bürgermeister Münchens, hatte bereits einiges

Die Giesinger Bergbräuhallen ca. 1905

Land in Giesing erworben und richtete auf dem Hof die erste Zuckerfabrik Bayerns ein. Dazu ließ er extra eine Wasserleitung von der Lohe am Fuß des Berges nach Obergiesing legen. 1839 baute Utzschneider auf einem Teil seines Geländes ein neues Wohnhaus (Bergstraße 20). Ein Jahr später verunglückte er tödlich bei einem Verkehrsunfall auf dem Giesinger Berg. Hofrat von Dessauer ersteigerte die Giesinger Grundstücke aus Utzschneiders Hinterlassenschaft und verkaufte 1842 alles mit Gewinn an den Magistratsrat Ludwig Knorr. Knorr legte die Zuckerfabrik still, weil sie sich nicht mehr rentierte, und ließ sein Land parzellieren, um es als Baugrund zu verkaufen. 1847 verkaufte er das Wohnhaus an der Bergstraße 20 an seinen Nachbarn, den Ostermayerbauern. Auf den restlichen Grundstücken an der Bergstraße errichtete Ludwig Knorr gemeinsam mit Christof Kurzwart, Josef Pepperl, Friedrich Schuler und den Brüdern Prandtl 1875 die Giesinger Brauerei. Das Unternehmen lief gut und wechselte mehrfach den Besitzer. 1893 ersteigerten die Frankfurter Zacharias und Johannes Henninger das Bräu und tauften es um in »Bergbräu«. Sie kauften das Nachbargrundstück hinzu, um zu expandieren.

Auf diesem Nachbargrundstück, Bergstraße 15, stand der **Bichlmayerhof**. Über die Frühgeschichte des Bichlmayerhofes ist wenig bekannt. Er existierte wohl schon im 16. Jh., aber erst um 1800 herum tauchte er häufiger schriftlich auf. Damals hieß er nach seinem Besitzer auch »zum Bichlnatzi«, dabei handelte es sich aber nicht um einen frühen Rechtsextremen, sondern um die Koseform des Besitzervornamens, der Ignatz hieß. 1897 erwarben die Brüder Zacharias und Johannes Henninger, denen bereits der benachbarte ehemalige Michlbauernhof gehörte, das Haus. Das Land blieb bei der Bauernfamilie. Die Henningers ließen das Gebäude abreißen, vereinigten es mit ihrer Brauerei und ließen eine Großgaststätte mit Ausflugslokal errichten, die **Bergbräubierhallen**.

Das Giesinger Bier schien so beliebt und erfolgreich gewesen zu sein, dass die 14 anderen Münchner Brauereien Angst vor der Konkurrenz bekamen. Sie gründeten die Brauereigemeinschaft GmbH und kauften 1907 den Bergbräu, um den Braubetrieb sofort stillzulegen. Auf dem Gelände eröffnete 1913 ein Kino, der »Bergpalast«. In den Räumen der Bergbräubierhallen richtete sich von 1926 bis 1951 die Bulag ein, die **Bayerische Uniform Werke GmbH**, deren Nachfolger bis 1971 hieß **Bayerische Bekleidungswerke**. Anfang der 1970er Jahre riss man die Fabrikanlage und das alte Wohnhaus (es hatte den Krieg überstanden) ab und errichtete auf dem Grund eine Eigentumswohnanlage.

1.25 Schatzl

Bis 1418 lässt sich die Geschichte des Anwesens (Wirtstraße 6) zurückverfolgen. In jenem Jahr nämlich kauften die Schwestern vom St.-Klara-Kloster auf dem Anger zu München mehrere Höfe in Giesing, darunter die damals noch Herbsthof genannte Ökonomie. Aus dem Schatzlhof sollte dann die erste Schule in Obergiesing werden, so wünschte es jedenfalls die Gemeinde Giesing, als sie von der Witwe Josepha von Beckert Haus und Hof für 3 000 Gulden erwarb. Doch schon ein Jahr später zerstörte ein Brand das Schulhaus. Die Ruine kaufte ein Rechenmacher, um sich ein neues Häusl zu bauen. Das Land jedoch wurde bis 1844 nach und nach verkauft.

1.26 Deutschlands Ur-McDonald's

Die Essensrevolution begann in Giesing: An der Martin-Luther-Straße eröffnete am 4. Dezember 1971 das erste McDonald's Deutschlands. Hamburger, Cheeseburger und Co. waren für die deutschen Gäste durchaus gewöhnungsbedürftig. Der Hamburger kostete damals übrigens 95 Pfennig, den Käse schnitt man noch scheibenweise vom Block, die Pommes wurden aus Kartoffeln geschnitzt und die Menütafel war noch von Hand gemalt. Doch der Konzern ging kein großes Risiko ein, denn man hatte die Lage für das erste Restaurant im *american style* geschickt gewählt: Gleich ums Eck stand die McCraw-Kaserne und dahinter die Amerikanische Siedlung. Außerdem brachte das Sechzgerstadion viel Laufkundschaft.

1.27 »Zum letzten Pfennig«

Ursprünglich war das Anwesen ein Bauernhof, der 1303 als »Peyrberg Hof« erstmals erwähnt wurde, als Conrad von Baierbrunn das Vogtrecht dafür erhielt. Im Bodenzinsregister von 1671 wurde er als einer der größten Giesinger Höfe angeführt. Wohl um das Jahr 1770 wurde die Wirtsgerechtigkeit vom Altwirt auf diesen Hof übertragen, Gastwirt war ein gewisser Joseph Schneider. Am 27. September 1792 verstarb ein Pilger namens Michael im Gasthaus »beym letzten Pfennig« – die erste

namentliche Erwähnung der Gaststätte. Gleichzeitig blieb die Landwirtschaft erhalten. Als 1862 der Metzgermeister Daniel Nagel das Anwesen erwarb, gehörten 124 Tagwerk Grund dazu. Nagel erweiterte den Besitz durch eifrige Zukäufe auf 173 Tagwerk (ein Tagwerk in Bayern entsprach ungefähr 3.408 m²). Am 5. Mai 1875 kauften Bankagent Gerhard Karl und Kaufmann Johann Nepomuk Mayr das komplette Anwesen. Es war die Zeit der beginnenden Bodenspekulation. Das Land wurde parzelliert und als Baugrund weiterverkauft. Übrig blieb nur die Gastwirtschaft mit 4,4 Tagwerk Grund ringsum. Die Wirtschaft wechselte häufig die Besitzer, bis ein Brand 1924 die Nebengebäude zerstörte. Ein Jahr später erwarb die Spaten-Franziskaner-Leistbräu das Wirtshaus »Zum letzten Pfennig«, ließ alle Brandschäden beseitigen und baute gleich noch ein Café mit Konditorei hinzu. 1943 fiel der uralte Hof, der zuletzt als Gasthaus gedient hatte, den Kriegsbomben zum Opfer. Im Jahr 1962 kaufte die Stadt München das Ruinengrundstück, um die Tegernseer Landstraße zu verbreitern. Heute befindet sich die Straßenbahnhaltestelle an der Stelle, an der das Wirtshaus stand. Doch gegenüber der historischen Stätte ist weiterhin eine Gastwirtschaft zu finden: der »Wienerwald«. (Foto von 1915)

1.28 Paulanergütl

Der erstmals 1483 erwähnte Hof diente dem ersten Giesinger Pfarrer als Benefizium, er bezog daraus also seine Einnahmen. Als die Seelsorge 1633 den Paulanermönchen aus der Au unterstellt wurde, bekamen sie das Benefizium und der Hof seinen Namen. Die Paulaner lösten das Kloster 1799 auf, das Gütl wurde 1802 versteigert. Danach wechselten Land und Gebäude mehrfach die Besitzer, das Gütl (Weinbauernstraße 16) war längst ein Spekulationsobjekt geworden und wurde schließlich ab 1872 in Baugrundstücke geteilt und verkauft.

1.29 Pragerbauer/ Arme Schulschwestern

Zu den Gütern, die das Ehepaar Hans der Pirmeyder und seine Frau Elspet 1418 an das Kloster St.-Klara am Anger verkauften, gehörte neben dem Gschwendtner (*siehe* 1.14) auch der »Osterhof«, der ab 1761 nur noch Pragerbauer genannt wurde. Die genaue Namensherkunft ist unbekannt. Die Grundstücke des Hofs verkaufte der Eigentümer Korbinian Holz schon 1838, das Wohnhaus mit Stadel und Brunnen dann 1856.

Die Armen Schulschwestern erwarben im November 1890 dann den einstigen Hausgarten, wo sie zwei Jahre später ein Klostergebäude mit integrierter »Kleinkinderbewahranstalt« eröffneten (Kistlerstraße 11, Foto u.l.). Die Armen Schulschwestern waren bereits seit 1844 in Giesing aktiv. Neben der Kinderbetreuung gehörte es seit 1858 auch zu ihren Aufgaben, die Mädchen in der Pfarr- bzw. Silberhornschule zu unterrichten. Den im Zweite Weltkrieg zerstörten Kindergarten baute der Orden 1954 in der Weinbauernstraße (Foto o.r.) wieder auf. Hier hüteten die Ordensschwestern u. a. zwei berühmte Giesinger: den Musiker Max Greger und den

»Kaiser« Franz Beckenbauer. Diese Kindertagesstätte Heilig Kreuz Giesing untersteht seit 1998 nicht mehr der Leitung der Armen Schulschwestern und das Klostergebäude dient den Nonnen als Altersheim.

1.30 Der Schmied

Es gab zwei gute Gründe, den Schmied außerhalb des Dorfkerns (Ecke Weinbauern-/Tegernseer Landstraße) anzusiedeln: Zum einen brachte sein Feuer immer Brandgefahr mit sich, zum anderen konnten so die Reiter und Fuhrwerke von der Landstraße direkt zu ihm. Als erster Giesinger Schmied ist 1538 ein gewisser Lienhart erwähnt. Trotz unterschiedlicher Besitzer blieb die Schmiede über die Jahrhunderte bis 1913 bestehen. Dann riss man das Anwesen weg, um die Tegernseer Landstraße zu verbreitern. Die Schmiede zog um in die Tegernseer Landstraße 115, wo sie noch bis 1959 von Alois Nieberle betrieben wurde.

1.31 Der bayrische Herkules

siehe S. 33

Der bayrische Herkules

Der hat a Schmoiz in den Armen gehabt: Schon als Lehrbub in der Metzgerei soll der Steyrer Hans (1849–1906) Schweine- und gar Ochsenhälften durch die Gegend gewuchtet haben. Als Geselle dann hat er angeblich die Ochsen mit einem einzigen Stockhieb erschlagen. Dann nutzte er seine Kraft, um die Welt zu sehen und dabei Geld zu verdienen: Der Steyrer Hans aus Allach ging zum Zirkus Herzog, lupfte einen 385 Pfund schweren Stein und wurde vom Fleck weg engagiert. Der Hans bot jedem, der den Kraftakt nachmachen konnte, 1 000 Mark. Er musste nie zahlen. Mit dem Zirkus tourte er durch Europa und begeisterte sein internationales Publikum, indem er Hufeisen zerriss, Fässer und riesige Steinklötze lupfte. Mit der Kraft seines rechten Mittelfingers hob er schließlich einen 508 Pfund schweren Stein, was ihm den ehrenvollen Titel »Bayrischer Herkules« einbrachte. »Das Bayerland schaut mit Stolz auf den Mo, der mit oam Finger vier Zentner hebn ko«, dichtete der Volkssänger Papa Welsch. Allein seine Schnupftabakdose soll (je nach Quelle) 14 bis 43 Pfund gewogen haben. Wegen seines gewaltigen Schnauzbarts sagte man, er habe »a Oachkatzl gschnupft«.

Man lud den Steyrer Hans 1893 gar zur Weltausstellung nach Chicago ein. Zurück in München ging er eine sehr lukrative Ehe ein. Seine Mathilde, eine Metzgerstochter, brachte genug Mitgift in die Ehe, um ein Wirtshaus in der Lindwurmstraße zu eröffnen, das »Zum bayrischen Herkules« getauft wurde. Dann expandierte er und betrieb auch den »Tegernseer Garten« an der Tegernseer Landstraße 75. Ab 1879 wurde er auch Wiesn-Wirt und erfand ganz nebenbei den Einzug der Wiesnwirte. Er ließ sich mit einem geschmückten Vierspänner, gefolgt von sieben Zweispännern und begleitet von einer Blasmusik, von Giesing zur Theresienwiese fahren. Im Tal war dann Endstation. »Störung der öffentlichen Ordnung und Sicherheit«, befand die Polizei, und der Steyrer Hans musste eine Geldstrafe zahlen, die er allerdings aus der Portokasse nehmen konnte. Denn dieser Marketinggag brachte die gewünschte Aufmerksamkeit und die entsprechenden Umsätze. In seinem Wiesnzelt rann »Kraftbier« in die Kehlen, begleitet von den Klängen einer »Athletenkapelle«. Und weil es so schön war, wiederholte der Hans einfach den noch verbotenen Umzug zur Wiesn im Jahr drauf gleich wieder … Er blieb bis zu seinem Tod 1906 Wiesnwirt, zu seiner Beerdigung auf dem Ostfriedhof kamen rund 1 000 Menschen. Steyrers Witwe betrieb den Tegernseergarten bis 1923 weiter.

Der Steyrer Hans als Kraftathlet (o.) und wie ihn Graffitikünstler in der Unterführung am Giesinger Berg verewigt haben (l.).

1.32 Postamt München 90

Nüchtern steht er da, der Postbau am Tegernseer Platz, von allen nur »Tela-Post« genannt. Ein weißer »Kasten«, wie seine Kritiker ihn bespötteln, der in seiner Schlichtheit dennoch den Platz beherrscht. Die Tela-Post ist ein typisches Beispiel für die Bayerische Postbauschule, jene modernen und funktionalen Postbauen, die unter der Federführung von Robert Vorhoelzer im gesamten Stadtgebiet entstanden. Vorhoelzer entwarf gemeinsam mit Walter Schmidt die Tela-Post als Dienstgebäude mit Werkstätten und Wohnungen, die 1928/29 gebaut wurde. Nur wenige Meter Luftlinie entfernt befindet sich ein weiterer Vorhoelzer-Bau, die Kirche Maria Königin des Friedens (*siehe* 1.40).

1.33 Giesinger Wegkreuz

siehe S. 35

1.34 Torre Pendente

Seit 1987 hat Giesing auf dem Edelweißplatz seinen schiefen Turm, denn »Torre Pendente« ist der Titel der Installation aus afrikanischem Rotholz (Mahagoni) des Münchner Bildhauer Rudolf Wachter. 650 cm hoch und 210 cm im Durchmesser ist der große Stamm. Mit dem Urwaldriesen im urbanen Umfeld wollte Wachter auf die Natur in Schräglage hinweisen. Eine schräg abgeschnittene Baumscheibe ist 16 m weiter so platziert, dass die ebenen Oberseiten der beiden Stücke eine Linie bilden. So entsteht ein gedachtes Dreieck zwischen Stamm und Scheibe, womit Rudolf Wachter die Dreiecksform des Edelweißplatzes aufnimmt.

Nach dem Massaker paradieren sie auf der Maximilianstraße: Fürs Morden haben sich die Werdenfelser in schmucke Trachten geworfen.

Giesing war rot!

Nach Ende des Ersten Weltkriegs verzeichneten die sozialistische USP und die sozialdemokratische SPD in der Arbeiterhochburg Giesing, einem der allerärmsten Viertel der Stadt München, enorme Mitgliederzuläufe. Nachdem die Revolution unter Kurt Eisner die Monarchie hinweggefegt hatte und Eisner kurz danach ermordet worden war, rückte Giesing noch weiter links. Die Mitgliederliste der Giesinger Spartakisten von der KPD, die in der Unteren Grasstraße 16 ihr Hauptquartier hatte, stieg von ca. 40 im März auf 150 im Mai 1919. Nachdem am 7. April 1919 die erste Räterepublik in München ausgerufen wurde, versank die Stadt in einem Blutbad. Denn ab dem 13. April, dem Beginn der zweiten Räterepublik, versuchten Militärs und Freikorpseinheiten, die Stadt von den »Roten« zu »befreien«. Dabei machten sie keinen Unterschied, ob es Kommunisten oder gemäßigte Sozialdemokraten waren. Rot war Rot und alle miteinander waren »Russen«.

Bis heute geistert in den Geschichtsbüchern und den Köpfen der Menschen im Zusammenhang mit der Räterepublik die Mär vom »roten Terror« herum. Das liegt daran, dass sich die gegnerischen »Weißen« zum Großteil aus ultrarechten, völkischen Kräften zusammensetzten, wie z. B. der faschistischen Thule-Gesellschaft. Die NS-Propaganda verklärte später die »Weißen« zu Helden und Rettern Münchens und veröffentlichte Machwerke wie »Die Blutherrschaft der Roten Armee« oder »Rotmord über München«. Dabei boten die »Weißen«

schon damals einen Vorgeschmack auf das, was an zwischenmenschlicher Bestialität unter den Nazis perfektioniert werden sollte.

Die roten Giesinger entwaffneten zunächst unblutig die Schutzmannstationen im Bezirk, in der Tegernseer Landstraße 70 und in der Humboldtstraße 38. Alle an diesen Aktionen Beteiligten sollten später dafür hingerichtet werden. Die aus München geflohene Regierung verfügte am 25. April das Standrecht über München. Generalstabsmäßig hatten Militäreinheiten und »Freikorps« genannte Söldnergruppen die Stadt eingekreist. Besonderes Augenmerk sollte man auf »die Viertel östlich der Isar, namentlich den von einer aufsässigen Bevölkerung bewohnten Stadtteil Giesing« legen, so verfügte die Regierung. Als das große Morden auf den Straßen am 1. Mai losging, zogen sich die kommunistischen Verbände nach Giesing zurück.

Die Schlacht um Giesing

Am Morgen des 2. Mai gegen 10 Uhr begann die Schlacht um Giesing. Unter der Führung von Oberst Franz von Epp rückten fünf Freikorps mit rund 2 500 Mann vor. Das Bayerische Schützenkorps und das Freikorps Schwaben zogen von Stadelheim und Harlaching ein, die Freikorps Liftl und Lützow kamen vom Giesinger Bahnhof und das Freikorps Werdenfels über Grünwald. Die Werdenfelser hatten sich für die Mordorgie extra in ihre schönsten Trachten geworfen. Obwohl sich die Giesinger Roten an strategisch günstigen Stellen mit Maschinengewehren positioniert hatten, so zum Beispiel auf dem Turm der Heilig-Kreuz-Kirche, konnten sie der Übermacht nicht lange widerstehen. Nach drei Tagen war Giesing »befreit«, wie es die Sieger verkündeten. Dass es so lange dauerte, den Widerstand zu brechen, wurde als »Schmach von Giesing« verbucht. Viele Häuser waren stark beschädigt, die Straßen glichen, so berichteten die Münchner Neuesten Nachrichten am 5. Mai 1919, »einem Stadtteil hart hinter der Front«.

Mit der »Befreiung« begann nun das richtige Abschlachten. Denn Giesing sollte »befriedet« und »gesäubert« werden. Akribisch durchkämmten Mordbanden unter dem Kommando von Oberst Epp die Häuser. Epp hatte genug einschlägige Erfahrung im Ausrotten gesammelt, er war 1900 in China an der Niederschlagung des Boxeraufstands und 1904 am Genozid an den Hereros in Deutsch-Südwestafrika beteiligt gewesen. Was nun einem als »Roten« identifizierten oder denunzierten blühte, war, gefesselt auf die Straße gezerrt und umgehend standrechtlich hingerichtet zu werden. Ehefrauen, die ihre Männer retten wollten, bedrohte man ganz unverhohlen mit sofortigem Tod. Am Tor zum Gefängnis Stadelheim, so erinnerte sich die Frauenrechtlerin Lida Gustava Heymann, stand mit Kreide geschrieben: »Hier wird aus Spartakisten Blut- und Leberwurst gemacht, hier werden die Roten kostenlos zu Tode befördert.« Denunziation war in den kommenden Tagen Tür und Tor geöffnet und erreichte mitunter absurde, aber leider meist tödliche Ausmaße. Missliebige Nachbarn konnte man so schnell aus dem Weg räumen lassen. Es gibt Berichte von Freikorpssoldaten, denen im Vorbeigehen anonym Zettel mit Namen und Adressen von angeblichen Spartakisten zugesteckt wurden. Das ging dann selbst einigen Söldnern zu weit.

Übrigens gab es auch etliche Frauen, die gekämpft hatten und dann im Gefängnishof von Stadelheim hingerichtet wurden. Mit ihnen gingen die »Befreier« besonders grausam um. Der Schriftsteller Erich Mühsam erinnerte sich, dass man den Mädchen und Frauen mitunter zunächst in die Geschlechtsteile schoss, bevor man den Todesschuss abgab. Oder dass sie »in anderen Fällen die Exekution vollzogen, indem sie zuerst in die Beine, dann in den Unterleib schossen und sich an den Qualen der langsam verendenden Opfer weideten«. Dass über die tatsächliche Zahl der weiblichen Opfer so gut wie nichts bekannt ist, dass auf keinem Foto und in keiner Statistik weibliche Tote auftauchten, hatte einen einfachen Grund, den Oskar Maria Graf beschrieb: »Die hat man weggeräumt, dass es nicht so feig aussieht.« Einer dieser Feiglinge vom Freikorps Liftl beschrieb später die Giesingerinnen nur als »kreischende, zeternde, heulende Weiber und Mädchen, die sich oft wie Hyänen gebärden und Waffen selbst unter dem Busen tragen.«

Hunderte von Toten

Insgesamt kamen in München 233 Kämpfer der Roten Armee ums Leben — und 335 Zivilisten. Dazu kommt eine Dunkelziffer von vermutlich 400 weiteren Toten, die den Erschießungskommandos zum Opfer fielen. Die Gegenseite aus Regierungstruppen und Freikorps hatte 38 Tote zu beklagen. Auf dem Ostfriedhof wurden 198 Opfer begraben. Das große Morden fand erst ein Ende, als auch 21 Mitglieder des katholischen Gesellenvereins St. Joseph denunziert und am Karolinenplatz ermordet wurden. Die standen eigentlich auf Seite der »Befreier«.

Die Ereignisse der blutigen Wochen wurden später nie richtig aufgeklärt. Die Justiz war da bereits auf dem rechten Auge

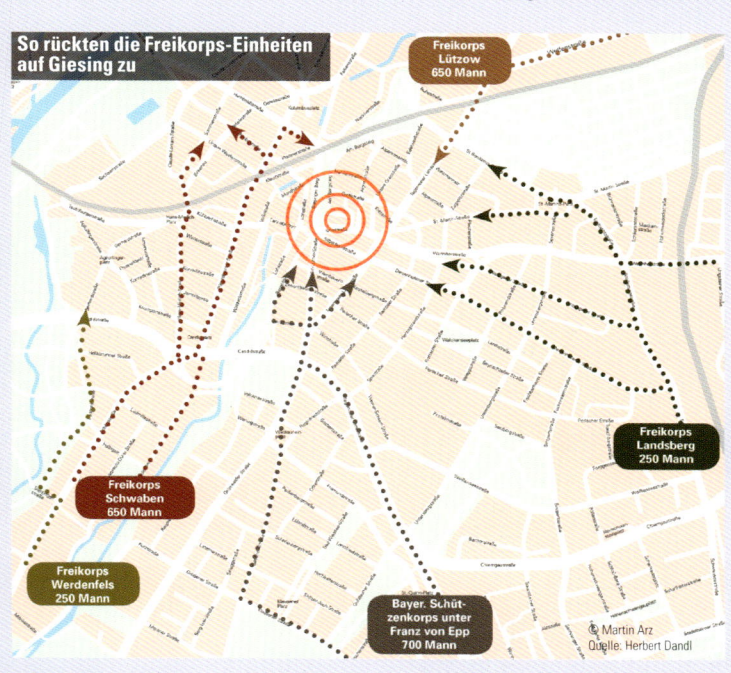

So rückten die Freikorps-Einheiten auf Giesing zu

Freikorps Lützow 650 Mann

Freikorps Landsberg 250 Mann

Freikorps Schwaben 650 Mann

Freikorps Werdenfels 250 Mann

Bayer. Schützenkorps unter Franz von Epp 700 Mann

© Martin Arz
Quelle: Herbert Dandl

Freikorpsler feiern die Blutorgie mit einer zünftigen Maß; rechts die Gedenksäule für die ermordeten Giesinger

blind, und die Propagandamaschinerie wiederholte gebetsmühlenartig, dass die Brutalität der »Weißen« nötig gewesen sei, um den »roten Terror« zu stoppen. Dabei schrieb selbst die Polizeidirektion in ihrem im Herbst 1919 veröffentlichten Bericht über die »Gewalttaten der Räterepublik«: »Schlimmere Gewalttaten gegen Leib und Leben ereigneten sich glücklicherweise unter der Kommunistenherrschaft zunächst nicht!«

Nach den schrecklichen Ereignissen rückte Giesing noch weiter links. Bei der Kommunalwahlen im Juni 1919 siegte die radikale Linke haushoch, die SPD hingegen wurde abgestraft. Damit kam im Stadtrat eine linke Mehrheit mit 26 von 50 Sitzen zustande. An die Revolution erinnerten in Giesing mehrere Denkmäler. 1922 wurde auf dem Grab Kurt Eisners ein Denkmal für »Die Toten der Revolution« errichtet. Den Nazis war das ein Dorn im Auge, sie ließen es 1933 sofort entfernen. 1942 errichtete man dafür an der Westmauer der Ichoschule ein Freikorpsdenkmal: ein 10 m hoher nackter Soldat, der der Schlange der Revolution den Schädel zerquetscht. Der von den Giesingern nur als »Nackter Lackl« verhöhnte Steinkoloss wurde 1947 abgebrochen. Das zerstörte Revolutionsdenkmal hingegen wurde bereits 1945 auf Wunsch des Stadtrats von dem Giesinger Bildhauer Konstantin Frick wiedererrichtet (Gräberfeld 51 auf der Wegkreuzung).

Heute erinnert eine Steinsäule direkt neben der Tela-Post an 61 Opfer, die bei einem Massaker der Freikorps an dieser Stelle ermordet wurden. Die Säule, gestaltet vom Münchner Bildhauer Konstantin Frick, stifteten Giesinger Bürger. Bis 1925 stand an dieser Kreuzung das alte Giesinger Wegkreuz.

ZUM GEDENKEN IM JAHR DER REVOLUTION 1919 WURDEN 61 BÜRGER AUS OBER UND UNTER GIESING ERSCHOSSEN

1.35 Schmederersteg

Die kleine Brücke, die von Giesing in die Au führt, ist einer der ältesten, noch erhaltenen Brückenstege Münchens. Der Schmederersteg wurde 1869 aus zwei Fachwerksträgern mit Bandeisen-Gittergeländer gefertigt. Er überbrückt die Bahnlinie München Ost-Hauptbahnhof. Benannt wurde er nach dem ehemaligen Besitzer der Paulanerbrauerei, Ludwig Schmederer, dessen prächtige Villa ab 1882 auf dieser Seite des Nockherbergs stand. Diese Villa kaufte 1932 der Zirkusdirektor Carl Krone, sie wurde am 25. April 1944 bei einem Luftangriff zerstört. Nach dem Krieg war ab 1955 kurzzeitig der »Cowboy Club München 1913« auf dem Gelände zu Hause. Heute befindet sich hier nur noch eine Grünanlage, der Kronepark.

Die Schmederer-Villa im Jahr 1910 von der Straße aus gesehen, im Hintergrund die Giesinger Kirche. Die alte Toreinfahrt (l.) ist bis heute erhalten.

1.36 Ostfriedhof

Wo der erste, vorchristliche Friedhof Giesings lag, kam bei Bauarbeiten 1914 zutage, als man das große bajuwarische Gräberfeld auf dem Gelände der heutigen Ichoschule entdeckte. Als es dann spätestens ab dem 8. Jh. eine Dorfkirche gab, bestattete man die Toten rings um die Kirche. Dieser zweite Friedhof wurde 1315 erstmals erwähnt. Mit dem Abriss der alten Dorfkirche 1888 wurde auch der Friedhof aufgelassen und in eine Grünanlage umgewandelt. Es gab aber ab 1571 noch einen dritten Giesinger Friedhof nördlich der Heilig-Kreuz-Kirche, denn auch die Bewohner der Au trugen ihre Toten in Giesing zu Grabe. Der morastige Boden im Gebiet der Au ließ keinen eigenen Friedhof zu. Dieser Gottesacker wurde 1625, 1704 und schließlich noch einmal 1847 bis hin zur heutigen Gietlstraße hin erweitert. Und das, obwohl die Auer bereits 1817 endlich ihren eigenen Friedhof am Nockherberg am Beginn der Tegernseer Landstraße bekommen hatten. 1876 wurde der dritte Giesinger Friedhof schließlich aufgelassen, das Leichenhaus riss man erst 1893 ab. Den Auer Friedhof aber baute die Stadt systematisch zum neuen Großfriedhof aus. Bei insgesamt zehn Erweiterungen verschwanden Stück für Stück Giesinger Äcker, und es entstand so bis 1930 der Ostfriedhof in seinen heutigen Ausmaßen. Das ab 1894 erbaute, neoklassizistische Friedhofsgebäude am St.-Martins-Platz mit dem markanten Kuppelbau und den Säulenhallen entwarf der Architekt Hans Grässl.

Die Empfangsgebäude des Ostfriedhofs kurz nach der Erbauung

Ein Schelm, wer Böses dabei denkt, dass beinahe zeitgleich genau gegenüber das St.-Martins-Spital errichtet wurde. Das ebenfalls nach Plänen von Grässl gebaute neue Krematorium wurde am 27. September 1929 eingeweiht. Offenbar eine Attraktion für die Münchner, denn 27 000 Besucher strömten in den ersten Tagen herbei, um es zu besichtigen. Später wurden hier unzählige Opfer und Gegner der Nationalsozialisten eingeäschert, so z. B. auch die während des Röhmputsches Ermordeten. Wie viele Menschen, die in Stadelheim hingerichtet wurden, man hier verbrannte, ist nicht gesichert. Man weiß aber, dass rund 4 000 Leichen aus den Konzentrationslagern Dachau, Auschwitz und Buchenwald eingeäschert wurden. Am 17. Oktober 1946 brachten Laster der US-Armee elf Särge, die im Beisein von hochrangigen Offizieren verbrannt werden sollten. Verstorbene US-Soldaten, ließ man Neugierige wissen. Tatsächlich befanden sich in den Särgen die Leichen der am Tag zuvor in Nürnberg hingerichteten NS-Hauptkriegsverbrecher. Später ließ die Militärregierung die Aschen an einer geheimen Stelle in die Isar streuen, damit kein Totenkult entstehen konnte.

Auf dem Ostfriedhof sind einige bekannte Persönlichkeiten begraben, darunter der exzentrische Modeboutiquenbesitzer Rudolf Moshammer, der Schlagerstar Rex Gildo, die Schauspieler Toni Berger und Klaus Löwitsch, die Aktricen Barbara Valentin und Erni Singerl,

die Oberbürgermeister Thomas Wimmer und Karl Scharnagl und viele mehr. Der am 21. Februar 1919 ermordete erste bayerische Ministerpräsident Kurt Eisner liegt allerdings nicht mehr hier. Seine Urne wurde unter den Nazis entfernt und im Neuen Israelitischen Friedhof beigesetzt, wo sie noch heute ist. Das Revolutionsdenkmal, das man Eisner 1922 errichtet hatte und das in der NS-Zeit zerstört worden war, wurde inzwischen von dem Künstler Konstantin Frick originalgetreu wieder aufgebaut.

Berühmte Tote auf dem Ostfriedhof

Carl Amery, *Schriftsteller*
Peter Auzinger, *Schauspieler, bayr. Mundartdichter*
Elise Beck, *bayr. Mundartdichterin*
Gebrüder Beißbarth, *Unternehmer, Karosseriebauer*
Toni Berger, *Volksschauspieler*
Georg Brauchle, *Münchner Bürgermeister*
Rudolf Brunnenmeier, *Fußballspieler*
Géza von Cziffra, *Regisseur, Drehbuchautor*
Karl Albert Denk, *Bestattungsunternehmer*
Hans Döllgast, *Architekt*
Kurt Eisner, *bayr. Ministerpräsident (nur Denkmal; Grab wurde 1933 abgeräumt und neu belegt)*
Rudolf-Christoph von Gersdorff, *Generalmajor, Person des 20. Juli 1944*
Rex Gildo (Ludwig Hirtreiter), *Schlagerstar*
Adolf Gondrell, *Schauspieler*
Bernhard von Gudden, *Mediziner, Psychiater; mit seinem Patienten Ludwig II. zu Tode gekommen*
Kaspar Haberl, *Motorradfahrer, Gründer der MAHAG*
Erich Hallhuber, *bayr. Volksschauspieler*
Ernst Hoferichter, *Schriftsteller*
Friedrich Hollaender, *Komponist*
Mary Irber, *Tänzerin, Schauspielerin*
Adele Kern, *Opernsängerin*
Richard König, *Bildhauer*
Hilde Krahl, *Schauspielerin (Gedenkstein, überließ ihren Körper der Wissenschaft)*

Peter Kreuder, *Komponist*
Hans Leibelt, *Schauspieler*
Klaus Löwitsch, *Schauspieler*
Ludwig in Bayern, *Herzog*
Georg Maurer, *Mediziner*
Rosl Mayr, *Schauspielerin*
Franz Xaver Meiller, *Unternehmer (»Meiller-Kipper«)*
Martha Mödl, *Opernsängerin*
Rudolph Moshammer, *Münchner Original*
Johann Rattenhuber, *Chef der Leibwache Adolf Hitlers*
Rudolf Rhomberg, *österr. Schauspieler*
Lothar Rohde, *Unternehmer (»Rohde & Schwarz«)*
Helena Rosenkranz, *Schauspielerin*
Karl Scharnagl, *Münchner Oberbürgermeister*
Sybille Schmitz, *Schauspielerin*
Rudolf Schündler, *Regisseur, Schauspieler*
Erni Singerl, *Schauspielerin*
Hans Steyrer, *Oktoberfest-Wirt, Kraftathlet*
Joe Stöckel, *Schauspieler, Filmregisseur*
Rupert Stöckl, *Kunstmaler*
Hermann Swoboda, *Mitbegründer d. Obdachlosenzeitschrift BISS*
Barbara Valentin (Uschi Ledersteger), *Schauspielerin*
Thomas Wimmer, *Münchner Oberbürgermeister*
Wastl Witt, *Volksschauspieler*

1.37 Beckenbauers Geburtshaus

In der Zugspitzstraße 6 wuchs der kleine Franz Beckenbauer auf, der einmal deutscher Fußballkaiser werden sollte. Er begann seine Karriere in der Jugendabteilung des SC 1906, der seinen Trainingsplatz damals an der St.-Martin-Straße hatte. Eigentlich wollte Beckenbauer zum TSV 1860 wechseln, doch weil er während eines Spiels zwischen dem SC und 1860 einen Löwen-Spieler ohrfeigte, entschied er sich dann doch lieber für einen Wechsel zum FC Bayern. Der Münchner SC wurde 1906 als Kraftsportverein gegründet, die Fußballabteilung kam erst 1927 hinzu. Die Gewichtheber des Vereins zählten lange Jahre zu den besten in Bayern. 2008 fusionierte die Fußballabteilung mit dem FC Haidhausen zum neuen Verein »SpVgg 1906 Haidhausen«. Der Kraftsportverein existiert als »SC München von 1906« bis heute.

1.38 St.-Martin-Schule

Der Stadtbaurat Robert Rehlen entwarf das imposante Schulgebäude, das 1901/02 für stolze 671 888 Mark Baukosten errichtet wurde. Damals gab es 32 Lehrsäle für 108 Kinder, dazu eine Schulküche, zwei Turnhallen, zwei Suppensäle mit Küche im Keller, ein Brausebad, Schulwerkstätten und Kindergartenräume. Jungs und Mädchen bekamen selbstverständlich getrennten Unterricht. Im Zweiten Weltkrieg diente die Schule als Kaserne, die Kinder verschickte man in Landschulheime. Unmittelbar nach Kriegsende kamen mit den Kindern auch Flüchtlinge ins Gebäude. 300 ausgebombte Familien mit 2 000 Kindern wurden in den Räumen untergebracht. Die räumlich schwierige Situation endete erst nach der Instandsetzung der Schule in den 1950er Jahren und einer grundlegenden Sanierung 1960. Ab 1969 wurde aus der Volksschule eine Grundschule für nur noch vier Jahrgänge. Ab dem Schuljahr 1981/82 richtete man an der Schule eine zweisprachige Klasse für türkische Kinder ein, die seit 1993 in eine Modellklasse »Interkulturelles Lernen« für deutsche und türkische Kinder umgewandelt wurde. Heute hat die St.-Martin-Schule 17 Klassen, sechs Tagesheim- und zwei Mittagsbetreuungsgruppen.

1.39 Das Martinspital

Zu den vielen Herausforderungen, denen sich die Stadt München stellen musste, als sie gegen Ende des 19. Jh. stetig wuchs und wuchs, gehörte auch das Problem der Armenfürsorge. Die kleinen Pfründneranstalten im Stadtgebiet reichten längst nicht mehr aus. Es wurde Zeit für den Neubau eines modernen, großen Armenspitals. Nach einigen Querelen um den geeigneten Bauplatz fiel die Entscheidung schließlich auf das Gelände in Obergiesing, das man den Bauern für 171 000 Mark abkaufte. Federführender Architekt war Carl Hocheder. Die Stadt wünschte sich einen repräsentativen Bau, der national wie international neue Maßstäbe in der Anstaltfürsorge setzen sollte. Und Hocheder lieferte: 1892 fand die Grundsteinlegung zu dem imposanten Bau im neobarocken Stil statt. Zwei Jahre später eröffnete das Martinspital, und die Münchner Neuesten Nachrichten jubelten: »München aber kann auf sein neues Armenhaus stolz sein, hat es doch damit den Beweis geliefert, dass es auf der Höhe der Gegenwart steht.« Höhe der Gegenwart bedeutete für die rund 300 Pfründner, die in das neue Heim einzogen, dass sie in Zimmern mit zehn bis 20 Betten untergebrecht wurden und nur mitnehmen durften, was in einen Spind und einen Nachtkasten passte. Pfründner waren in der Regel zu alt und zu gebrechlich, um sich noch den Lebensunterhalt zu verdienen

und hatten keine Familien, die sie versorgen konnten. Die meisten von ihnen waren verwitwete Frauen, denn die Witwenrente wurde erst 1911 eingeführt. Die Oberin vom Orden der Barmherzigen Schwestern führte als Anstaltsleiterin ein strenges Regiment. Man ließ die Ärmsten der Armen deutlich ihren Stand am untersten Rand der Gesellschaft spüren, für fast alles mussten sie die Genehmigung der Oberin einholen und sei es nur, einmal nicht an der Mahlzeit teilzunehmen. Wer nicht spurte, musst gar damit rechnen, in den hauseigenen Karzer gesperrt zu werden. Das änderte sich erst 1902 mit der Einführung des Bürgerlichen Gesetzbuches. In jenem Jahr begannen auch die Arbeiten am Nord- und Südflügel unter dem Architekten Robert Rehlen. Die neuen Räume brachten vor allem den Verheirateten große Erleichterung, denn nun konnten Ehepaare ein Doppelzimmer für sich reklamieren. Dennoch blieb St. Martin über Jahrzehnte überbelegt. Zeitweise mussten sich bis zu 25 Menschen in einem Sechsbettzimmer zusammenquetschen. Das änderte sich erst in den späten 1950er Jahren, durch den Umbau von Mehrbett- in Zweibettzimmer. In den 70ern kamen endlich auch Einzelzimmer mit eigenem kleinen Bad hinzu, wie sie heute im Martinspital Standard sind. Das Altenwohnheim St. Martin gehört inzwischen zum Münchenstift. Noch heute werden hier jedoch nur Senioren aufgenommen, die mindestens zehn Jahre in München leben.

1.40 Maria Königin des Friedens

Sehr sachlich, mit einem Hauch von Mittelalter und Neuromantik, präsentiert sich die Kirche an der Untersbergstraße. 1935 begannen die zweijährigen Bauarbeiten an dem Gotteshaus nach Plänen von Robert Vorhoelzer und Walter Scheteling. Eigentlich sollte der heilige Thomas Morus Namenspatron werden. Der hatte einst dem englischen König Heinrich VIII. aus religiösen Gründen die Gefolgschaft verweigert. Ein Heiliger, der sich religiös motiviert einem absoluten Potentaten widersetzt? Das könnte von den regierenden Nationalsozialisten missverstanden (bzw. richtig verstanden) werden. Um jeden Ärger zu vermeiden, verwarf Erzbischof Michael Faulhaber diese Idee. 1941 wurde Maria Königin des Friedens, bislang nur eine Kuratie von Heilig-Kreuz, selbstständige Pfarrei. Architekt Robert Vorhoelzer leitete nach dem Krieg auch den Wiederaufbau der durch Bomben schwer beschädigten Kirche. Der heutige Zustand entspricht im Wesentlichen dem Urzustand. Das 66 m lange Kirchenschiff ist 28 m hoch, der Turm ragt 43 m in Giesings Himmel. Turm und Eingangsfassade sind mit Nagelfluh verkleidet. Das Relief »Maria Verkündung« über dem Eingangsportal gestaltete Karl Knappe. Die Fresken im Chorraum stammen von Albert Burkart, ebenso die Bilder der Seitenaltäre und des Kreuzwegs. Das große

Chorfresko stellt die Muttergottes mit dem Jesuskind und zwei Engeln dar. Vor der Madonna kniet Papst Benedikt XV., der während des Ersten Weltkriegs die Anrufung Mariens »Du Königin des Friedens« in die Lauretanische Litanei aufgenommen hat.

1.41 Asam-Gymnasium

Ursprünglich trug das Gymnasium, wie viele andere aus der Zeit auch, den Namen eines Verbrechers: 1935 wurde die Schule als Hans-Schemm-Aufbauschule in der Frühlingstraße (heute Eduard-Schmid-Straße) gegründet. Schemm war ein enger Vertrauter Hitlers und bayerischer Kultusminister. Sinn und Zweck der Einrichtung war es, Volksschulabgängern in einem sechsjährigen Programm auf das Abitur und dann auf eine Ausbildung zum Volksschullehrer vorzubereiten. Im September 1943 zerstörten Fliegerbomben das Gebäude. Der Schulbetrieb wurde erst 1945 wieder aufgenommen, nun als »Oberschule für Jungen an der Frühlingstraße«. Der Unterricht fand nun im Schichtbetrieb und auf alle möglichen anderen Schulen verteilt statt. Erst 1952 konnte ein Neubau auf dem alten Schulgelände bezogen werden. 1964 erfolgte der Umzug an die Ecke Werinher-/Schlierseestraße und gleichzeitig der Namenswechsel zu Asam-Gymnasium, in Erinnerung an die Brüder Cosmas Damian und Egid Quirin Asam, zwei der bedeutendsten Künstler und Baumeister des süddeutschen Spätbarocks. Wegen stetig steigender Schülerzahlen wurde 1976 ein Erweiterungsbau fertiggestellt. Gleichzeitig gab es eine kleine Revolution: Ab 1975 durften Mädchen auf das Asam-Gymnasium! Zunächst nur solche die einen Realschulabschluss in der Tasche hatten und wechseln woll-

ten. Ab 1978 schließlich auch alle Mädchen von der 5. Klasse an. In diesem Schuljahr begann ein Modellversuch. Das Asam-Gymnasium richtete als erstes Münchner Gymnasium Modellklassen zur Förderung ausländischer Kinder ein. Neben intensiven Deutschkursen gab es auch Unterricht in Türkisch. Seit 2003 hat das Gymnasium neben dem naturwissenschaftlich-technologischen auch einen sprachlichen Zweig. Heute gehen mehr als 1 000 Schüler auf das Giesinger Asam-Gymnasium, an dem mehr als 100 Lehrkräfte unterrichten.

Die Bronzeskulptur vor dem Anton-Fingerle-Zentrum schuf der Bildhauer Heinrich Kirchner

1.42 Anton-Fingerle-Zentrum

In unmittelbarer Nähe zum Giesinger Bahnhof stand von 1906 bis 1980 das bereits 1976 stillgelegte Straßenbahndepot. 1984 errichtete man auf dem Gelände das Anton-Fingerle-Zentrum (Schlierseestraße 47), benannt nach dem ersten Nachkriegsschulrat Anton Fingerle (1912–1976). Hier sind neben der Stadtbibliothek verschiedene städtische Bildungsstätten untergebracht: das Münchenkolleg zur Erlangung der Hochschulreife, das Städtische Abendgymnasium für Berufstätige, die Städtische Fachakademie für Heilpädagogik, die Städtische Fachakademie für Sozialpädagogik, die Städtische Berufsfachschule für Ergotherapie, die Städtische Rainer-Werner-Fassbinder-Fachoberschule für Sozialwesen (und Gestaltung) sowie die Fachoberschule für Gestaltung. Bis 2007 war auch das Stadtbereichzentrum Ost der VHS hier zu Hause.

1.43 Fachakademie für Sozialpädagogik

Die Idee des Kindergartens war noch recht neu, als engagierte Münchner am 29. Mai 1868 den »Verein zur Gründung Fröbelscher Kindergärten« ins Leben riefen. Pädagoge Friedrich Fröbel hatte mit seiner Idee des »Kindergartens« ab 1840 langsam die alten Kinderbewahranstalten verdrängt. Fröbels Konzept basierte auf spielerischem Lernen, kindgerechter Erziehung und Pädagogik – seinerzeit ein revolutionäres Novum. Nun mussten Erzieherinnen ausgebildet werden. Bereits zwei Jahre später eröffnete der Münchner Verein in der Schellingstraße eine private »Kindergärtnerinnenbil-dungsanstalt mit Seminar«, die der bekannte Fröbelpädagoge Lorenz Illing (1824–1899) leitete. Die Ausbildungszeit für die Fachschule der Kindergärtnerinnen umfasste ein Jahr, für das Seminar zwei Jahre. Den Beruf der Kindergärtnerin oder Hortnerin erlernten üblicherweise höhere Töchter mit sehr gutem Schulabschluss. Obwohl das private Seminar erfolgreich arbeitete, ging schließlich das Geld aus. Nach 44 Jahren wurde der Schulbetrieb eingestellt. Die Stadt München übernahm 1913 die Bildungsanstalt und siedelte sie um in die St. Annaschule. Noch im selben Jahr eröffnete in einer Bogenhausener Villa, Neuberghauser Straße 11, ein Seminarkindergarten.

Ab 1925/1926 nannte sich die Einrichtung Kindergärtnerinnen- und Hortnerinnenseminar, die Sozialen Frauenschule wurde eingegliedert, und zehn Jahre später schloss man noch das Jugendleiterinnenseminar an. Nach Ende des Zweiten Weltkriegs übernahm Elisabeth Zorell die Leitung des Seminars am Bogenhausener Kirchplatz und gliederte 1948 der Ausbildungsstätte ein Werklehrerseminar sowie einen Versuchsschulkindergarten an. 1964 kam es zu einer kleinen Revolution: Erstmals durften Männer das Seminar besuchen. 1969 erfolgte die Umwandlung des Kindergärtnerinnenseminars in eine Fachschule für Sozialpädagogik, 1973 schließlich in die Fachakademie für Sozialpädagogik. Im Jahr 1984 zog die Akademie in das Anton-Fingerle-Bildungszentrum in der Schlierseestraße. Die Fachakademie für Sozialpädagogik der Landeshauptstadt München ist heute mit rund 900 Ausbildungsplätzen die größte ihrer Art in Bayern.

Das historische Bahnhofsgebäude steht unter Denkmalschutz

1.44 Giesinger Bahnhof

Inmitten von Feldern und Wiesen, rund einen Kilometer vom Ort Giesing entfernt, eröffnete am 10. Oktober 1898 der Giesinger Bahnhof. Er bediente die neu entstandene Bahnstrecke München Ost – Deisenhofen. Ab 1904 kam die Bahnverbindung über Perlach nach Kreuzstraße hinzu. Fünf Jahre später fuhr die Trambahn Linie 27 zum Giesinger Bahnhof, der Bahnhofsvorplatz diente als Wendeschleife. Im Volksmund nannte man den Bahnhof bald »Schwammerlbahnhof«, weil von hier aus viele in die Wälder zum Schwammerlsuchen fuhren. Ein Tramdepot entstand 1912 etwas weiter nördlich der Wartehalle, dort befindet sich heute das Anton-Fingerle-Zentrum (siehe 1.42). Giesing wuchs erst in den 1920er Jahren an den Bahnhof heran, als entlang der Deisenhofener Straße große Wohnblöcke erbaut wurden. Heute ist der Giesinger Bahnhof ein wichtiger Knotenpunkt im öffentlichen Nahverkehr, hier treffen sich S- und U-Bahn-Linien, eine Bus- und eine Straßenbahnlinie. Das lindgrün gestrichene Bahnhofsgebäude steht seit 1985 unter Denkmalschutz und dient seit 2004 als Stadtteilkulturzentrum mit Gastronomie. 2009 eröffnete am Bahnhofsplatz ein Gesundheitszentrum und ein Seniorenheim. Ein Jahr später wurde der Vorplatz neu gestaltet. Seitdem ziert die grün lackierte Aluminiumguss-Skulptur »Sophora Sophia« von Alix Stadtbäumer den Platz. Namens- und Ideengeber der Skulptur sind die kettenartigen Schoten des am Platz gepflanzten Japanischen Schnurbaums (»Sophora japonica«). Direkt am Platz steht auch die »Giesinger Flunder«, das aus den 1950ern stammende, ehemalige Bahnhofskino »Baki«. Unmittelbar angrenzend an das Bahnhofsgelände stand einst eine ehemalige Bettfedernfabrik, die von 1988 bis 2011 die Hochschule für Film und Fernsehen (HFF) beherbergte.

Die Skulptur »Sophora Sophia«

Das Gesundheitszentrum am Bahnhof

1.45 Stockwerksiedlung Walchenseeplatz

Rund um den bereits existierenden Walchenseeplatz in Giesing plante die GEWOFAG eine neue Großsiedlung mit insgesamt 1 170 Wohnungen. Im Rahmen eines Arbeitsbeschaffungsprogramms für Architekten entwarfen mehrere Architekten (Fritz Landauer, Hans Atzenbeck, Max Schoen, Joseph Dürr, Hans Grünzweig und Fritz Männche) unter der Leitung von Carl Jaeger die einzelnen Häuser. Tatsächlich realisiert wurden zwischen 1927 und 1930 dann nur 870 Wohnungen mit 50 bis 100 m² Grundfläche sowie 25 Ladenlokale und eine Gaststätte. Lang gestreckte, viergeschossige Wohnblöcke begrenzen die Siedlung zur Deisenhofener Straße im Norden und zur Perlacher Straße im Süden. Die Gebäude im Siedlungsinneren sind nach West und Ost ausgerichtet und ebenfalls vierstöckig. Fast alle Wohnungen verfügten über Bad, WC und Ofenheizung – damals beinahe Luxus. Nur die kleinsten Wohnungen blieben badlos. Für deren Mieter gab es eine eigene Badeanstalt und eine mittlerweile abgerissene gemeinsame Waschküche.

Der Springbrunnen am Walchenseeplatz mit dem nackerten Buberl wurde 1930 von Walther von Hattingberg gestaltet.

1.46 Grafenbauer

Einst gehörte alles Land des Grafenbauers zur Schrafnagelmühle in der Lohe. Doch 1837 verkaufte der Müllersohn Sebastian Oswald die Mühle und behielt nur die Äcker in Obergiesing. An der »Chaussee nach Tölz« (= Tegernseer Landstraße) baute er sich ein Wohnhaus mit landwirtschaftlichen Nebengebäuden. 1849 erwarb Amelie Gräfin von Taufkirchen-Lichtenau den Hof, der daher fortan den Beinamen »Grafenbauer« trug. Die Grafen von Taufkirchen verkauften 1863 ihr Anwesen. Danach wechselte der Hof oft den Besitzer, bis die Giesinger Bauernkinder Franz Knoll und Walburga Niedermaier 1887 heirateten und den Hof von ihren Vätern als Geschenk bekamen. Die Knolls verkauften laufend Teile ihres Grunds als Bauland. Der Hof selbst wurde im Krieg zerstört. Nach Franz Knolls Tod 1949 verkauften die Erben das restliche Land. Wo einst der Grafenbauernhof stand, befindet sich heute ein großes Bürohaus (Tegernseer Landstraße 138/ Ecke Grünwalder Straße).

Die Sage vom »Herrgott in der Rast«

Im 17. Jahrhundert zog sich der weitläufige Perlacher Forst noch hart bis an die kleine Ortschaft Giesing heran, und das satteltürmige, weiß getünchte Dorfkirchlein, das sich auf gacher Bergeshöhe erhob, grüßte hinab in den bewaldeten Mühlengrund, wo sich die grüne Falkenau mit den herzoglichen Jagdgründen ausbreitete. Friede herrschte in dieser einsamen Gegend, wenn nicht gerade das herzogliche Halali durch die weiten Wälder scholl. Leider kam dann der verheerende Dreißigjährige Krieg. Mit ihm kam die Pest über das Land. In der Au und in Giesing starben so viele Leute, dass man in Obergiesing einen eigenen Pestfriedhof anlegen musste, um die vielen Toten bestatten zu können.

In jenen Tagen, so berichtet die Sage, stand draußen am Giesinger Waldrand der Roßtalerhof. Er gehörte dem Jörg, einem wohlhabenden, freien Bauern, und zählte zu den schönsten Höfen des Ortes. In jedem Jahre lag Segen über seinen Feldern und keine Krankheit störte das häusliche Glück. Als sogar die ersten Pestjahre den Hof verschonten, ging der Roßtaler Jörg nach München, ließ sich von einem guten Schnitzer eine lebensgroße Statue des in Ketten gelegten Christus fertigen, und stellte diese im Herrgottseck seines Anwesens auf. Jeden Tag kniete er vor dem Christusbild und dankte Gott für die Erhaltung seiner Lieben. Die schweren Zeiten waren aber noch lange nicht zu Ende, denn nach wenigen Jahren suchte die Pest abermals die Gegend heim und schonte diesmal weder Arm noch Reich. Auch in den Roßtalerhof drang der Pesthauch. Knechte und Mägde fielen ihm zum Opfer und in einer stürmischen Nacht holte man auch des Roßtalers Weib. »Herrgott, Herrgott, lass mir wenigstens meine Kinder!«, schrie da der verzweifelte Roßtaler und fiel vor dem Christus in die Knie. Doch alles war umsonst. Kind um Kind starb, und als man sein letztes auf den Pestacker gebracht, da stürzte sich der Jörg wie von Sinnen auf die Statue und schleuderte sie vor das Haus. Noch am selben Tage nahm die Pestilenz zu, und am andern Abend war auch der Roßtaler tot. Die verzweifelten Giesinger und Auer wussten nun nimmer Rat. Sie glaubten, dass die Zunahme der Pest durch das gotteslästerliche Tun des Roßtaler Jörg verursacht worden sei und brachten deshalb die Christusstatue in das Giesinger Bergkirchlein. Nach einigen Wochen pilgerten die Bewohner von Giesing und der Au mit dem »Herrgott in der Rast« (so wurde später die Christusstatue genannt) nach Ramersdorf, um in der dortigen Gnadenkirche das Ende der Pest zu erflehen. Und siehe da: Die Seuche nahm allmählich wieder ab. Der mit einem roten Mantel bemalte »Herrgott in der Rast« blieb fortan in Giesing und wurde hoch verehrt. Als 1889 die alte Giesinger Kirche abgebrochen wurde, kam der mittlerweile mit einem Mantel aus blauer Seide behängte Christus in den Giesinger Pestgottesacker, wo er bis zum Jahre 1894 zu sehen war.

Aus: Altbayerische Sagen, Ausgewählt vom Jugendschriften-Ausschuss des Bezirkslehrervereins München, München 1906 (bearb. vom Autor)

Die Sprengung des Agfa-Hochhauses im Jahr 2008

1.47 Agfa Camerawerke

Jahrzehntelang gehörten sie zu den größten Arbeitgebern in Giesing: die Agfa Camerawerke. Das Unternehmen kam eigentlich aus Berlin, wo es 1867 als Gesellschaft für Anilinfabrikation mbH gegründet wurde. 1897 wurde die Marke Agfa (= Aktiengesellschaft für Anilinfabrikation) beim Kaiserlichen Patentamt in Berlin eingetragen. Doch zurück nach München, denn die Agfa Camerawerke hatten ihre Wurzen mitten in der Maxvorstadt. In der Gabelsbergerstraße hatte Alexander Heinrich Rietzschel 1896 seine Optische Anstalt gegründet, in der er seine revolutionäre Kamera Clack 1900 entwickelte. Rietzschels Kameras verkauften sich so gut, dass er schnell expandierte und in die Schillerstraße umzog. 1924 kaufte Bayer die Firma, mittlerweile produzierten 250 Mitarbeiter 10 700 Kameras jährlich. Bayer überließ die Kameraproduktion nach Gründung der IG Farben 1925 der Firma Agfa, die nun in München ein neues Werk aufbaute. Dazu kaufte sie die ehemalige Anlage der Firma Sedlbauer an der Tegernseer Landstraße. 1928 lief mit der Kamera »Billy« der erste Verkaufsschlager unter dem Namen Agfa vom Band. Die Gehäuse trugen schon die Agfa-Raute, auf der Linse stand noch Rietzschel. 950 Menschen arbeiteten da bereits für Agfa, die zum zweitgrößten Kamerahersteller der Welt nach Kodak aufstieg.

Während der NS-Diktatur wurden die Camerawerke in einen Rüstungsbetrieb umgewandelt. Man produzierte Gewehrzielfernrohre und Zünder für Bomben. Dass Giesing aber immer noch ein wenig rot war, zeigte sich an

der kommunistischen Widerstandsbewegung, die noch bis Frühjahr 1937 in den Agfa-Werken aktiv war. 1943/44 formierte sich noch einmal der Widerstand bei Agfa in der ADV (Antinazistische Deutsche Volksfront), die auch mit den benachbarten Zwangsarbeiterlagern in Kontakt stand. Denn wo heute die Herbert-Quandt-Straße verläuft, stand ab 1942 ein Gefangenenlager für russische Offiziere. Diese gründeten die BSW (Bratskoje Sotrudnitschetswo Wojennoplennych/Brüderliche Zusammenarbeit der Kriegsgefangenen) mit dem Ziel, alle Kriegsgefangenen zu organisieren und durch Sabotageaktionen die Rüstungsindustrie zu schwächen. Die BSW arbeitete eng mit der ADV zusammen und knüpfte erfolgreich Kontakte zu zahlreichen Lagern in ganz Deutschland, konnte dabei aber meist nur die sowjetischen Insassen für sich gewinnen. Der Gestapo gelang es schließlich, einen Spitzel einzuschleusen und 383 mutmaßliche Mitglieder zu verhaften. 92 von ihnen wurden 1944 in Dachau, 38 weitere in Mauthausen ermordet.

In der heutigen Weißenseestraße 1-15 stand ab September 1944 ein Außenlager des KZ Dachau. Es handelte sich um einen Rohbau, umgeben mit Stacheldraht und vier Wachttürmen. Hier pferchte man unter katastrophalen hygienischen Bedingungen rund 500 Frauen aus Frankreich, Holland, Polen, Belgien, Jugoslawien und der Ukraine zusammen. Sie mussten im Agfa-Werk schuften und Bombenzünder zusammenbauen. Am 27. April 1945 wurden die Frauen zusammengetrieben und

auf den Todesmarsch Richtung Süden geschickt. US-Truppen befreiten sie am 1. Mai bei Wolfratshausen.

Agfa verlegte nach dem Zweiten Weltkrieg den Firmensitz komplett von Berlin nach München. Das Werk expandierte. So wurde auch eine ehemalige Kiesgrube an der Ecke Perlacher/Untersbergstraße überbaut, die noch nach dem Krieg den US-Streitkräften als Abfallgrube gedient hatte. Hier traf man damals die »Kiesgrubengrattler«, also die Giesinger, die den Müll nach etwas Ess- oder Verwertbarem durchwühlten. 1957 baute man an der Tegernseer Landstraße ein 52 m hohes Hochhaus nach Plänen von Georg Hellmuth Winkler und Claus Winkler. 1983 ging mit der Agfa Compact (auch Optima 935) eine Ära zu Ende: Sie war das letzte Kameramodell, das in Giesing gefertigt wurde. Die Firma verlegte die Produktion nach Belgien, 2 500 Beschäftigte verloren ihren Job. Nur Filmentwicklung und die Reparaturabteilung blieben in München.

Ab 2007 wurden große Teile des ehemaligen Agfa-Werks abgerissen. Am 17. Februar 2008 sprengte man vor mehr als 15 000 Schaulustigen das Hochhaus, das längst ein Wahrzeichen des Viertels geworden war, um

Wo das Agfa-Hochhaus stand, befindet sich nun ein moderner Hotelbau (o. l.). Die Fotos vom Sommer 2014 zeigen die Riesenbaustelle zum Neubaugebiet »Parkviertel Giesing«.

es durch einen fast identischen Neubau zu ersetzen, in dem heute ein Hotel ist. Auf dem alten Fabrikgelände entstand das »Parkviertel Giesing«, ein großer Wohn- und Gewerbepark.

1.48 Zu den heiligen Engeln

Der Münchner Architekt Hansjakob Lill galt als einer der Pioniere des neuen katholischen Kirchenbaus in der Nachkriegszeit. Er entwarf die Kirche Zu den heiligen Engeln in der Weißenseestraße 35 als Flachbau mit quadratischem Grundriss, auf dessen Dach sich zwei halbkreisförmige Tonnen kreuzförmig durchdringen. Im Inneren bilden sie in der Vierung über dem Altar einen kreuzgewölbten, von vier schlanken Stahlsäulen getragenen Baldachin. Den Abschluss der Tonnen bilden raumhohe Glasfenster. Die Kirche entstand 1954/55 gemeinsam mit dem kampanileartigen, 45 m hohen Glockenturm aus Stahlbeton und dem südlich angeschlossenen Pfarrzentrum.

1.49 Philippuskirche

Die Architekten Franz Lichtblau und Ludwig Bauer entwarfen die evangelisch-lutherische Philippuskirche an der Chiemgaustraße 7, die am 10. Mai 1964 geweiht wurde. Bereits 1957 stand hier ein Betsaal, in dem heute das Pfarrbüro mit Pfarrwohnung untergebracht sind. Der 32 m hohe, schlanke, frei stehende Turm, in dem vier Glocken hängen, ist am Mittleren Ring weithin sichtbar und gilt als ein Wahrzeichen im hinteren Obergiesing. An der Außenmauer aus Sichtbeton erzählen Reliefs die Geschichte des Namenspatrons Philippus. Diese Reliefs, Altar und die Kanzel mit Taufstein stammen vom Bildhauer Rolf Nida-Rümelin. Auch im Inneren bestimmt Beton die Optik. Hubert Distler entwarf die Altarwand mit der Betonglasfensterkonstruktion, ausgeführt wurden die Glasarbeiten von der Mayerschen Hofkunstanstalt. Die Philippuskirche bietet etwa 500 Besuchern Sitzplätze.

1.50 Kolbsiedlung

Namensgeber der Siedlung zwischen Peißenberg-, Schellenberg-, Bad-Wiessee- und Säbener Straße ist die Firma J. Kolb & Co., die das Gelände zwischen 1928 bis 1936 mit viergeschossigen Wohnblöcken bebaute.

1.51 St. Helena

Anfang der 1960er Jahre war die Bevölkerungszahl Giesings so stark gestiegen, dass eine neue Pfarrei eingerichtet werden musste. Man teilte Heilig-Kreuz (Giesing) und Heilige Familie (Harlaching) und schuf dazwischen die Pfarrei St. Helena am Wettersteinplatz (Fromundstraße 2). Der Legende nach soll Helena, die Mutter von Kaiser Konstantin, das Kreuz Christi in Jerusalem gefunden haben. In Anspielung darauf gab Architekt Hansjakob Lill der Kirche einen kreuzförmigen Grundriss. Im Schnittpunkt der Kreuzarme steht der Altar, über dem ein als Lebensbaum gestaltetes Kreuz des Bildhauers Karlheinz Hoffmann hängt. Die farbigen Fenster gestaltete Ferdinand Gehr. Die Kirche wurde am 11. Oktober 1964 geweiht und am 1. Dezember 1966 zur Stadtpfarrei erhoben. Von weithin sichtbar ist ihr schlanker Glockenturm. Auf der gegenüberliegenden Straßenseite entstanden ein Jugendtreff sowie die Fromundschule, eine Grundschule für rund 190 Schüler.

Die Sechzger

1.52 Städtisches Stadion an der Grünwalder Straße

Es war einmal ... Bis zur Eröffnung des Olympiastadions 1972 war das Stadion an der Grünwalder Straße die bedeutendste Sportstätte Münchens. Diese Zeiten sind lange vorbei. Doch wie hat alles begonnen mit der traditionsreichen Arena? Im Jahr 1911 pachtete Wilhelm Hilber, Vizepräsident des TV 1860, von der Familie Peter das landwirtschaftlich genutzte Grundstück und ließ dort für 14 000 Mark einen Sportplatz anlegen. Das Fußballfeld umrahmten Leichtathletikanlagen. Eine zwölf Meter lange hölzerne Tribüne mit 160 überdachten Sitzplätzen sowie Garderoben und Waschräumen wurde erbaut. Deren Form animierte die Münchner zu dem Spitznamen »Zündholzschachtel«. Damit hatten die Löwen als vierter Münchner Fußballverein – neben dem Münchner SC, dem FC Wacker und dem MTV 1879 – einen eigenen Sportplatz mit Tribüne, zuvor hatten sie u. a. auf Sportplätzen in Holzapfelkreuth und am Alpenplatz gekickt. Mit einem 4:0 gegen den MTV 1879 weihte der TV 1860 am 23. April 1911 den Platz ein. Die offizielle Eröffnung erfolgte am 21. Mai des Jahres anlässlich des Leichtathletik-Städtekampfs zwischen München und Berlin, den die Münchner mit 55:45 für sich entschieden. Schon ein Jahr später folgte die erste Expansion: Man pachtete das angrenzende Grundstück für einen Fußballtrainingsplatz. In den 1920er Jahren erfolgte der konsequente Ausbau der Sportanlagen, neue Stehtribünen brachten neue Zuschauerrekorde. Im Frühjahr 1922 schließlich kaufte der Verein das bislang gepachtete Grundstück für 700 000 Mark und ließ großzügig ausbauen. 1925 bot das Stadion Platz für 24 000 Menschen. Nach weiteren Umbaumaßnahmen passten schließlich 42 000 Zuschauer hinein, und der Verein geriet unter finanziellen Druck. 260 000 Mark hatte er in das Stadion gesteckt. Also vermietete man das Stadion unter. Ab 1926 nutzten auch der FC Bayern, der FC Wacker, der aus dem MTV 1879 hervorgegangene Deutsche SC, der Südbayerische Landesverband für Leichtathletik, die Deutsche Turnerschaft und der Bayerische Radrennverband sowie Hochschulen, Landespolizei, Arbeitersportkartell und der Radrennklub 1902 München das Stadion.

Die Stadt München erwarb das Stadion schließlich am 23. Juli 1937 für 357 560 RM. Fortan zahlte der TSV 1860 jährlich 10 000 RM Pacht. Im Herbst 1943 beschädigten Bombenangriffe das Stadion schwer. Die Vereine mussten ins Dantestadion ausweichen, bis auch das zerstört wurde. Doch schon kurz nach dem Krieg ging der Spielbetrieb weiter. Die Bombenkrater schüttete man einfach zu, dann stellte man neue Tore auf und am 26. August 1945 verfolgten 12 000 Zuschauer auf den Tribünenruinen das Lokalderby zwischen den Löwen und dem FC Bayern, das die Sechzger mit 0:4 haushoch verloren.

Am 7. Dezember 1947 erlebte das teilweise wieder hergestellte Stadion einen Zuschauerrekord: 58 000 Menschen quetschten sich hinein, um das Spiel der Sechzger gegen den 1. FC Nürnberg zu sehen. 1951 waren die Arbeiten abgeschlossen, und das Giesinger Stadion war nun das achtgrößte Stadion der Bundesrepublik Deutschland. Die Abendzeitung forderte ihre Leser auf, dem Stadion einen neuen Namen zu geben: »Isar-Stadion«, »Weiß-Blau-Stadion« und »Münchner-Kindl-Stadion« gingen ins Rennen, aber auch »Toto-Friedhof«, »Städtische Goldruine« oder »Dr.-Högner-Kultur-Verflachungs-Stadion«. Der Stadtrat jedoch beschloss, bei »Städtisches Stadion an der Grünwalder Straße 10« zu bleiben. 1959 wurde die Flutlichtanlage errichtet: Auf den vier 52 m hohen Masten kamen 148 Scheinwerfer zum Einsatz. Seit den 1980er Jahren sind es pro Mast 24 Scheinwerfer mit einer Leuchtkraft von 300 Lux. Baurat Prof. Rudolf Ortner hatte die Flutlichtanlage entworfen und auch den Stadionumbau, der ab 1958 begann. 1962 wurde das erste Europapokalspiel im Sechzgerstadion ausgetragen und 1963 das erste Bundesligaspiel. Doch die Stadt plante bereits ein modernes, größeres Stadion auf dem Oberwiesenfeld. Es wurde schließlich in Form des Olympiastadions realisiert. Die Stadt investierte nun nicht mehr groß in das alte Stadion. Der FC Bayern zog bereits 1972 ins Olympiastadion um, die Löwen mussten kurz danach ebenfalls wechseln, denn ein Orkan hatte schwere Schäden am Sechzgerstadion hinterlassen. Der Stadtrat beschloss 1973, das Stadion als Bezirkssportanlage für den Breiten- und Schulsport umzubauen und investierte 665 000 DM. Weil die Breitensportanlagen allerdings von der Bevölkerung so gut wie gar nicht angenommen wurden, hieß es drei Jahre später wieder: Umbau, diesmal zurück zur Profisportanlage mit einer neuen Tribüne. Doch ausbleibende sportliche Erfolge brachten den Niedergang, die Löwen spielten nur noch in der Bayernliga. Bis 1991 führte man am Stadion nur die notwendigsten Reparaturen aus. Am 3. Juni 1995 fand mit dem Spiel TSV 1860 gegen den 1. FC Kai-

Die Sechzger

serslautern das letzte Bundesligaspiel in Giesing statt. Nach der Eröffnung der Allianz-Arena als neuer Fußball-tempel im Jahr 2005 , deren Bau der TSV 1860 gemein-sam mit Bayern München forciert hatte, kursierten Pläne zum Abriss des Löwenstadions. Viele Fans enga-gierten sich daraufhin für den Erhalt ihres Stadions. Schließlich schwenkte der Stadtrat um und gab im De-zember 2009 die Mittel frei, das Stadion für 10,28 Mio. Euro drittligatauglich zu machen. Da die Umbaumaß-nahmen ab 2012 keinen Spielbetrieb mehr zuließen, mussten die Nutzer des Stadions, die Zweitmannschaf-ten von TSV 1860 und FC Bayern sowie die A-Jugend des TVS, auf andere Sportstätten ausweichen. Das

erste Regionalligaspiel nach dem Umbau, am 24. Juli 2013, endete mit einem Sieg von TSV 1860 München II über den FV Illertissen. 12 500 Zuschauer fasst das Sta-dion seit der Sanierung. Heute nutzen neben der A-Ju-gend der Löwen, TSV 1860 II und FC Bayern II auch die Frauen des FC Bayern das Stadion. Durch die Frauen kehrte die Bundesliga zurück auf Giesings Höhen.

1.53 TSV 1860 München

Der Turn- und Sportverein München von 1860 ist eigent-lich einige Jährchen älter, denn er wurde bereits 1848 erstmals gegründet. Doch damals waren Männer, die sich freiwillig sportlich ertüchtigten, höchst suspekt. Wozu sollten Männer bitte schön körperlich fit sein, au-ßer zum Kämpfen? Am Ende trainierten sie gar für die Revolution gegen die Monarchie! Schon ein Jahr später verbot die Regierung den Verein wegen »republikani-scher Umtriebe«. Erst am 17. Mai 1860 fand die erneute offizielle Gründung statt. Damals nutzte der Verein Sportstätten mitten im Glockenbachviertel, auf dem Ge-lände der heutigen Hans-Sachs-Straße. Als dann 1899 die Fußballabteilung der Löwen gegründet wurde, hatte der »Turnverein München von 1860«, wie er seit 1889 hieß, das Glockenbachviertel bereits verlassen. Man trainierte auf der Schyrenwiese in Untergiesing. Am 27. Juli 1902 trugen die Löwen erstmals ein öffentliches Spiel aus – und unterlagen gegen den 1. Münchner FC 1896 mit 2:4. Im Jahr 1911 bekam der Verein sein Ver-einswappen mit dem Löwen, und der TV 1860 wechselte von Unter- nach Obergiesing auf ein gepachtetes Grund-stück an der Grünwalder Straße. Dort wurde 1926 das nach dem damaligen Präsidenten benannte Heinrich-Zisch-Stadion fertiggestellt. 1931 schaffte es das Team erstmals ins Finale der Deutschen Meisterschaft und un-

terlag Hertha BSC. Während der FC Bayern gerne als »Judenclub« diffamiert wurde, hatte der TV 1860 schon vor Hitlers Machtübernahme eine gewisse Nähe zu den Nazis. Hohe NSDAP- und SA-Mitglieder übernahmen führende Posten im Verein, der nun zu den vier »nationalsozialistischen Vorzeigevereinen« zählte (neben Werder Bremen, VfB Stuttgart und FC Schalke 04). Aus dem TV 1860 wurde 1934 der »Turn- und Sportverein München von 1860« unter der Leitung von SA-Sturmbannführer Fritz Ebenböck. Mit Stadtrat Sebastian Gleixner übernahm einer der gefürchtetsten NSDAP-Rädelsführer Münchens die Leitung der Fußballabteilung. Bis heute wird die Rolle des Vereins während der NS-Diktatur von offizieller Seite gerne soweit möglich verschwiegen.

Nach dem Zweiten Weltkrieg zählten die Löwen 1945 zu den Gründungsmitgliedern der neuen Oberliga Süd. Nach wechselhaften Jahren und Abstiegen kam 1961 mit Max Merkel die Trendwende. Der TSV wurde Meister der Oberliga Süd und qualifizierte sich somit für die neu geplante Bundesliga. Er gehörte zu den Mitgründern der 1963 ins Leben gerufenen Bundesliga. Dann kam die erfolgreiche Spielzeit 1965/66: Die Löwen wurden zum ersten und einzigen Mal Deutscher Meister. Doch schnell ging es bergab, 1970 folgte der Abstieg in die Regionalliga. Immerhin gelang den Löwen 1973 ein Weltrekord: Beim Spiel gegen den FC Augsburg am 15. August 1973 im Olympiastadion überrannten Fans alle Ordner und Absperrungen und stürmten das Stadion. Nach einigen Schätzungen quetschten sich bis zu 100 000 Zuschauer ins Stadion. Damit gilt das Spiel, das übrigens 1:1 endete, bis heute weltweit als das Zweitligaspiel mit den meisten Zuschauern.

Nach einer Serie von Niederlagen drohte 1984 gar der Abstieg in die Landesliga. Erst mit dem Trainer Werner Lorant

änderte sich das. 1993/94 schaffte der TSV als erster und einziger Verein den direkten Aufstieg von der Bayernliga in die Bundesliga. In der Saison 1999/2000 konnten die Löwen dann erstmals beide Lokalderbys gegen den Erzrivalen FC Bayern München gewinnen. Doch nach einer 1:5 Schlappe gegen die Bayern im Jahr 2001 musste Trainer Lorant gehen. Dessen Nachfolger konnten nicht an alte Erfolge anknüpfen. Darüber hinaus schwelte vor allem in den Fangruppen ein erbitterter Streit über die Stadionfrage, denn der TSV spielte seit 1995 nun im ungeliebten Olympiastadion, und auch die Beteiligung am Neubau der Allianz Arena wurde heftigst diskutiert. Und dann kam noch 2004 der Skandal um Vereinspräsident Karl-Heinz Wildmoser und dessen Sohn wegen Bestechungsvorwürfen im Zusammenhang mit dem Stadionbau. Während der Senior mit einer Geldstrafe davonkam, wurde Karl-Heinz Wildmoser jr. zu einer mehrjährigen Gefängnisstrafe verurteilt. Der Verein stürzte nach Wildmosers Rücktritt in eine tiefe Krise. 2006 schien die Insolvenz des Traditionsvereins kaum mehr abwendbar. Der FC Bayern rettete die Löwen, indem er für 11 Mio. Euro deren Anteile an der Allianz Arena übernahm. Hinter den Kulissen blieb es aber turbulent, das Posten- und Trainerkarussell drehte sich ununterbrochen. Erneut drohte die Insolvenz, die der jordanische Geschäftsmann Hasan Ismaik 2011 abwendete, indem er 60 % der Anteile TSV München von 1860 GmbH & Co. KGaA erwarb.

Doch die Löwen sind nicht nur Fußball. Die anderen Abteilungen des Sportvereins können durchaus bedeutende Erfolge vorweisen. Der TSV 1860 gehört mit rund 20 000 Mitgliedern zu den größten deutschen Sportvereinen, der neben Fußball auch die Abteilungen Basketball, Bergsteigen, Boxen, Fußball, Kegeln, Leichtathletik, Ringen, Ski, Tennis, Turnen und Freizeit- sowie Wassersport bietet.

Das neu erbaute »Krüppelheim« 1912

1.54 Bayerische Landesschule für Körperbehinderte

Johann Nepomuk von Kurz (1783–1865), Conservator am statistisch-topographischen Bureau, plante ein »pädagogisch-technisches Wohltätigkeitsinstitut« für behinderte Kinder und ging mit Privatinitiative voran. Am 9. Januar 1833 nahm er sechs körperbehinderte Knaben in seiner Privatwohnung am Rindermarkt Nr. 4 auf – die »Conservator von Kurz'sche praktisch-technisch-industrielle Privat-, Unterrichts-, Erziehungs- und Beschäftigungsanstalt für arme krüppelhafte Kinder in München« war geboren. Kurze Zeit später überließ ihm das Finanzministerium kostenlos 26 Räume des leer stehenden Isartortheaters. Im August 1841 jedoch flatterte die Kündigung ins Haus und Herr von Kurz musste mit seinem Institut umziehen. 1844 schließlich wurde die Kurz'sche Anstalt verstaatlicht und hieß fortan »Königlich Bayerische Erziehungsanstalt für krüppelhafte Kinder«. Die Raumverhältnisse aber blieben beengt und schwierig. Nach einigen Umzügen kaufte Kurz 1851 aus privaten Mitteln ein Haus am Stiglmaierplatz. Erst fünf Jahre später bekam die Anstalt endlich ein geeignetes Anwesen in der Staubstraße (die heutige Isartalstraße in der Isarvorstadt) zur Verfügung gestellt, das nach Um- und Erweiterungsbauten 30 Behinderten Platz bot. Auch hier reichten die Kapazitäten bald nicht mehr aus – und vor allem konnten entgegen den Wünschen der Gründers Kurz immer noch keine Mädchen aufgenommen werden. Gut, dass König Ludwig II. 5 000 Gulden zur Gründung eines »Erziehungs- und Unterrichtsinstitutes für arme krüppelhafte Mädchen aus allen Teilen des Landes« stiftete. 1877 konnte ein Neubau an der Klenzestraße 20 (heute Nr. 54) eröffnet werden, in dem 34 Buben und 32 Mädchen unterkamen. Neben orthopädischer Betreuung erhielten die Kinder Ausbildungen in verschiedenen Werkstätten. Im Juni 1911 begannen dann die Bauarbeiten zu einem großen Neubau in der Brennerstraße in Obergiesing. Architekt Ludwig Ullmann entwarf den barockisierenden Mansarddachbau sowie Pavillons, Turnhalle und Anstaltskirche. Die Bauten auf dem 2,6 ha großen Areal verschlangen die stolze Summe von 2 534 330 Mark

Am 5. November 1913 eröffnete die »Königliche Landesanstalt für krüppelhafte Kinder« und am 23. November die angegliederte »Königlich Orthopädische Klinik«. Laut Satzung erhielten die Zöglinge alle ärztlichen und therapeutischen Maßnahmen unentgeltlich. Königs geruhten erst einige Monate später, am 24. März 1914, zum offiziellen Festakt zu erscheinen. Die Münchner Neuesten Nachrichten schrieben: »Auf Giesings luftiger Höhe wurde Donnerstag Vormittag der am Hang der Isar großzügig angelegte Neubau der Landesanstalt für krüppelhafte Kinder in feierlicher Weise in Gegenwart des Königspaares eröffnet.« Anlässlich dieser offiziellen Einweihung durch König Ludwig III. benannte man die Brennerstraße in Kurzstraße um. Während der Münchner Revolution 1919 funktionierte General von Epp, Befehlshaber der rechtsextremen »Weißen« die Schule zu seinem Hauptquartier um. Jahre später, während der NS-Diktatur, kam den Körperbehinderten ihre Berufsausbildung zugute, denn sie fielen nicht »der Volksgemeinschaft zur Last«. Kriegsbomben beschädigten das Gebäude erheblich. Nachdem die Amerikaner das Haus 1946 wieder freigegeben hatten, kamen hier vor allem kriegsversehrte Jugendliche unter.

Das Lehr- und Schulangebot baute man konsequent und immer differenzierter aus. 1968 benannte man die Einrichtung um in »Bayerische Landesschule für Körperbehinderte«. Die Münchner jedoch behielten den liebevoll-spöttischen Spitznamen »Krüppelheim« bei. Seit 1993 bilden die Bayerische Landesschule für Körperbehinderte und die Bayerische Landesschule für Blinde einen Werkstattverbund mit Förderungslehrgang mit berufsvorbereitenden Maßnahmen für Schulabgänger beider Einrichtungen. Nach ausführlicher Renovierung des Altbaus und dadurch bedingter Auslagerung einiger Einrichtungen ab 1990 sind heute wieder alle Bereiche unter einem Dach in der Kurzstraße versammelt.

1.55 Orthopädische Klinik

Eng verbunden mit der Landesanstalt für Körperbehinderte ist die Geschichte der Orthopädischen Klinik. Dr. Fritz Lange wurde 1903 zum Arzt an der Krüppelfürsorge ernannt und drei Jahre später zum Professor für Orthopädie. Gemeinsam mit dem Landtagsabgeordneten Dr. Georg Heim engagiert er sich gegen das »große Krüppelelend«, denn die Behandlungsmöglichkeiten orthopädischer Leiden waren absolut unzureichend. Dr. Heim hatte eine Tochter, die an einem Hüftproblem litt und von Dr. Lange geheilt werden konnte. Heim stellte im Landtag den Antrag zum Neubau zweier eigenständiger und dennoch eng verbundener Einrichtungen: der Landesanstalt für krüppelhafte Kinder und der Orthopädischen Klinik. Der Landtag willigte ein. Zur Eröffnung 1913 gab

Historische Postkarte der Orthopädischen (l.) und die Ansicht heute von der Grünwalder Straße aus

es in der ersten staatlichen orthopädischen Klinik Deutschlands 70 Betten. Doch mit Ausbruch des Ersten Weltkriegs wenige Monate später ruhte auch schon der Klinikbetrieb. Man funktionierte das Haus zum Lazarett um. In den 1920ern erhöhten stetige Erweiterungen die Kapazität auf 250 Betten, dank neuer Laboratorien und Werkstätten entstand an der Kurzstraße die erste deutsche Forschungsanstalt für Orthopädie. Die Forschungsanstalt nannte man auch »Kraußarium«, denn zur Finanzierung hatte wesentlich eine Spende des Mediziners Dr. Gustav Krauß beigetragen. Die Klinik genoss schnell internationalen Ruf. Vor allem Amerikaner schätzten Anfang der 1920er Jahren die Münchner Klinik. Die vielen zahlungskräftigen ausländischen Patienten sorgten da-

für, dass das Krankenhaus wirtschaftlich überlebte. In jenen Jahren trennte man die Einheit von Landesanstalt und die Klinik, beide wurden eigenständige Institutionen. Die Nazis zwangen Prof. Lange im April 1937 die Leitung des Klinikums aufzugeben. Unter seinem regimetreuen Nachfolger versank die Institution in wissenschaftlicher Bedeutungslosigkeit. Die Bomben des Zweiten Weltkriegs zerstörten das Gebäude. Nach dem Wiederaufbau arbeitete das Krankenhaus lange Jahr erfolgreich. Doch 1996 drohte die Schließung. Die Klinik wurde privatisiert und von der Schön Klinik GmbH gekauft, die nach eigenen Angaben seither über 90 Mio. Euro an der Kurzstraße investiert hat.

1.56 Rank-Siedlung

Gegenüber der Orthopädischen Klinik Harlaching erbaute die namensgebende Baufirma Gebrüder Rank & Co. mbH ab 1936 zwischen Grünwalder und Säbener Straße, Meraner und Grödener Straße eine Siedlung mit Ein- und Zweifamilienhäusern inmitten großzügiger Gärten. Im Zuge der immer dichteren Neubebauung entstanden auch in dieser Siedlung in den vergangenen Jahrzehnten größere Mehrfamilienhäuser und verdrängten den Gartenstadtcharakter.

Warthof/Waisenhaus

An der Stadelheimer Straße, zwischen Tegernseer Landstraße und Warthofstraße befand sich einst ein Rastplatz für Fuhrleute. Bürgermeister Joseph von Utzschneider erwarb das Gelände, verleibte es seinen umfangreichen Besitzungen in Giesing ein und erbaute dort 1823 ein Wohn- und Ökonomiegebäude mit Stadel und Stallungen. Utzschneider besaß bereits Lerchenheim sowie den 1574 gegründeten Michlbauernhof, auf dem er die erste Zuckerfabrik Bayerns errichtete. Vom Michelbauernhof aus verwaltete ein Ökonomieführer die 209 Tagwerk umfassenden Ländereien, die vom Giesinger Berg bis nach Stadelheim reichten. Nachdem Utzschneider bei einem Kutschenunfall am Giesinger Berg ums Leben kam, erwarb Hofrat von Dessauer die Ökonomie und verkaufte sie 1842 an den Kaufmann Ludwig Knorr. 1858 wurde Eduard Herzner Eigentümer von Gut Warthof. Er verkaufte es 1873 für 62 000 Gulden an das Ehepaar Joseph und Julia Spengel, das die landwirtschaftlichen Flächen parzellierte und als Baugrund gewinnbringend weiterveräußerte. Als Joseph Sprengel starb, erbte seine Frau den Rest, der nur noch aus dem Hof und 1,3 ha Land bestand. Julia Spengel vermachte den Warthof dem Evangelischen Waisenhausverein München, der dort 1910 ein Waisenhaus mit einem Wohnhaus, einem Anstaltsgebäude und einer Turnhalle einrichtete.

Gebrüder Beißbarth

Auf dem benachbarten Gelände breitete sich dann die Wagenbau- und Maschinenfabrik Gebrüder Beißbarth aus, die 1913/14 nach Plänen von Alphons Hering gebaut wurde. Die Beißbarths waren das erste Unternehmen der Automobilbranche in Bayern. 1931 wollten die Beißbarths den Besitz an der Tegernseer Landstraße 210 abstoßen und suchten händeringend einen Käufer. Schließlich ersteigerte 1933 die Bayerische Hypotheken- und Wechselbank für 245 000 Reichsmark das ca. 3,5 ha große Gelände mit den Gebäuden. Ein Jahr später kaufte es die NSDAP für 450 000 Reichsmark. Zum einen bot sich das weitläufige Gelände für die Errichtung der Reichszeugmeisterei an, zum anderen wollte man ein braunes Zeichen im bislang roten Giesing setzen.

Reichszeugmeisterei

Bereits 1928 hatte Hitler die SA-Führung mit der Schaffung einer Zeugmeisterei in München beauftragt. Diese sollte eine zentrale Ausgabestelle für alle Uniformen und andere Ausrüstungsgegenstände der NS-Organisationen sein. In mehreren deutschen Großstädten wurden solche Zeugmeistereien eingerichtet. München jedoch bekam alle Koordinierungsaufgaben zugeteilt und wurde daher zur Reichszeugmeisterei (RZM). 1930 übernahm der Reichsschatzmeister Franz Xaver Schwarz die Leitung der Zeugmeistereien. Drei Jahre später vergab man Lizenzen an Kleiderfabriken, Handwerksbetriebe, Schneidereien und Händler, die nun nach strengen

Das Waisenhaus im Warthof

Richtlinien Uniformen und Ausrüstungsgegenstände der verschiedenen Parteigruppierungen und -organisationen produzieren und verkaufen durften, alles versehen mit dem »Schutzzeichen der Reichszeugmeisterei der

Die Firma Beißbarth im Jahr 1926 (abgerissen 1936)

RZM-Etiketten

NSDAP« und einer individuellen RZM-Nummer. Bis zur Fertigstellung des Neubaus saß die RZM in der Schwanthalerstraße und in der ehemaligen »SA-Wirtschaftsstelle« in der Tegernseer Landstraße.

Die Architekten Paul Hofer und Karl Johann Fischer entwarfen den Monumentalbau (110 m lang, 85 m tief, 18 m hoch), der zwischen 1935 und 1938 errichtet wurde und das alte Fabrikgebäude mit einbezog. Es war einer der ersten Stahlskelettbauten in Deutschland. Im bereits vorhandenen Untergeschoss der alten Fabrik richtete man die Reichsleitungsgarage für 50 Autos ein. 1936 musste das Waisenhaus an die NSDAP verkaufen, weil auf dem Gelände Wohnblöcke für die Angestellten entstehen sollten. Auch am Quirinplatz, an Soyerhof- und Warthofstraße entstanden Wohngebäude. In unmittelbarer Nähe am Schlageterplatz (heute Wörnbrunner Platz) brachte man den Verwaltungsbau für den Hilfszug Bayern unter, eine Einheit, die für die Verpflegung und Sanitätsaufgaben bei Massenveranstaltungen zuständig war. Der »Reichsautozug Deutschland«, der Großveranstaltungen mit Lautsprecherwagen und mobilen Filmprojektoren technisch unterstützte, bekam seinen Heimatbahnhof in einer riesigen Wagenhalle an der Peter-Auzinger-/Soyerhofstraße. Um den Lastern das Rangieren zu erleichtern, verbreiterte man die Soyerhofstraße extra auf 35 m.

Nachdem die amerikanischen Truppen den NS-Spuk in München am 30. April 1945 ein Ende bereitet hatten, suchte man Räumlichkeiten für amerikanische Dienststellen, u. a. ein Haus mit rund 300 Büros. Da bot sich die RZM an. Bevor die Amerikaner Anfang Juni einzogen, plünderten die Giesinger die Anlage gründlich. Die Tegernseer Landstraße wurde nun zwischen Quirinplatz und Stadelheimer Straße für den Durchgangsverkehr gesperrt. Deshalb verlegte man die Straße 1970 eine Etage tiefer, damit sie wieder dem allgemeinen Verkehr zur Verfügung stand.

McCraw-Kaserne

Aus der RZM machten die Amerikaner die McCraw-Kaserne. Benannt nach dem Obergefreiten Francis X. McCraw, der 1944 im Rheinland bei Schevenhütte ge-

fallen, und wegen außerordentlicher Tapferkeit mit der »Medal of Honor« geehrt worden war. Hier residierte von 1945 bis 1949 die Militärregierung. Die Bezeichnung »Kaserne« ist vielleicht etwas verwirrend, denn hier waren keine Kampftruppen untergebracht, sondern vor allem viele Einrichtungen des täglichen Lebens, darunter die Europazentrale der AAFES (Army & Air Force Exchange Service), zuständig für die Versorgung des US-Einrichtungen. In der »Ami-Siedlung« am Perlacher Forst lebten ungefähr 8.000 amerikanische Staatsbürger, denen der AAFES half, den »American way of life« aufrechtzuerhalten. 1950 eröffnete der Munich Campus der University of Maryland in Gebäude 2. Außerdem gab es ein Commissary-Einkaufszentrum, eine Wäscherei, eine Tankstelle, Bowlingbahnen, den »Munich Community Club« und sogar eine Zahnklinik. Ab 1985 trug man in der McCraw-Kaserne fünf Mal die Bavarian Open Championships im Racquetball aus. In der Kaserne arbeiteten auch rund 840 deutsche Zivilangestellte.

Polizeidienststelle

Nach der deutschen Wiedervereinigung und dem Abzug der US-Streitkräfte zogen verschiedene Polizeidienststellen ab 1992 in die ehemalige McGraw-Kaserne. Das wuchtige Hauptgebäude mit der Natursteinverkleidung dient nun als Außenstelle des Polizeipräsidiums München. In Erinnerung an den amerikanischen Radiosender AFN, der hier sein Sendezentrum hatte, wurde im September 2001 an der Soyerhofstraße die »AFN Memorial Pyramid« von Karl-Heinz Kappl aufgestellt.

Eine sehr detaillierte Bau- und Nutzungsgeschichte der RZM finden Interessierte hier: http://www.stbam1.bayern.de/wir_ueber_uns/geschichte-dienstgebaeude.php

Auf der Karte von 1858 liegen Warthof und Stadelheim noch einsam inmitten von Feldern

2.2 Regens Wagner München

Johann Evangelist Wagner war Regens (= Leiter) des Dillinger Priesterseminars. Gemeinsam mit der Generaloberin der Dillinger Franziskanerinnen, Theresia Haselmayr, gründete er 1847 eine Schule für gehörlose Mädchen und bald darauf noch eine »Versorgungsanstalt«, damit die jungen Frauen auch nach dem Schulabschluss mit Wohn- und Arbeitsprogrammen unterstützt werden konnten. Bald dehnte Wagner sein Hilfsprogramm auf Menschen mit geistiger Behinderung aus. Das Münchner Institut wurde 1994 ins Leben gerufen. Damals wurden mit dem Abzug der amerikanischen Truppen in Giesing Immobilien frei. Die Stiftung kaufte 5 600 m^2 Grund mit zwei Wohnblöcken an

der Roßtalerstraße. 1995 eröffnete das erste Haus für Menschen mit geistiger Behinderung. Insgesamt finden heute 30 berufstätige Menschen mit Behinderung sowie 24 Personen mit schwersten und/oder mehrfacher Behinderung ein Zuhause. In unmittelbarer Nachbarschaft haben inzwischen vier weitere Wohlfahrtsverbände mehrere Wohnblöcke gekauft und entsprechend ihrer Bedürfnisse um- und ausgebaut.

Die moderne Frauenhaftanstalt

2.3 Stadelheim

Bei Stadelheim denkt heute jeder sofort an das Gefängnis. Der Namensgeber, Joseph Stadler, hatte allerdings nur Landwirtschaft im Sinn, als er am 30. März 1838 die 127,3 Tagwerk Land von dem Haidhauser Metzger Joseph Sailer erwarb und einen Gutshof errichtete. Sailer hatte das Gelände 1825 vom Sattlerbauern gekauft. Stadler arbeitete als Hausmeister (Direktor) im kgl. Strafarbeiterhaus in der Au. Nach Stadlers Tod 1841 wechselten die Besitzer häufig. 1876 vereinte der neue Besitzer Heinrich Theodor Hoech den benachbarten Brumerhof mit Stadelheim. Aus dem Brumerhof wurde eine beliebte Sommerwirtschaft mit schattigem Biergarten. Ein Jahr später verkaufte Hoech einen Teil des Grunds entlang der Eisenbahnstrecke nach Deisenhofen, wo acht Gärtnereien entstanden. Die letzte Besitzerin von Gut Stadelheim, Christine Schneider, verkaufte das An-

wesen 1889 an die Stadt München für 125 000 Mark. Teile des historischen Stadelheims bilden heute den Friedhof am Perlacher Forst. Mit dem restlichen Gelände hatte München etwas anderes vor. Weil die Innenstadtgefängnisse Anger, Baaderstraße, Corneliusstraße und Lilienberg überlegt und sowieso in desaströsem Zustand waren, reiften ab 1892 die Pläne für ein neues Zentralgefängnis. Als Bauplatz wählte man das Gut Stadelheim, weit vor den Toren der Stadt. 1894 eröffnete der Nordbau (Architekt: Friedrich Adelung) für 465 Gefangene. Sieben Jahre später entstand der Südbau. In dem Gefängnis fanden ab 1901 auch Hinrichtungen statt. Allein zwischen 1933 und 1945 sollen mehr als 1 000 Todesurteile vollstreckt worden sein. Zu den prominentesten Opfern der Stadelheimer Henker gehörten die Mitglieder der Widerstandsbewegung

Das Gasthaus Alt-Stadelheim, der ehemalige Brumerbauernhof

Weiße Rose, die im benachbarten Friedhof am Perlacher Forst bestattet sind. 1974 wurde auf dem Gelände der JVA eine Gedenkstätte für die Mitglieder der Weißen Rose errichtet. Das Mahnmal, entworfen von Wilhelm Breitsameter, wurde 2008 erstmals der breiten Öffentlichkeit zugänglich gemacht.

Ein Kuriosum am Rande: Der erste bayerische Ministerpräsident Kurt Eisner, dessen Mörder Anton Graf Arco auf Valley, Adolf Hitler und Ernst Röhm saßen alle in Zelle 70 – natürlich nicht gleichzeitig. Heute hat Stadelheim, das offiziell Justizvollzugsanstalt München und höchst inoffiziell »St. Adelheim« heißt, eine Kapazität von 1 379 Haftplätzen.

Direkt neben dem Männergefängnis entstand an der Schwarzenbergstraße eine neue moderne Frauenhaftanstalt, die 2009 eröffnete. Damit wurde das alte Frauengefängnis Neudeck in der Au aufgelöst. In dem Neubau gibt es 160 Haftplätze für Frauen, davon zehn für Mütter mit Kindern, sowie 60 Plätze für jugendliche Straftäter. Das Frauengefängnis war die erste JVA in Bayern, die durch einen privaten Investor errichtet wurde.

Der historische Mittelbau des Gefängnisses steht unter Denkmalschutz

2.4 Siedlung am Perlacher Forst

Nahe am Perlacher Forst entstand ab 1932 beiderseits der Holtzendorffstraße die Reichskleinsiedlung am Perlacher Forst, eine Sozialbaumaßnahme für Arbeitslose. Mit einem Reichsdarlehen über 2 500 RM und viel Eigenarbeit entstanden 18 Einzel- und 39 Doppelhäuser mit 60 bis 80 m² Wohnfläche und 800 m² Gartenanteil für Kleintierzucht und Gemüseanbau zur Selbstversorgung. Weil die Siedlung mitten im Nirgendwo lag und verkehrstechnisch nicht angebunden war, mussten die Kinder bis zur Ichoschule laufen. Ab November 1938 wurde die Siedlung noch erweitert.

2.5 Friedhof am Perlacher Forst

Hart an der Grenze Giesings entstand unter der Leitung von Stadtbaurat Hermann Leitenstorfer ein neuer Großfriedhof. Leitenstorfer wollte hier, direkt neben dem Gefängnis Stadelheim, nicht mehr und nicht weniger als den schönsten und größten Münchner Friedhof schaffen. Die Anlage war als luftiger Park, der langsam in einen Waldfriedhof überging, auf 100 ha mit 100 000 Gräbern geplant. Es kam anders. Weil der Ostfriedhof inzwischen keine Kapazitäten mehr hatte, musste der neue Friedhof hastig eröffnet werden. Für die Aussegnungshalle war noch nicht einmal der Grundstein gelegt worden, und der Rest glich einer Großbaustelle. Mit der Bestattung der erst 19-jährigen »armen Dienstmagd« Margarete Knoll am 1. Februar 1931 auf Amtskosten ging der Friedhof am Perlacher Forst in Betrieb. Die Aussegnungshalle aus hellem Tuffstein konnte im Herbst 1933 eingeweiht werden. Sie ist mit 35 m deutlich höher als die ohnehin schon enorme Kuppel am Ostfriedhof, jedoch viel schlichter gestaltet.

Die Nähe zu Stadelheim brachte es mit sich, dass während der Nazidiktatur ermordete Regimeopfer in Massengräbern verscharrt wurden. Anonym – damit es keine Hinweise mehr auf die Toten gibt. Über 1 200 Menschen ließ das Verbrecherregime zwischen 1933

Die Aussegnungshalle mit der gewaltigen Kuppel

Berühmte Tote auf dem Friedhof

Ludwig Friedrich Barthel, *Lyriker*

»Cicero«, bürgerlich Elyesa Bazna, *Spion des Reichssicherheitshauptamtes*

Harald Dohrn, *Sympathisant der Weißen Rose und NS-Regimekritiker*

Karl Forster, *Theologe, Gründungsdirektor der Katholischen Akademie in Bayern*

Hans Hartwimmer, *Widerstandskämpfer*

Wilhelm Hoegner, *»Vater« der Bayerischen Verfassung, einziger SPD-Ministerpräsident Bayerns*

Peter Paul, *Schauspieler*

Hans Quecke, *Sympathisant der Weißen Rose und NS-Regimekritiker*

Astrid Varnay, *Opernsängerin*

Adolf Ziegler, *Schauspieler*

Folgende Mitglieder der Weißen Rose:

Hans Leipelt

Christoph Probst *(Grabstätte 73-1-18)*

Alexander Schmorell *(Grabstätte 76-1-26)*

Hans Scholl *(Grabstätte 73-1-18)*

Sophie Scholl *(Grabstätte 73-1-18)*

Marie-Luise Schultze-Jahn

und 1945 in Stadelheim hinrichten. Die bekanntesten sind zweifelsohne die Mitglieder der Widerstandsbewegung Weiße Rose, die mit Ausnahme von Professor Kurt Huber hier liegen. Hans und Sophie Scholl haben eine Gemeinschaftsgrab mit Christoph Probst, Alexander Schmorell ein Einzelgrab. Außerdem ruhen heute in einem KZ-Ehrenhain 4 092 Urnen mit der Asche von namenlosen Toten aus den KZs Dachau, Buchenwald, Flossenbürg und aus Euthanasie-Vernichtungsheimen. Diese Urnen fand man nach Kriegsende eingelagert im Keller des Ostfriedhof-Krematoriums. 1960 bette man auch die verstorbenen Zwangsarbeiter von anderen Münchner Friedhöfen hierher in ein Gemeinschaftsgrab um. Das

![Grabstätte der Geschwister Scholl]

Grabstätte der Geschwister Scholl

Denkmal mit der Inschrift »Hier ruhen in fremder Erde 1 129 Tote aus 12 Nationen« schuf der Giesinger Künstler Konstantin Frick.

Die ursprünglichen Pläne vom schönsten und größten Münchner Friedhof beendeten schon die Bomben des Zweiten Weltkriegs, die große Teile der Anlage zerstörten. Das endgültige Aus kam mit dem Neubau der Großsiedlung für die US-Army auf der ursprünglichen Fried-hofserweiterungsfläche. Die Amerikaner bebauten genau das Gelände, das als Übergang zwischen Park- und Waldfriedhof gedacht war. Damit gab es auch keinen Bezug mehr zum Perlacher Forst. 1957 dann erweiterte der Freistaat Bayern die JVA Stadelheim, sodass sich der Friedhof auch nicht mehr Richtung Nordwesten ausdehnen konnte.

2.6 Amerikanische Siedlung

Ihren Wohnraumbedarf deckte die US-Besatzungsmacht nach dem Zweiten Weltkrieg meist durch Beschlagnahmungen. So zäunte die Army fast ganz Harlaching ein, weil es als Wohngebiet für Angehörige der Streitkräfte beschlagnahmt wurde (*siehe* S. 99). Um endlich vernünftige Unterkünfte für US-Soldaten und ihre Familien zu schaffen, wurde zwischen 1953 und 1956 die amerikanische Siedlung am Perlacher Forst nahe der McGraw-Kaserne errichtet. Bauherrin und Grundstückseignerin war die Bundesrepublik Deutschland, die für das Projekt einen Quadratkilometer Wald abholzen ließ. Damit sich die ca. 8 000 unterzubringenden Amerikaner nicht allzu fremd fühlten, baute man die Siedlung zwischen Tegernseer Landstraße, Fasangarten- und Lincolnstraße und der Bahnlinie im amerikanischen Stil mit mehreren Wohnblocks, Einzel- und Doppelhäusern, breiten Straßen, ausgedehnten Parkplätzen, amerikani-

Pferdeskulptur vor der Schule

Die ehemalige University of Maryland an der Soyerhofstraße

schen Lebensmittelläden, einer Tankstelle und einem US-Kino. 1955 wurde der Schulkomplex an der Cincinnatistraße fertiggestellt. Karl Loibl, Immanuel Kroeker, Otto Roth und Carl Kergl hatten die Anlage entworfen, die nach Altersstufen gegliedert ist. Je kleiner, desto kindgerechter wurden die Pavillons, Stockwerk- und Flachbauten gestaltet. Alle Bauten, mit Ausnahme des Kindergartens, sind durch einen langen Gang verbunden. Da sie nach amerikanischem System als Ganztagsschule konzipiert waren, gehörte auch ein Speisesaal dazu. Zuletzt eröffnete 1957 auch ein modernes US-Hospital, sodass das bis dahin von der US-Armee beschlagnahmte Schwabinger Krankenhaus wieder der deutschen Verwaltung übergeben werden konnte.

Die komplette Abschottung der in München stationierten GIs verhinderte jedoch den Kontakt zur deutschen Nachbarschaft. Deutsch lernen? Wozu! Etwas Kontakt schuf das 1956 erstmals veranstaltete, schnell äußerst beliebte deutsch-amerikanische »Little Oktoberfest«. Nach dem Abzug der US-Truppen führten private Unternehmer das Volksfest bis zum Jahr 2005 fort. Der Abzug der Army führte auch zu neuer Nutzung der Siedlung. Münchner Familien zogen ein. Die ehemalige amerikanische Schule wurde 1993 von der Stadt München gekauft und dient heute als Schulzentrum Perlacher Forst mit Grund-, Haupt- und Berufsschule (Cincinnatistraße 63). Durch die nötigen Umbauarbeiten ging der 50er Jahre Stil des Komplexes verloren. An die amerikanische Zeit erinnert noch die denkmalgeschützte Cafeteria. Das ehemalige US-Hospital (Cincinnatistraße 64) wird heute vom Bundespatentgericht genutzt. (*siehe auch* Harlaching)

Das Cincinnati-Kino

2.7 Kathedrale der Heiligen Neumärtyrer und Bekenner Russlands

Schon vor dem Abzug der Amerikaner aus München hatte die russisch-orthodoxe Hl.-Nikolaus-Gemeinde ein Auge auf die Military Chapel am Perlacher Forst geworfen. Sie diente allen in der US-Armee vertretenen Religionen als Gebetsort, auch die russisch-orthodoxe Kirche hatte dort bereits Gottesdienste gefeiert. Der US-Besitz ging 1993 an das Bundesvermögensamt (BVA) über. Für 1 Mio. D-Mark erwarb die Niklolaus-Gemeinde die Kirche samt Grundstück (Lincolnstraße 58). Das Gebäude war ein eigenwilliger Stilmix zwischen Basilika und Fabrikhalle, selbst das Glockentürmchen war kein solches, es sah nur so aus und enthielt keine Glocke. Am 6. Februar 1994 begannen die Umbauarbeiten, und schon am 12. Juni des Jahres zog die Gemeinde ein. Ein Jahr später gestaltete man den nördlichen Anbau zur Nikolauskapelle um. Sie bekam eine aus Eichenholz geschnitzte Ikonostase für die großen Ikonen und aufs Dach eine Kuppel mit vergoldetem Kreuz. Im Jahr 2000, die Kapelle war inzwischen komplett ausgemalt, übernahmen Gemeindemitglieder die Ausgestaltung der Fassade und des Glockentürmchens in Anlehnung an den sogenannten Pskower Stil klassischer russischer Kirchen. Ein Jahr später kamen endlich auch Glocken in den Turm, gegossen bei Schuwalow in Romano-Borisoglebsk bei Jaroslawl. Metropolit Lavr, Ersthierarch der Russischen Auslandskirche, weihte den Altar und die Seitenkapelle am 22. Mai 2005. Im Jahr 2012 begann schließlich die Ausmalung der Hauptkirche.

Am 5. Februar 2012 nahm die Russische Auslandkirche den Widerstandskämpfer Alexander Schmorell in die Schar der Heiligen Neumärtyrer auf. Schmorell, Mitglied der Weißen Rose, war am 13. Juli 1943 in Stadelheim hingerichtet worden, sein Grab befindet sich ganz in Kirchennähe auf dem Friedhof am Perlacher Forst. Der Gedenktag des hl. Alexander von München ist sein Todestag, der 13. Juli.

2.8 Königin der Märtyrer

Die Kirche an der Cincinnatistraße 60 a, die aus gutem Grund an eine Halle erinnert, denn es handelt sich auch um eine solche, existiert seit 1997 und gehört als Kuratie zur Gemeinde St. Bernhard. Das Altarbild zieren Portraits von Mitgliedern der Weißen Rose, die auf dem nahen Friedhof am Perlacher Forst begraben sind.

Das alte Försterhaus

2.9 Fasangarten

Der Fasangarten war, wie die anderen Fasanerien in München, eine Zuchtstation für Fasane, die dann bei Jagdgesellschaften von den Landesfürsten und ihren Gästen geschossen wurden. Der Fasangarten gehörte einst zu Perlach und entstand mit Sicherheit bereits vor 1723, als er das erste Mal schriftlich erwähnt wird. In diesem Jahr starb der Fasanmeister Josef Kolbinger auf der Fasanerie Perlach. 1805 lohnte sich der Aufzuchtbetrieb nicht mehr und wurde eingestellt. Im Gebäude lebten 1831 acht Einwohner, einige Jahre später diente die Fasanerie als königliches Forstamt. Ab 1928 entstand rings um das Forstamt eine zunächst wilde, später legalisierte Siedlung aus Einfamilienhäusern. Fasangarten wurde gemeinsam mit Perlach am 1. Oktober 1937 nach München eingemeindet. Der Stadtteil gehörte historisch nie zu Giesing. Um seine Eigenständigkeit zu betonen, beschloss der Stadtrat 2009, den Stadtbezirk 17 in Obergiesing-Fasangarten umzubenennen.

Den alten Fasangarten-Bahnhof nutzt heute die rumänisch-orthodoxe Kirche

2.10 Patrona Bavariae

Die kleine Votivkapelle am Kulmbacher Platz erbaute Georg Berlinger 1924 im neobarocken Stil. Nach dem Krieg nutzte man sie als Notkirche für St. Bernhard (Perlach).

Ein modernes Gips-Jesukind wurde dem Bildstock beigefügt

2.11 Bildstock

Der gotische Gedenkstein im Fasangarten, Kulmbacher Platz, wurde erstmals 1510 als »Steinsäule an der Hochstraße« erwähnt. Die Straße führte von den Ramersdorfer Lüften (der heutige Rosenheimer Platz) nach Unterhaching. 1791 tauchte die rund 2 m hohe Säule aus Tuffstein mit dem reliefierten Kreuz als »Martersäule bei Rudolfs Hochacker unweit der Fasanenhütte« auf. Der Bildstock hat in den vergangenen Jahrzehnten mehrfach den Standort gewechselt. Seit 1989 steht er nun an der Seemüllerstraße auf dem Kulmbacher Platz. Das Blechdach ist neueren Datums und soll den Stein vor weiterer Verwitterung schützen.

So begrüßt Giesing die Autofahrer, die über den McCraw-Graben von der Autobahn nach München kommen

3.1
3.2
3.3
3.5
3.4
3.9
3.6
3.10
3.11
3.12
3.13
3.14
3.7
3.8
3.17
3.16
3.18
3.15
3.19
3.21
3.20
3.22
3.23
3.24
3.25
3.26
3.29
3.27
3.28

Roeckl-platz

Claude-Lorrain-Straße
Humboldtstraße
Oefelestraße
Kolumbusplatz
Nockherstraße
Ruhestr

Isarstraße

Oefelestraße
Sommerstraße
Freibastraße
Plattnerstraße
Am Bergsteig
Alpenrosenstr.
Edelweißstraße

Sachsenstraße
Claude-Lorrain-Straße
Birkenau
Unte Weidenstraße
Kleiststraße
Wondtstraße
Hefnerstraße
Alpenstr
Untere Grasstraße
Tegernseer Landstraße

Teutoburgerstraße
Hans-Mielich-Platz
Kühbachstraße
Volkststraße
Cannabichstr.
Am Bergsteig
Gietlstraße
Kiesstraße

Gerhardstraße
Winterstraße
Lohstraße
Girsinger Be
Ichostraße
Silberhornstraße
Deisenhofener Straß

Agilolfingerstraße
Ammilusstraße
Konradinstraße
Pilgersheimer Straße
Waldeckstraße
Bergstraße
Zehentbauerstraße
Martin-Luther-Straße
Weinbauern-straße
Kesselbergstraße
Rainaler Straße

Gerhardstraße
Thusneldastr.
Konradinstraße
Hans-Mielich-Straße
Jamnitzerstr.
Lohstraße
Tegernseer Landstraße
Perlacher Straße
Herzogstandstraße
Rottan

Krumpertstraße
Candidstraße
Candidplatz
Candidstraße
Wirtstraße
Wirtstraße
Rainaler Straße
Spixstraße
Perle

Hellabrunner Straße

Sterzinger-straße
Pistorinstraße
Schönstraße
Ludmillastraße
Volckmerstraße
Weningstraße
Wetterstein-platz
Reginfriedstraße
Gozbertstraße
Tegernseer Landstraße
Werner-Schlierf-Straße

Halbigstr.
Albrecht-Dürer-Straße
Am Klenleiten
Grünwalder Straße
Okenstraße
Fromundstraße

Lebscheestraße
Reichenhaller Straße
Peißenbergstraße
Ettlandstraße
Bad-Wiessee-Straße
Landfriedstraße

Oertlinweg
Kurzstraße
Laternarstraße
Saligastraße
Säbener Straße
Schellenbergstraße
Hochkalterstraße
Untersbergstr

Quaglitostraße
Grödener Straße
Klausener Platz
Stilfser-Joch-Straße
Guldauner Straße
St.-Quirin-Platz

Schönstraße
Mörikestraße
Meraner Straße
Berg-Isel-Straße
Klausener Straße
Kastanienstraße
Rotbuchenstraße
Akazie

Fast wäre das Jahr 2014 das Schicksalsjahr für Münchens ältestes Standl geworden. Seit 1847 existiert der kleine Kiosk an der Wittelsbacherbrücke. Nun forderte das Baureferat seine Schließung, weil immer wieder zu viele Tische aufgestellt worden waren. Nach etlichem Hin und Her sowie wütenden Bürgerprotesten einigte man sich dann doch im September 2014 und André Löwig kann sein historisches Standl weiter betreiben.

Blick auf das Marianum um 1910

3.2 Marianum

Wenn man von Giesing aus die Humboldtstraße entlang Richtung Isar fährt, fällt einem kurz vor der Wittelsbacherbrücke auf der linken Seite das immer noch imposante Gebäude auf, das 1901 von Carl Hocheder d. Ä. für den »Marianum für Arbeiterinnen e. V.« erbaut wurde. Der Verein war bereits seit 1879 in Giesing ansässig. Zunächst bildete man vierundzwanzig Mädchen bei den Armen Schulschwestern in der Kistlerstraße aus. Am 1. Mai 1882 zog man um ins Eichthal-Schlösschen an der Pilgersheimerstraße. Dort betreuten die »Frauen von Maria-Stern« aus Augsburg die weiblichen Zöglinge. Die Mädchen sollten natürlich in allen weiblichen Handarbeiten unterrichtet werden, »teils um sie tüchtig auszurüsten für den häuslichen Beruf, teils um ihnen die Möglichkeit zu eröffnen, als Arbeiterinnen sich selbst zu ernähren.« Etliche der Bewohnerinnen waren körperbehindert. Um den 270 000 Mark teuren Neubau an der Humboldtstraße finanzieren zu können, organisierte man auch Wohltätigkeitslotterien. Das neue Marianum bot nun Kapazität für 43 Mädchen, gut die Hälfte davon war behindert. Es gab einen Nähsaal, einen Gold- und einen Weißsticksaal, einen Blumenbindesaal sowie Einweisungen ins Wäschewaschen und Feinbügeln. Während des Ersten Weltkriegs nähten die Heimbewohnerinnen Uniformteile. Unmittelbar nach Ende des Kriegs versank München im Frühjahr im blutigen Chaos während der Niederschlagung der Räterepublik. Freikorps, die »Weißen« (wobei man nach heutiger Farblehre besser von »Braunen« sprechen sollte), wollten München aus den Klauen der »Roten«, also der Linken, befreien. Im Mai 1919 wählten »Weiße« das Marianum als ein Hauptquartier aus (*siehe* S. 35). Das Marianum konnte später seiner eigentlichen Bestimmung wieder nachkommen.

Das im Zweiten Weltkrieg völlig zerstörte Haus wurde in vereinfachter Form wieder aufgebaut. 1973 übernahm die Caritas das Anwesen und richtete darin ein Wohnheim für 42 Menschen mit geistiger und mehrfacher Behinderung ein. Inzwischen bietet das Marianum auch ambulant betreutes Wohnen, familienentlastende Dienste und offene Behindertenarbeit.

3.3 Heuwaage

Der städtische Heumarkt war erst 1878 vom Isartor auf den neuen Schlacht- und Viehhof an der Kapuzinerstraße verlegt worden. Doch der Platz reichte bald nicht mehr aus, also fanden der Heu- und später auch der Holzmarkt ab 1897 in der Schyrenstraße statt. Die ungenaue Heuwaage wurde schließlich sprichwörtlich: »Dei Ua geht nach da Giasinga Heiwog!« Die Heuwaage selbst mit ihrem kleinen Uhrentürmchen steht heute noch – 1936 umgebaut zum Kassenhaus des Schyrenbads dient das Gebäude jetzt als Wohnhaus. Der ehemalige Heumarkt ist längst im Freibadgelände aufgegangen.

Eingang zum Heumarkt 1910

3.4 Schyrenbad

Schon 1847 eröffnete das Schyrenbad unter dem Namen »Städtisches Freibad« seine Pforten und ist damit heute das älteste Freibad in München. Damals bestand es nur aus einem langgezogenen Becken. Lange Zeit wurde es aus dem kleinen Freibadbächl gespeist, das wiederum vom Auer Mühlbach und damit letztlich aus der Isar sein Wasser bezog. Es muss also auch im heißesten Hochsommer zapfig kalt im Bassin gewesen sein. Da half vermutlich auch, dass das Wasser vorher in einem kleinen angestauten See ein wenig erwärmt wurde. Übrigens durften zunächst nur Männer das Bad besuchen. Für die Damen gab es ab 1877 ein eigenes Freibad an der »Flaucherwiese«. Sieben Jahre nach der Eröffnung zerstörte ein verheerendes Hochwasser das Bad. Nach dem Wiederaufbau bekam es 1877 dann den Namen Schyrenbad. Frauen durften erst ab 1938 hinein. Heute bietet das Schyrenbad mit seinen zwei Becken Platz für rund 7 500 Gäste.

Das Schyrenbad ca. 1890

pel zu Ehren seines Vaters. Als Herakles, Sohn von Zeus und Alkmene, gegen den Giganten kämpfen sollte, dachte er sich eine List aus: Er hob Antäus kurzerhand schnell hoch, sodass der keinen Kontakt mehr zu seiner Mutter hatte. Die Kräfte verließen Antäus und Herakles konnte den Gegner zerquetschen. Direkter im Bezug zum Standort kann man kaum sein! 1901 ließ die Stadt die Figurengruppe auf dem Sockel mit Flachrelief vor dem Abschlussgebäude des 1896 eröffneten Jugendturnspielplatzes am Schyrenplatz aufstellen (jetzt städt. Sportanlage). Im Winter ließ man das Gelände fluten und nutzte es als Eislaufbahn.

Auf dem Gelände fanden früher die Rennen des Münchner Velociped-Clubs statt.

3.5 Städtische Sportanlage

Wenn das kein Ansporn für sportliche Höchstleistungen ist: Die 1896 geschaffene Steinskulptur von Mathias Gasteiger stellt den mythischen Ringkampf zwischen Herakles und Antäus dar. Antäus, Sohn des Meeresgottes Poseidon und der Erdgöttin Ge, galt als unbesiegbar, da er ununterbrochen seine Kraft durch die Berührung mit seiner Mutter, also mit der Erde, erhielt. Er tötete alle Gegner und verwendete ihre Schädeldecken als Dachziegel für einen Tem-

Hochradrennen am Schyrenplatz 1892

Herakles und Antäus

3.6 Rosengarten

Offiziell heißt das Gelände »Baumschule Bischweiler«, benannt nach der nicht mehr existenten Bischweilerstraße, an der das Areal einst lag, aber unter dem Namen kennt es kein Münchner. Jeder sagt nur Rosengarten. Der öffentlich zugängliche Park war einst eine Baumschule, die 1901 gegründet wurde. Heute gehört er dem Gartenbaureferat, das hier seit 1955 erprobt, welche Rosensorten sich für die innerstädtische Bepflanzung eignen. In der Anlage befinden sich rund 8 500 Rosenstöcke sowie zahlreiche andere Pflanzenarten. Der Rosengarten selbst ist rund 4 500 m² groß. Lehrtafeln liefern Erläuterungen. Daneben gibt es auch Themengärten wie den Giftpflanzengarten mit zum Teil extrem toxischen Pflanzen, den Tastgarten für Menschen mit Sehbehinderung und den Duftgarten. Ziemlich neu ist der 2010 angelegte Baumlehrpfad auf einem ehemaligen Gelände des Abfallwirtschaftsbetriebs (AWM), den man über eine Brücke über das renaturierte Freibadbächl vom Rosengarten aus erreichen kann.

Nicht nur Rosen blühen im Rosengarten …

3.7 Abfallwirtschaftsbetrieb

Direkter Nachbar der Stadtgärtnerei ist in der Sachsenstraße 25-29 der Abfallwirtschaftsbetrieb. Da Giesings Ruf durch die Irrenanstalt eh ruiniert war, so dachte sich vielleicht der Magistrat, kann man da auch gleich die zentrale Müllentsorgung unterbringen. Bis dato hatten die Münchner ihren Abfall in eine der über 2 700 Asche-, Kehrricht- und Düngergruben im ganzen Stadtgebiet entsorgt. Das sollte sich nun ändern. Am 14. April 1891 erfolgte die »Ortspolizeiliche Vorschrift über Lagerung und Wegschaffung des Hausunrats«. Schmiedemeister Fischer aus Giesing entwickelte einen neuartigen, von Pferden gezogenen Müllwagen, den sogenannten Harritschwagen (vermutlich leitete sich »Harritsch« von engl. »carriage« = Kutsche ab). Diese Harritschwagen gehörten noch bis in die 2. Hälfte des 20. Jh. zum Münchner Stadtbild. Sie transportierten den Abfall zunächst nur in die Sachsenstraße, später dann zu weiteren Deponien. Schon Ende des 19. Jh. wurde der Münchner Müll direkt raus aus der Stadt nach Puchheim gefahren, wo er sor-

Die ehemalige Direktorenvilla des AWM

tiert, der Wiederverwertung oder der kompletten Entsorgung zugeführt wurde. An der Sachsenstraße gab es Hallen für die Pferdewagen, Stallungen, eine Schmiede-, Wagen- und Sattlerwerkstatt sowie die repräsentative Direktorenvilla, die Architekt Richard Schachner entwarf.

1999 zog die Zentrale des städtischen Abfallwirtschaftbetriebs (AWM) von Untergiesing nach Moosach an den Georg-Brauchle-Ring. Im Jahr 2007 wurden alle Gebäude auf dem westlichen Teil der

Ein typischer Harritsch-Wagen am Stachus

Sachsenstraße – also Lackiererei, Schreinerei, Kfz-Werkstatt, Sattlerei und weitere Werkstätten, Fahrzeug- und Waschhallen, Sozialräume und Verwaltungsbauten – abgerissen. Man renaturierte das Gelände zu einem Park und gliederte es den öffentlichen Isaranlagen an. Es geht nun direkt in den Rosengarten über.

Auf dem östlichen Abschnitt der Sachsenstraße befinden sich heute noch der Betriebshof Süd des AWM sowie die denkmalgeschützte Direktorenvilla. Daneben gab es bis zum 26. April 2014 die Halle 2, ein Secondhandkaufhaus,

in dem gut erhaltene Möbel, Bücher, Elektronik und andere Waren von den Wertstoffhöfen zu günstigen Preisen weiterverkauft wurden. Nach einer Großrazzia und einer Verhaftungswelle fand das Projekt ein jähes Ende. Laut AWM handelte es sich um eine »Maßnahme zur Korruptionsprävention«. Einige Angestellte der Wertstoffhöfe hatten mit den Waren ebenso schwunghaft wie illegal Handel getrieben und die Gewinne in die eigenen Taschen gesteckt.

3.8 Stadtgärtnerei

Der Rosengarten gehört zu den weitläufigen Anlagen der Stadtgärtnerei, die heute zwischen Claude-Lorrain-Straße und Isarauen liegen. Die Münchner Stadtgärtnerei wurde 1839 ins Leben gerufen, als der Magistrat Georg Christoph zum ersten »Garten- und Plantagenaufseher« ernannte. Dieser war zuständig für die Pflege der Maulbeerbäume, die man einst in den Isarauen gepflanzt hatte, um eine bayerische Seidenproduktion aufzubauen (eine vergebliche Liebesmüh, denn trotz Christophs Engagement für die Bäume waren die dem Klima nicht gewachsen und gingen ein). Neben dem Ausbau der damals neuen Flaucheranlagen hatte Georg Christoph auch alle weiteren städtischen Baumschulen, Grünflächen sowie 56 Alleen zu beaufsichtigen. Um sich lange Transportwege für die Bepflanzung des Flauchers zu sparen, richtete man eine der ersten städtischen Baumschulen direkt

an der neuen Grünanlage ein. Die Anlage entlang der Sachsenstraße ist aber nur eine von mehreren Stadtgärtnereien.

3.9 Die Färberei

In den Räumen einer ehemaligen Färberei und chemischen Waschanstalt (Claude-Lorrain-Straße 25) ist seit Oktober 1999 »Die Färberei« zu finden, eine überregionale städtische Jugendkultureinrichtung des Kreisjugendrings München. Sie bietet jungen Künstlern aus unterschiedlichen Bereichen Unterstützung in Form von Ausstellungsmöglichkeiten, Beratung und Konzeptrealisierung. Angeboten werden zum Beispiel auch Kurse, und es gibt eine Siebdruckwerkstatt. Ein Schwerpunkt der Färberei sind Graffiti, Street-Art und Hip-Hop. So organisiert die Färberei »Is-Art«, eine Graffiti-Aktion, bei der seit 1996 jährlich die mächtigen Pfeiler der Brudermühlbrücke von renommierten Künstlern neu gestaltet werden. Diese riesige Freiluftgalerie zieht inzwischen zahlreiche Kunstinteressierte an (*siehe* 3.21). Die Färberei vermittelt zudem Aufträge rund um Graffiti und andere jugendkulturelle Ausdrucksformen.

3.10 Birkenau

Die Gegend zwischen dem Dorf Lohe und der Isar war ein denkbar unattraktiver Bauplatz. Hier standen Birken auf den feuchten Wiesen, dazwischen Tümpel voller Frösche, die man bis hinauf nach Obergiesing quaken hören konnte. Hochwasser bedrohte das Gebiet bei jeder Schneeschmelze. Die Giesinger Bauern nutzten das Land höchstens als Viehweiden. Doch München wuchs und ständig wurde neuer Wohnraum benötigt, und das unwirtliche Gebiet in Untergiesing wurde durch Kanäle und Dämme langsam erschlossen. Das brachte den Eigentümer der Birkenleiten, Wolfgang Windsberger, auf die Idee, ab 1840 die nördlichen Teile seines Besitzes als Bauland anzubieten. Die Regierung legte am 24. Juli 1840 die Richtlinien für die Bebauung der »Kolonie Birkenau« fest. In fünf Jahren Bauzeit entstand eine einheitliche Kleinhaussiedlung mit eingeschossigen Bauten, jeweils drei Fenstern zur Straße und einem kleinen Gartenanteil. Viele der Häuser sind mittlerweile abgerissen worden und größeren Mietshäusern gewichen, doch findet man zwischen Sommer-, Unterer und Oberer Weidenstraße und entlang der Birkenau noch einige kleine, mittlerweile sanierte und unter Denkmalschutz stehende Häuschen.

In der Birkenau 1930

An der Ecke Sommerstraße im Jahr 1905

3.11 Das »Narrenhaus«/ Kolumbusschule

Im Jahr 1747 eröffnete am Kolumbusplatz ein Krankenhaus für niedere Hofbedienstete mit ansteckenden Krankheiten, den »hitzigen Fiebern«. Das Spital, ursprünglich schon 1692 in Bogenhausen gegründet, war hierher umgezogen. Dieses Hofkrankenhaus, so berichtet eine Chronik aus dem Jahr 1799, »ist seiner inneren Einrichtung nach sehr schön, und für ein Krankenhaus wohl gar zu schön; steht aber auch mehr zur Parade als zum Gebrauch da«. Das »gewöhnliche Sterbeverhältnis« lag bei 1:4. Monatelang gab es gar keine Patienten in dem Spital. Das kaum genutzte Hofkrankenhaus geriet Ende des 18. Jh. in den Fokus, als man nach besseren Unterbringungsmöglichkeiten für die »Blödsinnigen« suchte, die man bisher in Gefängnissen weggesperrt oder notdürftig im Elisabethen-Herzog-Spital bzw. Heiliggeistspital untergebracht hatte. So verfügte ein Dekret vom 3. August 1801: Das Hofkrankenhaus ist zum kurfürstlichen Irrenhaus um-

zuwandeln! Am Anfang gab es zehn Zellen für männliche und drei Zellen für weibliche »Tobende«, 20 Zimmer für »ruhige Irre« und einen Saal mit sieben Betten. Im Haus arbeiteten fünf Wärter und ein Arzt. Man unterschied sorgsam die Krankheitsbilder zwischen »Wahnsinn«, »schierem Wahnsinn«, »allgemeinem Wahnsinn«, »Narrheit«, »Blödsinn«, »Idiotismus« und »Geistesschwäche«. Im Volksmund wurde »Giesing« damit gleichbedeutend für Klapsmühle – so wie heute »Haar«.

Das Haus war ständig überfüllt. In einem Kommissionsbericht von 1818 heißt es: »Es ist wahrlich herzergreifend, die unglücklichen Irren in einer unpassenden Lokalität zusammengehäuft zu schauen, und denselben nicht einmal menschlich mögliche Hilfe angedeihen lassen zu können.« Das änderte sich auch nicht, als man das aus allen Nähten platzende Irrenhaus 1859 mit der Kreisirrenanstalt in der Au (am heutigen Wolfgangsplatz) zusammenlegte. Das Gebäude am Kolumbusplatz wurde dann wieder als Krankenhaus genutzt und schließlich 1877 versteigert und abgerissen.

1894 eröffnete in einem Neubau die Kolumbusschule. Carl Hocheder entwarf die Gebäudegruppe, die in zwei Bauphasen errichtet wurde. Der größere Teil an der Humboldtstraße wurde 1894 erbaut, der kleiner Teil zwei Jahre später. Es gab 27 Lehrsäle und zwei Turnhallen. Der markante Turm enthielt die Haupttreppe. Fliegerbomben des Zweiten Weltkriegs zerstörten die Kolumbusschule. Das Gelände, auf dem Giesings Ruf so nachhaltig zerstört wurde, gehört inzwischen seltsamerweise nicht mehr zu Giesing, sondern zum Stadtbezirk Au. Hier steht heute ein Wohnhaus mit Kindergarten.

3.12 Die Pfründneranstalt

Nichts erinnert heute mehr an die Pfründneranstalt, die einst direkt hinter dem Irrenhaus am anderen Ufer des Mühlbachs direkt am Hang stand. 1838 sah sich die Gemeinde Giesing gezwungen, für die Ärmsten der Armen eine Versorgungsanstalt zu errichten. Man kaufte das Haus des Krämers Franz Xaver Beutl und wandelte es um. Schon im ersten Winter nach der Eröffnung wurden 40 Personen täglich mit Armenkost verpflegt. Aus dem Jahr 1857 ist überliefert, dass 15 Männer und ebenso viele Frauen in der

Die einzig bekannte Darstellung des Narrenhauses (r.) ist diese undatierte Zeichnung

3 Untergiesing und Lohe

Im Vordergrund die Pfründneranstalt, dahinter die Baustelle zur Bahnbrücke 1868

Pfründneranstalt lebten. Meist einstige Tagelöhner und Dienstmägde aus der Lohe und aus Giesing, die zu alt und krank waren, um noch arbeiten zu können. Gleich nach der Eingemeindung sollte die Anstalt geschlossen werden, doch die hohen Schulden, die noch auf ihr lagen, schreckten die Verantwortlichen zunächst davon ab. 1875 dann riss man die Pfründneranstalt ab, weil die neue Trasse für die Eisenbahnbrücke zum Ostbahnhof direkt an ihr vorbeiführte.

3.13 Der Edelsitz derer von Giesing

Das Geschlecht derer von Giesing tauchte um 1150 erstmals auf; Friedrich, Konrad und zuletzt Heinrich von Giesingen sind nachgewiesen. Mit Heinrich starben die Giesinger Ritter dann 1301 aus. Den einstigen Rittersitz der Herren von Giesing in Niedergiesing (in manchen Quellen auch Untergiesing, heute der Au zugehörig) kaufte 1403 Herzog Ludwig der Gebartete von Bayern-Ingolstadt. Ludwig der Gebartete trug mit seinen Vettern, den Herzögen von Bayern-München, einen erbitterten Krieg um die Herrschaft in Bayern aus. Ludwig hatte viele Jahre in Frankreich gelebt und war von den Münchner Bürgern um Hilfe gegen die Herzöge Ernst und Wilhelm III. gebeten worden. Ludwig kaufte in kürzester Zeit mehrere Burgen um München herum, um die Stadt belagern zu können. So auch den Giesinger Rittersitz. Doch trotz der Investitionen unterlag Ludwig der Gebartete letztlich seinen Vettern. Die siegreichen Herzöge von Bayern-München übernahmen 1419 die »Veste« in Niedergiesing des »unruhigen, übermüthigen und rachsüchtigen Gegners«, wie eine Chronik von 1856 berichtet.

Eine wirkliche Veste, also eine Burg, dürfte hier aber nicht existiert haben. Berichtet wird in einigen Quellen von einem »Thurnhof«, also einem befestigten Bauernhof. Herzog Wilhelm IV. tauschte das Anwesen 1427 gegen Ländereien mit dem Kloster Ettal. Ein Teil des Hofs kam 1567 an Nikolas Krebsen und seine Frau Margaret, die dem Anwesen ihren Namen gaben. Der Krebsbauernhof wurde im Laufe der Zeit der mit Abstand größte und prächtigste Hof in Giesing. Ab 1812 ließ ihn sein damaliger Besitzer Balthasar Peter aus Perlach zu einem gewaltigen Gutshof ausbauen, der trutzig und weithin sichtbar wie eine Burg auf dem Nockherberg thronte.

Der Krebsbauernhof im Jahr 1895

Der andere Teil des uralten Niedergiesinger Rittersitzes bekam nach einigen Quellen den Namen »Kotterhof«, was wenig glaubhaft ist, weil der einzige historisch nachweisbare Kotterhof im Münchner Umland mitten in Haidhausen stand. Das Anwesen kaufte etliche Besitzerwechsel später der Hofkriegsrat Johann Marquard Graf von Kreuth und nannte es Marquartsreuth. Am 29. April 1775 erhob der Kurfürst Marquartsreuth zum Edelsitz. Diesen Edelsitz erwarb am 13. Juli 1789 der Bankier Jakob Nockher als Sommerresidenz. Die Nockhers gaben nicht nur dem Anwesen, sondern gleich dem ganzen »Berg« ihren Namen. Das eigentliche Schlösschen wurde 1858 an die Paulanerbrauerei der Gebrüder Schmederer verkauft und zur Wirtschaft »Nockhergarten« umgebaut. Wem der Name Schmederer nichts sagt: Es handelte sich dabei um die Neffen und Erben des le-

Der Nockhergarten, einstmals der Edelsitz Marquartskreuth, im Jahr 1900

gendären Brauers Franz Xaver Zacherl. Der Nockhergarten musste schließlich 1903 ebenso wie der Krebsbauer der Regulierung des Nockherbergs weichen. Wo sie einst standen, verläuft heute die Straße.

Zu Niedergiesing gehörten neben dem Krebsbauern noch die großen Bauernhöfe Spießmüller und Jägerwirt. 1809 gemeindete die Vorstadt Au den bis dato selbstständigen Weiler ein. Seitdem gehört Nieder-(Unter-)giesing zur Hochau, darum gehen wir auf die weitere Geschichte des Nockherbergbiergartens und der Paulanerbrauerei hier nicht weiter ein.

An der Ecke Pilgersheimer-/Kupferhammerstraße stand einst dieses 1905/06 erbaute Brausen- und Wannenbad. Es musste 1939 dem Ausbau der Bahnstrecke weichen.

3.14 Haus an der Pilgersheimerstraße

Als das »modernste Obdachlosen-Wohnheim Deutschlands« im Jahr 1952 eröffnete, ließ sich eine Stadträtin anlässlich des Festakts zu der Bemerkung hinreißen, im hellen Speisesaal sei es »viel schöner als im Sitzungssaal des Rathauses«. Rund 900 000 Mark hatte die Stadt München investiert. Damals teilten sich bis zu 15 Personen einen Schlafsaal. 1981 und 2002 gab es umfangreiche Renovierungs- und Umbauarbeiten. Heute finden hier im »Pille 11« genannten Heim 176 Männer eine Unterkunft in 85 Doppel- und sechs Einzelzimmern. Eine Übernachtung im Doppelzimmer kostet 5, im Einzelzimmer 7 Euro. Aufgenommen werden nur Obdachlose, die keine illegalen Drogen konsumieren. Das Heim geriet im Mai 2011 kurz in die Schlagzeilen, als der verurteilte Kriegs-

Die alte Turnhalle, ca. 1925

verbrecher John Demjanjuk nach seiner Haftentlassung für zwei Nächte hier einquartiert wurde.

Auf diesem Gelände stand die Turnhalle des 1882 gegründeten TSV Turnerbunds, die im Krieg zerstört worden war.

3.15 Lohe

siehe S. 78

Der Berghang unterhalb der Giesinger Kirche bot sich nicht zur landwirtschaftlichen Nutzung an. Es war wertloses Land, auf dem vermutlich schon im 15. Jh. die ersten Siedler ihre bescheidenen Hütten errichteten. Die Siedler waren Arbeiter und Tagelöhner, die sich das teure Münchner Bürgerrecht nicht kaufen konnten, also vor den Toren der Stadt eine Unterkunft brauchten. Am 1. April 1693 wurde das Dörflein Lohe (»Lohe« ist ein lichter Wald) erstmals erwähnt. Die meisten Häuser waren, wie in der Au und in Haidhausen, sogenannte Herbergen. Das war eine Art frühe Version des Genossenschaftsbaus. Man baute gemeinsam ein Haus, doch jede Wohnung war Eigentum des jeweiligen Bewohners. Über die Jahrhunderte wucherte die Herbergssiedlung zwischen Giesinger Berg und Mühlbach nach Norden und Süden. Die zentrale »Hauptschlagader« war die Berggasse, die vom Bauerndorf Giesing oben am Berg bis zum Mühlbach führte. Die Häuser standen dicht an dicht bis zur alten Bäckermühle am Candidplatz. Wie es in diesen Herbergen aussah, berichtete der Auer Armenarzt Anselm Martin 1837: »Es gehört zu den gewöhnlichen Erscheinungen, zur Nacht sowohl den Keller, als alle übrigen Behältnisse eines Hauses bis zum höchsten Dachgemache mit Schlafenden aller Geschlechter und jeden Alters in Betten oder Stroh belegt zu finden, und außer Menschen auch noch alle Gattungen Hausthiere, Hunde, Katzen, Kaninchen, Vögel, Mäuse und derglei-

Szenen aus der Lohe zwischen Giesinger Berg und Auermühlbach, die Fotos entstanden zwischen 1905 und 1916

chen, sowie alle nur erdenklichen Handwerksgeräthe, Hausutensilien, alte, bereits halb verfaulte, zusammengesammelte Leinwand, zerbrochenes Glas, neugewaschene, zum Trocknen aufgehängte Wäsche und dergleichen in den kleinsten, mit zurückstoßender Luft angefüllten Gemächern anzutreffen.« Und dann heißt es weiter: »Schwangerschaften sind in unserem Bezirke höchst zahlreich. Fast jedes Weib und mehr als die Hälfte unserer Mädchen befindet sich vom 18ten bis 40ten Jahre im Schwangerschaftszustande.« Dass eine verheiratete Frau 12 bis 16 Kinder gebar, war keine Seltenheit. Aber auch noch ledige Mädchen hatten in der Regel schon zwei bis drei uneheliche Kinder.

Die hygienischen Verhältnisse in den meist völlig überbelegten, nicht selten baufälligen Herbergen spotteten jeder Beschreibung. Fahrendes Volk, Deserteure, Dirnen und Gesindel schlüpften hier gerne unter, die Kriminalität erreichte solche Ausmaße, dass die Lohe 1713 dem Gericht in der Au unterstellt wurde, weil der Wolfratshauser Amtmann den Verhältnissen nicht mehr gewachsen war. München plante 1724 kurzfristig, die Lohe gemeinsam mit der Au einzugemeinden, ließ es dann aber doch bleiben. Die Lohe kam 1809 mit Birkenleiten, Untergiesing und Falkenau zur mittlerweile zur Stadt erhobenen Au. Lohe und Falkenau protestierten erfolgreich gegen den Zusammenschluss – man verwies u. a. auf den zu weiten Schulweg für die Kinder in die Au – und wurden 1814 der Gemeinde (Ober-)Giesing zugeschlagen. Bei der Eingemeindung 1854 gab es 92 Hausnummern mit 39 Herbergsanwesen. Nun wollte die Stadt den untragbaren Verhältnissen in den Herbergsvierteln einen Riegel vorschieben und verbot 1900 den Neubau von Herbergen. München kaufte sukzessive die alten Häuser auf und riss sie ab.

Viele Bewohner der Lohe fanden Arbeit in der Giesinger Lederfabrik, die der Hoffinanzier Ignaz Mayer 1808 zwi-

Der historische Brunnen von 1892 an der Lohstraße 11 und einige kleine Anwesen in der Kupferhammerstraße erinnern noch an die alte Lohe

schen Loh- und Pilgersheimer Straße errichtete (*siehe* S. 84). Das Ende der Lohe, die mit ihren Herbergen erheblich dichter besiedelt und damit einwohnerstärker war als das Bauerndorf Giesing, kam mit den zahlreichen Regulierungen des extrem steilen Giesinger Bergs. Einst gab es mitten am Berg zwischen den Herbergshäusern eine steile Linkskurve, die immer wieder zu schweren Unfällen führte. Bereits Mitte des 19. Jh. kam es zu ersten Ausbaumaßnahmen, für die man Herbergen abriss. Mit der Eingemeindung der Lohe als Teil der Gemeinde Giesing nach München und dem Bau der Wittelsbacherbrücke 1876 stieg das Verkehrsaufkommen am Giesinger Berg rasant an. Eine Regulierung der gefährlichsten Straße Münchens wurde unumgänglich. Die Stadt kaufte 54 Häuser auf und riss sie ab. Auch die alte kleine Pfarrkirche am Berg musste den Straßenbauarbeiten weichen. 1892 konnte die erheblich verbreiterte und deutlich weniger steile Straße dem Verkehr übergeben werden (*siehe* 3.17).

Von der alten Siedlung in der Lohe blieben bis heute nur noch wenige Häuschen erhalten, darunter das romantisch anmutende »Klein-Venedig« am Mühlbach an der Mondstraße und ein paar Anwesen an der Loh- und der Kupferhammerstraße.

In der Lohe unterhalb der Giesinger Kirche 1911 (o.) und 1905 (u.)

3.16 Klein-Venedig

Man kann es sich heute gar nicht mehr vorstellen, aber einst war München durchzogen von zahlreichen Stadtbächen. Diese Bäche wurden Ende der 1960er Jahre im Zuge des U-Bahn-Baus fast alle stillgelegt. Wie es in vielen Gegenden Münchens einmal ausgesehen haben mag, lässt sich noch an der Mondstraße sehen. Hier gibt es ein (zugegebenermaßen sehr kleines) Klein-Venedig am Auer Mühlbach.

3.17 Der Giesinger Berg

»Berg« ist ein großes Wort für die Erhebungen im Stadtgebiet von München. Bei den Bergen auf der Ostseite der Isar handelt es sich letztlich nur um das Hochufer des Flusses. Doch das war mitunter sehr steil. So führte jahrhundertelang ein schwieriger Weg vom Auer Mühlbach mitten durch das Dorf Lohe hinauf nach Giesing. Unten gab es die Edelsitze, die Pfründneranstalt, das Irrenhaus, die Mühlen und Fabriken – und übrigens auch den Bäcker –, oben die Bauernhöfe, die Kirche, den Friedhof und die Schule. Die enge, gewundene Straße war also stark frequentiert. An vielen Stellen war sie so eng, dass gerade ein Fuhrwerk hindurchkam. Gegenverkehr? Undenkbar. Einige Stellen hatten zudem mehr als 15 % Gefälle. Kein Wunder, dass sich unzählige Unfälle ereigneten, besonders an der gefährlichen Neunziggradkurve beim »Lohwirt« mitten am Berg. Als dort 1840 der Unternehmer Joseph von Utzschneider tödlich verunglückte, entschloss man sich endlich zur ersten Regulierung. Doch die Verbreiterung der Straße durch den Abriss eines Hauses reichte bei Weitem nicht. 1861 erfolgte ein weiterer Ausbau, doch zehn Jahre später starben wieder zwei Menschen bei einem Verkehrsunfall in der Kurve – also wurde wieder ein bisschen ausgebaut, und 1883 gleich noch einmal. Inzwischen herrschte reger Durchgangsverkehr am Giesinger Berg, denn die 1876 eröffnete Wittelsbacherbrücke verband nun die Isarvorstadt direkt mit Giesing. Es blieb also nichts anderes übrig, als endlich eine umfassende Neugestaltung der Bergstraße anzugehen. Im Jahr 1892 kaufte die Stadt München 54 Häuser und Herbergen auf, ließ sie ebenso wie die alte Pfarrkirche abreißen und überwölbte den Mühlbach. Durch umfangreiche Erdbewegungen wurde die Steigung von über 15 % auf nunmehr 5 % reduziert. Ab 1896 ratterte sogar die Trambahn den Giesinger Berg hoch. Die Gleise verliefen direkt am Hang. Dann musste 1934 der Berg noch einmal durch eine zusätzliche Fahrspur entschärft werden, so rückten die Tramgleise in die Fahrbahnmitte. In jenem Jahr zerstörte man auch endgültig den alten Giesinger Dorfkern. Der einst mächtige Mayerbauernhof wurde abgerissen, um die heutige Martin-Luther-Straße zu schaffen, die die Bergstraße mit der Grünwalder Straße verbindet. Zwischen 1976 und 1978 erlebte die Bergstraße mit dem Aushub und Bau der U-Bahntunnels ihre letzte massive Regulierung. Dass dann 1979 die Trambahnlinie eingestellt wurde und die Gleise unter dem Asphalt verschwanden, war da nur noch ein kleiner kosmetischer Eingriff.

Der steile Giesinger Berg mit der lebensgefährlichen Kehre; Lithografie von Valentin Ruths, 1848

3.18 Pilgersheim

Der Kammerdiener des Kurprinzen, Franz Cigouni, schien beim Kurfürsten wohlgelitten, denn 1722 schenkte Max Emanuel dem Mann 3,5 Tagwerk Land in der Falkenau. Dieses Land in den Auen zwischen Giesinger Berg und Isar, nahe der Ortschaft Lohe und dem Adelssitz Falkenau, erwarb Hofbankier Franz Anton von Pilgram 1768 und errichtete sich um 1780 ein Schlösschen. Kurfürst Karl Theodor erhob das Anwesen am 15. November 1784 zum Adelssitz unter dem Namen »Pilgramsheim«. Das passte allerdings der Gräfin von Toerring-Seefeld gar nicht. Ihr gehörte der Edelsitz Falkenau. Sie hatte die Jurisdiktion für die Gegend und wollte keine Macht an Pilgram abtreten. Noch während der gerichtlichen Auseinandersetzungen verkaufte Pilgram alles im Jahr 1796. Der neue Besitzer, Ferdinand Leopold von Adrian-Werburg, ließ das Anwesen 1798 über die 14. Frankfurter Stadtlotterie ausspielen. Der glückliche Gewinner: Kammerherr Ferdinand von Horben zu Ringelberg. Ringelberg verkaufte 1802 an den Landesdirektionsrat Joseph von Hazzi, der verkaufte 1807 an den Geheimen Justizreferendar von Effner und der wiederum 1808 an den Fabrikanten Ignaz Mayr. Mayr, so vermerkte das Pastoralgrundbuch, war »nach abgelegt israelitischen Glaubensirrtum zur wahren christ. kathol. Religion bekehrt«. Er nutzte Gut Pilgersheim, um darauf die größte Lederfabrik Bayerns zu errichten (*siehe* S. 84). Der einstige Adelssitz stand an der Pilgersheimer Straße 38.

3.19 Giesinger Lederfabrik

siehe S. 84

Giesinger Lederfabrik

Blick auf die Lederfabrik an der Pilgersheimer Straße im Jahr 1890

Die Lage nahe dem Mühlbach war ideal, denn zur Lederverarbeitung benötigt man Unmengen an Wasser, und außerdem lieferte das Wasser auch die Energie für die Maschinen. Und im nahen Dorf Lohe gab es Arbeitskräfte zur Genüge. 1808 eröffnete daher der aus Mannheim stammende Hoffinanzier Ignaz Mayer zwischen Loh- und Pilgersheimer Straße seine Lederfabrik. Das nötige Wasser führte man über einen Werkskanal vom Mühlbach ab. Die Auftragsbücher waren voll, denn vor allem das bayerische Heer ließ hier produzieren. Das erzürnte die ortsansässigen Schuhmacher, die sich um ihre Einnahmequellen betrogen sahen. Sie protestierten bei allerhöchster Stelle gegen die »gewissenlosen Gewerbsbeeinträchtigungen, welche wir von den hiesig- und umliegenden Lederfabrikanten und Israeliten« durch deren Fabrikation im Accord zu erdulden hätten. Prompt schrieb die Behörde Mayer vor, dass er seine Militäraufträge bei hiesigen Schuhmachermeistern zu fertigen habe. Mayer wusste sich zu helfen: Er engagierte den Schwabinger Schuhmacher Hanrieder, der seine Werkstatt kurzerhand in die Giesinger Lederfabrik verlegte. Der Behördenauflage war Genüge geleistet.

Die Lederfabrik florierte nach Mayers Tod 1824 unter seinem Schwager Arnold von Eichthal. Die Fabrik hatte sich auf die Produktion von feinem Lackleder spezialisiert, eine damals völlig neue Lederart, die auf riesige Nachfrage in aller Welt stieß. Die Lederfabrik wurde einer der größten Arbeitgeber Münchens und sogar die modernste und größte ihrer Art auf dem gesamten europäischen Festland. 1871, als die dritte Generation unter Julius von Eichthal das Sagen hatte, war die Zahl der Beschäftigten von einst 30 auf 360 gestiegen. Jährlich verarbeitete man auf dem rund 8,8 ha großen Gelände rund 60 000 Rinder- und 15 000 Schweinehäute. Die bestialischen Ausdünstungen der Gerberei verschärften allerdings zusätzlich die Wohnsituation in der Lohe. Hatte der Erste Weltkrieg noch für volle Auftragsbücher gesorgt, ging es in den 1920er Jahren stetig bergab. 1923 kaufte der Berliner Lederproduzent Adler und Oppenheimer die Fabrik und schloss sieben Jahre später das Münchner Werk. Das Gelände wurde an die Münchner Siedlungs-GmbH verkauft, die dort ab 1932 eine Großsiedlung mit mehreren Mietblöcken errichtete. Weil das Bett des ehemaligen Werkskanals deutlich besser in Schuss war als das des Mühlbachs direkt am Hang, schüttete man den alten Bach zu. Seitdem fließt der Mühlbach in seinem neuen Bett.

Die Gerber-Statue am Auer Mühlbach erinnert an die Lederfabrik

3.20 St. Franziskus

Ein Jahr bevor der Erste Weltkrieg ausbrach, gründete der Giesinger Stadtpfarrer Josef einen Kirchenbauverein für Untergiesing, denn die Heilig-Kreuz-Kirche konnte längst nicht mehr alle Gläubigen Giesings aufnehmen. Der Krieg verhinderte zunächst einen Bau, dann wurde am 8. Februar 1920 an der Hans-Mielich-Straße eine Notkirche geweiht, nicht mehr als eine alte Baracke, die man aus dem Kriegsgefangenenlager Puchheim hierher versetzt hatte. Zwei Jahre später wurde die selbstständige Stadtpfarrei Untergiesing gegründet. Ganz im damals noch modernen Stil des Neobarocks entwarf Richard Steidle einen Neubau, der am 3. Oktober 1926 (der 700. Todestag des hl. Franziskus) durch Erzbischof Michael Faulhaber geweiht wurde. Die Bombenhagel des Zweiten Weltkriegs beschädigten die Kirche 1943 schwer. Im Wesentlichen blieben nur die Außenmauern und die Türme stehen. Beim Wiederaufbau 1951 stellte man nur die Fassade im alten Stil wieder her, im Inneren gestaltete man die Kirche neu im sachlichen Stil der Zeit. Seit einer erneuten Umgestaltung in den 1980er Jahren beherrscht ein monumentales Natursteinmosaik von Benedict Schmutz den Altarraum.

3.21 Agilolfingerschule

Untergiesing war 1905 noch nicht sehr dicht bebaut, doch die Einwohnerzahl stieg kontinuierlich, und die Schule am Kolumbusplatz reichte längst nicht mehr aus. Also stellte Stadtbaurat Hans Grässel seinen Schulneu-

bau mitten in die grüne Wiese. Am 6. November 1907 konnte die neue Volksschule mit angegliedertem Kindergarten eröffnet werden. Damals unterrichtete man noch Buben und Mädel getrennt, es gab eine Knabenund eine Mädchenschule mit separaten Eingängen, die bis heute erhalten sind. Während des Ersten Weltkriegs diente die Schule als Lazarett, die Kinder mussten in die Kolumbusschule ausweichen.

Für die Hygiene gab es im Keller der Schule eine eigenes Tröpferlbad, in dem die Kinder einmal die Woche in knietiefem Wasser baden mussten. Das allgemeine Schulbaden wurde erst 1968 auf Wunsch der Elternschaft abgeschafft. Im Zweiten Weltkrieg, das Schulhaus wurde wieder als Lazarett genutzt, beschädigten Bomben 1943 das Gebäude so schwer, dass es vom Hochbauamt »abgeschrieben« wurde. Dennoch brachte man in den halbwegs erhaltenen Räumen ausländische Zwangsarbeiter von Agfa unter. Wegen der Zerstörungen gestaltete sich das Schulleben in den Nachkriegsjahren schwierig, der Unterricht fand in Schichten statt. Mit 14 Jahren wurde man aus der Schule entlassen, egal in welcher Klasse man war. Es dauerte bis 1957, bis die Agilolfingerschule wieder ausgebaut und komplett eingerichtet war. Erst 1984 wurden bei einer erneuten Renovierung die Fassaden originalgetreu wiederhergestellt. Ab 2001 begannen dann die Arbeiten zu einer dringend nötigen Generalsanierung, die 2003 abgeschlossen wurden. Zur besseren Orientierung in dem großen Gebäude entwarf die Münchner Künstlerin Scarlet Berner ein Farbleitsystem. Der bronzene Geländerstab mit Tieren, Autos und Flugzeugen vor der Schule stammt von Bernhard Härtter.

3.22 Street-Art in Untergiesing

siehe S. 86

Ein Street-Art-Mekka liegt mitten in Untergiesing: Die Pfeiler der Brudermühlbrücke bilden eine der größten Freiluftgalerien Bayerns. Unter dem Motto »IsArt« werden sie im jährlichen Turnus von namhaften Münchner Graffitikünstlern gemeinsam mit Gästen aus aller Welt neu gestaltet. Manche Werke bleiben auch länger.

Im Herbst 2014 wurden auch die Pfeiler der Brücke am Candidplatz für das Street-Art-Projekt »Brücken schlagen« freigegeben. Wie bei der Brudermühlbrücke handelt es sich aber nicht um freie Flächen, die von jedem besprüht werden können. Künstler aus ganz Deutschland wurden zur Gestaltung eingeladen.

Urban-Art an der Brudermühlbrücke und am Candidplatz mit Arbeiten von Der Blaue Vogel (o.), Eazy, Law1 und Kürls (m.), Herakut (u.l.), HNRX (u.m.) und Les Enfants Terribles (u.r.)

Von Münchens ältester Mühle (gr. Foto um 1930) blieb nur ein winziges Wasserkraftwerk (kl. Foto)

3.23 Osram GmbH

Einst war die Firma Osram in Berlin beheimatet. 1919 gliederte die Deutsche Glasglühlicht AG ihr erfolgreiches Glühlampengeschäft aus und gründete die Osram GmbH KG. Osram ist ein Fantasiename, den sich der Chemiker Carl Auer von Welsbach ausgedacht hatte. Siemens & Halske sowie die AEG wurden 1920 Mitgesellschafter und schon in den frühen 1930er Jahren gehörte Osram zu den weltweit führenden Leuchtmittelherstellern. Nach dem Zweiten Weltkrieg fiel die Entscheidung, den Firmensitz von Berlin nach München zu verlegen. 1954 zog Osram zunächst in gemietete Räume in der Windenmacherstraße im Zentrum. Der Platz reichte bald nicht mehr aus. Also wurde ein Neubau in Untergiesing (Hellabrunner Straße 1) geplant. Nach Plänen des Architekten Walter Henn und unter der Mitarbeit von Dieter Ströbel entstand 1963-65 der äußerst schlichte, kubische, sechsgeschossige Stahlskelettbau mit seiner Aluminium-Glas-Vorhangfassade. Der Verwaltungsbau gilt als eines der bedeutendsten Beispiele früher Großraumbüroarchitektur in Deutschland. In seinem Inneren dominiert bis heute der Stil der 60er Jahre. So z. B. mit der Glasprismenwand von A. F. Gangkofner und der Holzintarsienwand von F. Stelzig. Direkt daneben entstand 1969 ein Forschungs- und Entwicklungszentrum. 2012 kam das Aus für den Standort Giesing: Die Osram-Zentrale zog um nach Nordschwabing in das Hochhaus M-Pire, einen Teil der Arbeitsplätze verlegte man auf den Business-Campus nach Garching. Auf dem 31,6 ha großen Osram-Gelände am Mittleren Ring entsteht ein Wohnquartier mit rund 370 Wohnungen für 850 Menschen.

3.24 Schrafnagel-/Bäckermühle

Auf Giesinger Grund lag auch die älteste Mühle Münchens, die Schrafnagel- oder Bäckermühle. Der Auer Mühlbach, der früher gerechterweise zum größten Teil Giesinger Mühlbach hieß, da er seine längste Strecke durch Giesing fließt, betrieb vermutlich schon im 7. Jh. die Räder der Bäckermühle am Candidplatz. 957 schenkte ein Edler namens Wolftregil diese Mühle »ad Kiesingun« dem Freisinger Hochstift. Nach einigen Be-

sitzerwechseln überließ ein Edelmann von Ast die Mühle samt dem »Lehen im Dorf auf dem Berge« (also Giesing) dem Kloster Schäftlarn. Die Mühle unterstand wie das benachbarte Dorf Lohe der Pfarrei Bogenhausen und dem Landgericht Wolfratshausen. 1549 tauchte erstmals der Name Schrafnagelmühle auf. Die weit verzweigte Familie Schrafnagel betrieb damals fünf Mühlen in München und Umgebung. Weil Hochwasser oder auch Wassermangel immer wieder den Mühlbetrieb störten, ließ Herzog Wilhelm V. im Jahr 1586 den Mühlbach neu regulieren. 1699 zerstörte ein Feuer die Mühle, man errichtete sie neu.

Nach der Säkularisation kam die Mühle in privatwirtschaftliche Hände, gehörte zeitweise auch der schwerreichen Familie der Barone von Eichthal, die ebenfalls die Giesinger Lederfabrik besaß, und wurde zur Kunst-

mühle umgebaut. 1894 übernahm sie die Münchner Bäckerinnung für 482 000 Mark. Bis 1972 wurde hier noch Mehl gemahlen, dann stellte man den Betrieb ein und riss Münchens älteste Mühle einfach ab.

Auf dem Gelände entstand 1980 ein großer Bürokomplex, in dessen Schatten versteckt das kleine Kraftwerk Bäckermühle heute noch an die historische Bedeutung des Standorts erinnert.

Schloss Birkenleiten heute

3.25 Birkenleiten

Kurfürst Karl Albrecht zeigte sich großzügig gegenüber seinen Hofbediensteten und beschenkte sie mit Grundstücken ober- und unterhalb der Papiermühle (der späteren Kraemermühle) in den Isarauen von Giesing. Einer der Glücklichen: der Truchsess Johann Ignaz von Winkelsperg, der am 6. Januar 1734 den Erbrechtsbrief für ein Stück Land erhielt. Er errichtete sich ein kleines Schloss, an dem er sich aber nicht lange erfreute. Eine Gräfin zu Oettingen und Wallerstein überließ 1745 den »nächst hinter der Au gelegenen freyen Edelmanns-Sitzes Bürkenleuthen« dem kurfürstlichen Kellermeister Adrian von la Fabrique. La Fabrique expandierte schnell und fasste Winkelsberg, Birkenleiten, das Aumeister-

haus, Teile Siebenbrunns und des Lerchenhofs zur Birkenleiten zusammen.

1763 wurde Birkenleiten zum Edelsitz erhoben. La Fabriques einzige Tochter erbte alles. Doch sie verstarb früh und ihr Witwer verkaufte es im Jahr 1817 an den Hausmeister (Direktor) des Strafarbeitshauses in der Au Johann Georg Reiter für 22 000 Gulden. Birkenleiten war inzwischen kein Edelsitz mehr. Reiters Witwe heiratete Wolfgang Windsberger, der im Ökonomiegut eine Pferdezucht sowie eine Spiritusbrennerei einrichtete und außerdem bald Ortsvorsteher von Giesing wurde. Ab 1840 parzellierte er einen Teil seines Besitzes, verkaufte sukzessive und schuf damit die Siedlung Birkenau

Die Fabrikanlage im Jahr 1908

Die Motorenfabrik Baumann ca. 1912

(*siehe* 3.10). Fünf Jahre später erwarb Karl von zur Westen das restliche Gut Birkenleiten mit Schloss, Nebengebäuden und 222 Tagwerk Grund für 60 000 Gulden. 1854 kaufte die Stadt München das Gut und versteigerte die Ackerflächen an Giesinger Bauern. Am Gelände entlang des Mühlbachs siedelten sich Industrieunternehmen an, und das Schlossgebäude kaufte die Familie Kraemer, denen die nahe Kraemermühle gehörte. In den Stallgebäuden neben dem Schloss siedelte sich die mechanische Baumwollspinnerei und Zwirnerei der Garnfabrikanten Hiller und Schmid sowie des Strickgarnherstellers Caspar Borst an.

Ab 1875 nutzten die Brüder Karl und Franz Ungerer das Gelände für ihre »Maschinenbaugesellschaft München«, ein Unternehmen, das sie aus den beiden Firmen ihres Vaters gebildet hatten. Sie verlegten die 1851 in der Dachauer Straße gegründete Eisengießerei- und Maschinenfabrik sowie die 1866 aufgekaufte Mannhardtsche Werkzeugmaschinenfabrik nach Untergiesing. Die Ungerers produzierten hier u. a. komplette Eisenbahnwerkstätten. Die Brüder errichteten sich neben der Fabrik repräsentative Villen im historischen Stil. Nach dem Ende des großen Eisenbahnbooms spezialisierte sich die Werkzeugmaschinenfabrik auf Einrichtungen für Brauereien, ging aber 1906 in Konkurs. Die Firmen Adler, Rosenbaum, Neunhöfer und Reininger ersteigerten die Fabrik für wenig Geld und schlachteten die Maschinen aus.

Vier Jahre danach bezogen die Eisengießerei Zellerer und die Motorenfabrik Baumann die verwaisten Anlagen. Auch die Eisengießerei, die während des Ersten Weltkriegs für die Rüstungsindustrie arbeitete, und die Firma Baumann hatten kein Glück mit dem Standort. Bei Kriegsende waren sie pleite. Schon damals formierte sich Protest gegen die Industrieanlage mit ihren Tag und Nacht qualmenden Schloten in der landschaftlich reizvollen Gegend. Im Juni 1917 wies der Vorsitzende des »Vereins zur Förderung der Interessen Untergiesings und Thalkirchens« die Regierung von Oberbayern darauf hin, dass »das Flusstal auf weite Strecken mit Rauch erfüllt ist, kein Fenster geöffnet, kein Garten benützt, keine Wäsche getrocknet werden kann«. Doch die Proteste verhallten ungehört. Ab 1923 nutzte die Metallätzerei Demmel den Standort. Erst 1957 kam das Aus für die Fabrik, sie wurde zum Ausbau des Mittleren Rings abgerissen.

Auf den nun parzellierten und weiterverkauften Grundstücken des einstigen Adelssitzes Birkenleiten entstanden in den 1950er Jahren Wohnhäuser. 1969 kaufte der katholisch-orthodoxe Templerorden eine der Villen (Birkenleiten 35) und baute sie zu seinem Kloster mit dem markanten Zwiebelturm aus. (*siehe* 3.25)

Die Villa Ungerer im Jahr 1919

3.26 Archiconvent der Templer

Was ranken sich nicht alles für Mythen und Legenden um die sagenhaften Templer, jenem unermesslich reichen und mächtigen Orden, den Papst Clemens V. im Jahr 1312 gewaltsam auflösen ließ. Das vergisst man am besten ganz schnell, wenn es um die heutigen Templer in Giesing geht. 13 Mönche und 13 Nonnen (symbolisch für Jesus und die 12 Apostel) leben und arbeiten streng voneinander getrennt im Kloster nach den Regeln des historischen Templerordens. Das Wichtigste im Leben der Templer sind »die Anbetung des dreifaltigen Gottes« und »die Verehrung der allerheiligsten Jungfrau Maria«. Für sie gibt es nur die »eine Kirche«, keine Trennung in römisch-katholisch und orthodox, daher pflegen sie auch eine Mixtur aus west- und ostkirchlichen Traditionen. Das 1932 in München gegründete Archivkonvent der Templer war ursprünglich in zwei Konventen mitten in der Innenstadt angesiedelt. In der Nazizeit wurden die Templer verfolgt. Nach dem Krieg mieteten die Templer erst die Villa des Fabrikanten Anton Ungerer (Birkenleiten 27). Im Jahr 1969 kaufte der Orden von der Stadt München dann die benachbarte Villa (Birkenleiten 35). Die Villa hatte sich der Juwelier Karl Winterthaler im Jahr 1880 errichten lassen. Die Ordensgemeinschaft baute das Gebäude zum Kloster um. Alle »Tempelherren« und »Tempeldamen«, wie sie sich selbst nennen, arbeiteten fleißig mit. Verbaut wurden

Schon von Weitem grüßen die Türme des Templerkonvents

brannte am 7. Juni 1811 ab. Sieben Jahre später wurde die Papiermühle Teil der Gemeinde (Ober-)Giesing. 1828 verkaufte Markus von Mayr die Mühle an Michael Brandmiller, der die Mühle bereits seit Jahren gepachtet hatte. Brandmillers Witwe überließ die Mühle später ihrem zweiten Mann, Anton Buchner.

Schließlich erwarb Carl Jakob Kraemer aus Bad Cannstadt 1863 das Anwesen für 87 000 Gulden und baute es zu einer Getreidemühle um. Kraemer ließ sich nicht lumpen und setzte auf modernste Technik. Die Mühle wurde als erste Münchner Mühle mit einem turbinenbetriebenen Getreidemahlwerk ausgestattet und durfte sich daher »Kunstmühle« nennen. Im Zweiten Weltkrieg machten zwei gezielte Bombenangriffe das Anwesen dem Erdboden gleich. Das heute noch erhaltene Gebäude an der Birkenleiten 41 wurde 1949 errichtet. Der markante, 36 m hohe Siloturm mit seinen acht Stockwerken entstand 1960. Die Familie Kraemer betrieb die Mühle bis ins Jahr 2007, dann lohnte sich der Mahlbe-

auch allerlei praktische Fundstücke von anderen Abrisshäusern. So entstand das, was Spötter als »Dilettanten-Architektur« belächeln. 1979 wurden der markante 87 m hohe Zwiebelturm mit seinem Geläut aus 20 Glocken sowie die vier kleinen Nebentürme fertiggestellt. Die vier mit »Jerusalemkreuzen« verzierten Nebentürme stehen für die vier Evangelisten. Auf dem Hauptturm steht das »Patriarchalkreuz« des Ordens. Den Templern steht heute Dom Archangelos als Prior bzw. »Großmeister deutscher Zunge« vor. Die Tempeldamen leben in strenger Klausur, sie verlassen das Kloster nur in Ausnahmefällen. Für die Tempelherren gilt eine weniger strenge Klausur, sie arbeiten in verschiedenen Berufen und müssen ihre Einkünfte dritteln: Ein Drittel gehört dem »Altar Gottes«, ein Drittel den Armen und ein Drittel dient dem Leben im Konvent. Die Templer widmen sich hauptsächlich der Arbeit mit den Armen und Bedürftigen. Die Tempelherren und -damen geben täglich bis zu 100 Mahlzeiten an Bedürftige aus.

Ein einsamer Mühlstein erinnert an die Vergangenheit

trieb nicht mehr. Ab 2010 wurde die Kraemermühle, eines der letzten erhaltenen Zeugnisse der frühindustriellen Anfänge Giesings, zu Wohnungen und Gewerbeflächen umgebaut. Den alten Siloturm riss man ab und ersetzte ihn durch einen optisch identischen Neubau. Heute befinden sich in der Kraemermühle Büros, eine Kindertagesstätte und eine Kaffeerösterei mit kleinem Café. Der Auer Mühlbach treibt weiterhin eine Turbine zur Stromgewinnung an.

3.27 Papier-/Kraemermühle

Papier war in früheren Zeiten kostbares Gut, und wer eine Papiermühle betrieb, machte wirtschaftlich nichts verkehrt – dachte sich auch Baron Max Christoph von Mayr, der Besitzer des Harlachinger Schlosses. Warum der alten, 1347 im Auer Kegelhof gegründeten Schrenkmühle den Markt allein überlassen? Baron von Mayr sah sich nahe seiner Schlossanlage nach einem geeigneten Grundstück um und wurde in den Birkenleiten am Auer Mühlbach fündig. Dort baute er 1701 seine Mühle und verpachtete sie an Johann Karg. Das Gebäude

3.28 Auer Mühlbach

Das Leben ist ungerecht: Da fließt der Bach über weite Strecken durch Harlaching und Untergiesing, und doch ist er nach der Au benannt. Das war früher anders. Der südliche Teil war der Harlachinger Mühlbach, der mittlere der Giesinger- und nur der nördlichste Abschnitt der Auer Mühlbach. Seit 1903 ist die Stadt München Eigentümerin des Gewässers, zuvor gehörte es dem Staat. Von der Marienklause bis zur Einmündung in die Isar bei der Praterinsel misst der Bach 6570 m, er ist durchschnittlich 0,95 m tief, zwischen 8,30 und 9,34 m breit

Die Krämermühle heute

und rast mit 10 m³ Wasser pro Sekunde durch sein Bett. Natürlich ist der Bach kein echter Bach, denn er hat keine eigene Quelle, sondern ist ein Seitenarm der Isar. Früher wurde er direkt aus der Isar gespeist, seit 1907/08 jedoch durch einen Düker aus dem Isarkanal. Dieser Düker leitet das Wasser aus dem Kanal unter der Isar hindurch von der Sendlinger Seite hinüber zur Harlachinger. Seine einstige Bedeutung als Energielieferant hat der Mühlbach längst verloren. Heute ziehen noch zwei städtische und zwei private Wasserkraftwerke Energie aus dem Bach.

3.29 Bischofskirche Maria Schutz und St. Andreas

Mitten in Untergiesing befindet sich die Kathedrale der Apostolischen Exarchie für katholische Ukrainer des byzantinischen Ritus in Deutschland und Skandinavien. Diese Exarchie mit Hauptsitz in München existiert seit dem 17. April 1959, errichtet durch Papst Johannes XXIII. Der Apostolische Exarch ist seit 2001 Petro Kryk. Den quaderförmigen Bau an der Schönstraße, der am 17. Oktober 1976 geweiht wurde, hatte der Münchner Architekt Erwin Schleich entworfen. Oben auf dem Flachdach erhebt sich in der Mitte eine Kuppel mit einem Kreuz. Die rund 18 m breite Fassade wird durch die Eingangstür und Glasfenster mittig durchteilt. Links und rechts der Tür sind runde Bronzereliefs in die Wand eingelassen, die die beiden Missionare der Ukraine, den hl. Wladimir und die hl. Olga, darstellen. Drei gleich große, halbrunde Apsiden an der Rückseite der Kirche symbolisieren die Dreifaltigkeit.

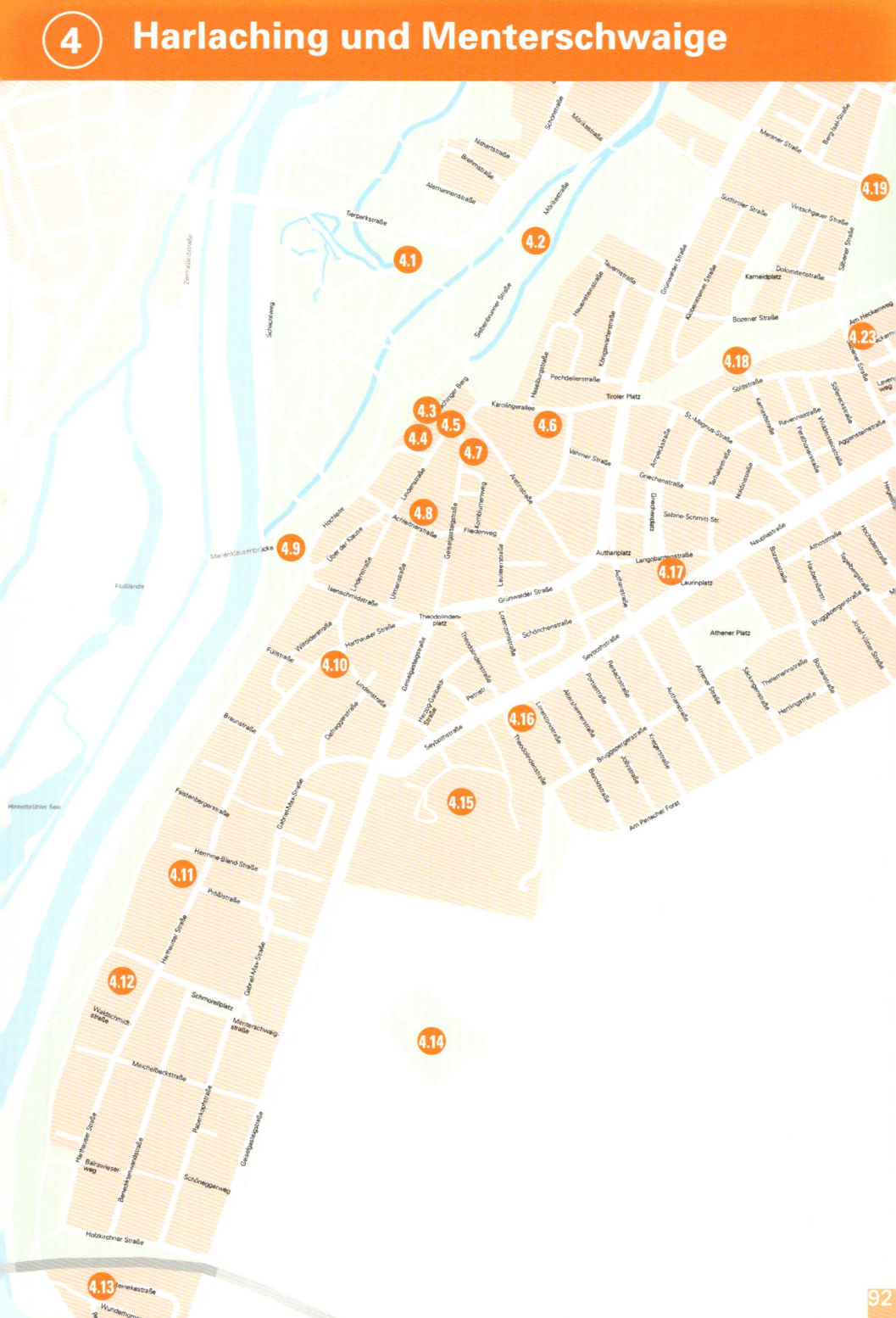

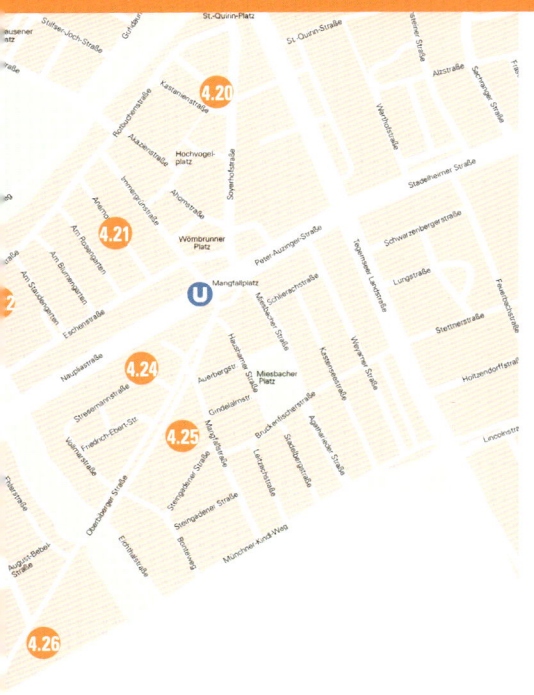

Das Elefantenhaus in Hellabrunn

4.1 Hellabrunn

Ursprünglich war Hellabrunn (= heller Brunnen, klares Wasser) Teil des Gutes Harlaching und wechselte mehrfach den Besitzer. Am 20. März 1754 wurde das Gut, das damals dem Hauptzeugamtsverwalter Franz Anton von Paur gehörte, von Harlaching abgetrennt und zum gefreiten Adelssitz erhoben. Die weitere Geschichte Hellabrunns gestaltete sich weniger glamourös. Auf dem Gelände standen lange Jahre nur ein Gutshof und eine vom Auer Mühlbach betriebene Mühle aus dem 14. Jh. Hellabrunn wurde 1818 Teil der neu gebildeten politischen Gemeinde Harlaching, später von (Ober-)Giesing. Findige Unternehmer wollten Ende des 19. Jh. die Wasserkraft wirtschaftlich nutzen und stellten den Antrag zur Errichtung einer Leimfabrik, was der Stadtrat aber ablehnte. 1899 legte der neue Besitzer Johann Feßler sogar noch nach und plante eine große Nietenfabrik, woraufhin Bauunternehmer Heilmann, der gerade oben am Isarhochufer die luxuriöse Gartenstadt Harlaching hochzog, auf die Barrikaden ging, weil rauchende Schlote nicht zu einer schicken Villenkolonie passten. Die alte Mühle wurde 1902 abgerissen. Nach langem Hin und Her kaufte die Stadt das Gelände 1903. Zwei Jahre später überließ München das Areal dem »Verein Zoologischer Garten München e. V.« für 60 Jahre zur kostenlosen Pacht. Die Kosten zur Erschließung des Grundstücks und die Einrich-

tung eines Zoos musste der Verein aber selbst bestreiten. 1911 eröffnete der von Emanuel von Seidl entworfene Tierpark seine Pforten. Das Elefantenhaus im byzantinischen Stil, auch von Emanuel von Seidl, ist heute noch das Wahrzeichen des Zoos. Damals war es eine technische Sensation, handelte es sich doch bei dem 18 m hohen Bau um eine der ersten freitragenden Betonkuppeln. Im September 2014 musste sie allerdings gesprengt werden, um einem neuen Kuppelbau Platz zu machen. Feuchtigkeit und Ammoniak vom Elefantenurin hatten das Gebäude schwer in Mitleidenschaft gezogen. Der Erste Weltkrieg und die Inflation machten einen weiteren Ausbau zunichte, 1922 musste der Zoo sogar schließen. Zur Wiedereröffnung 1928 aber überraschte der Tierpark die Besucher mit einem revolutionären Konzept: Hellabrunn war der erste Geo-Zoo der Welt, in dem Tiere nach geografischer Herkunft geordnet in großzügigen Freianlagen gezeigt wurden. Heute beherbergt Hellabrunn rund 7 700 Tiere und ist bekannt für die Erhaltungszucht vom Aussterben bedrohter Tierarten sowie für die Rückzucht bereits ausgestorbener Arten wie Tarpan und Heckrind. Für neue Besucherrekorde sorgten die Anfang 2014 geborenen, flauschigen Publikumsmagneten: die Eisbärenzwillinge Nobby und Nela.

Zum Gelände des Tierparks gehört heute auch das ehemalige Schleusenwärterhaus bei der Marienklause, das

einst der Auer Wassergenossenschaft gehörte und 1909 von der Abteilung für Wasser- und Brückenbau der Stadt München erworben wurde. Das Haus wird als Dienstwohnung für Zoomitarbeiter genutzt.

4.2 Siebenbrunn

Obristjägermeister Baron von Preysing bat Kurfürst Karl Albrecht um einen »öden Platz« in der Obergiesinger Au, um Heu für seine Dienstpferde zu gewinnen. Der Kurfürst schenkte dem Baron ein Gelände südlich der Birkenleiten am 24. September 1728. Was tat der Baron? Er verscherbelte das Geschenk sofort für gutes Geld an den Hofkammersekretär Johann Wolfgang Paur. Das Grundstück wechselte in schneller Folge mehrfach den Besitzer. Als es dem kurfürstlichen Leibarzt Joseph von Perger gehörte, wurde das Gehöft am 10. Dezember 1750 zum adeligen Sitz namens »Sibenbrun« erhoben. Die Bezeichnung soll von sieben Quellen herrühren, die vom Isarhochufer herabrieselten. Mehrere Besitzerwechsel später – zwischenzeitlich hatten die Fabrikanten Schmalz und Fehr sogar eine Schuhfabrik in Siebenbrunn aufgezogen – gehörte es dem »Baulöwen« Heinrich Hoech, der den Grund gewinnbringend weiterveräußerte. 1818 wurde Siebenbrunn erst Teil der Gemeinde Harlaching, dann von (Ober-)

Giesing. Ab 1903 wurde das Anwesen zur Gaststätte umgebaut. Das im Krieg schwer beschädigte und anschließend renovierte Gasthaus ist bis heute in Betrieb. Der Name Siebenbrunn bezeichnet heute die Gemarkung, zu der auch der Tierpark Hellabrunn zählt.

4.3 Schloss/Gut Harlaching

Um 1290 standen in Harlaching neben der Kirche fünf kleine Halb- und Viertelhöfe sowie eine Mühle, alles gehörte dem Kloster Tegernsee. Lange blieb der Ort ein beschauliches Dorf und ein beliebtes Ausflugsziel für Städter. 1527 erwarb Herzog Wilhelm IV. das Klostergut Harlaching, um daraus einen Jagdsitz zu machen. Selbst Kaiser Karl V. weilte hier als Gast bei einer großartigen Treibjagd. 1660 überließen die Wittelsbacher die Güter Harlaching, Harthausen und Geiselgasteig dem Geheimen Rat Max Kurz von Valley.

Vierzig Jahre später ließ der neue Besitzer von Harlaching, Kriegskanzleidirektor Max Christoph von Mayr, neben der Kirche St. Anna ein prächtiges Schloss samt Lustgarten erbauen. Dieses Schloss nach Plänen von Henrico Zucchalli mit der aufwändigen Gartenanlage am Isarhang, die Matthias Diesel entwarf, soll beinahe Versailles in den Schatten gestellt haben – so schwärmten zumindest Zeitgenossen. In Wahrheit wird es sich um einen durchaus repräsentativen, aber keineswegs überprächtigen Herrensitz gehandelt haben. Die bekannten Illustrationen von Diesel zeigen eher, was geplant war, als das, was tatsächlich gebaut wurde. Der Schriftsteller Karl Trautmann jedoch verließ sich ganz auf die Illustrationen Diesels und fabulierte 1888 in seinem Aufsatz »Der Schlossgarten in Harlaching und sein Schöpfer Matthias Diesel« etwas von: »Der ganze Berghang, auf welchem das ›Lustgepau‹ sich erhebt, ist zu einer Kaskade umgeschaffen, die gewiss den gewaltigsten Anlagen dieser Art beigezählt werden darf. Wie das schäumt und rauscht und sprudelt!« Wenig bis nichts hat geschäumt, gerauscht und gesprudelt, denn diese Kaskaden gab es nie. In einer detaillierten Beschreibung aus dem Jahr 1738 wird mit keinem Wort ein vergleichbarer Hanggarten erwähnt. Allerdings hatte das Schloss wohl einen üppigen Barockgarten unten im Tal, der schon auf dem Plan von Mattias Paur aus dem Jahr 1700 zu erkennen ist.

1793 verkaufte die Familie Mayr das Schloss samt den dazugehörigen Gutshöfen Harlaching, Hellabrunn und Siebenbrunn an den Fürsten von Isenburg, der sich nur kurz daran erfreuen konnte. Ein Brand zerstörte das Schloss 1796, als die Armee des Prinzen Louis V. Joseph de Bourbon, Fürst von Condé, während des Ersten Koalitionskriegs dort lagerte. Die Ruine brach man letztlich komplett ab.

Die Erbin des Fürsten Isenburg, Caroline von Coester, verkaufte das Gut Harlaching 1852 an den Grafen von Vier-

![Prospect des Baron Megrischen Cascaden und Lusthauß zu Harlaching nebst München wie dieselbe von Mitternacht anzusehen](engraving) 15

Die 1710 entstandenen Illustrationen des Harlachinger Schlosses von Matthias Diesel

Prospect des Baron Megrischen Lustgarten zu Harlaching nebst München, wie derselbe von Mittag anzusehen

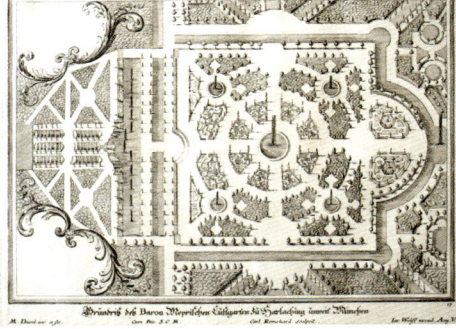

Grundriß des Baron Megrischen Lustgarten zu Harlaching innert München

egg. Fünf Jahre später erwarb es der Hofbankier Joseph von Hirsch, der den Antrag stellte, in der »Vorstadt Giesing ein Gasthaus, ein Wohnhaus und ein Wasch- und Backhaus errichten zu dürfen«. Bald betrieb Hirsch eine florierende Schafzucht. Das Ökonomiegut bestand aus zwei Häusern, die durch einen Stall verbunden waren. Die Stadt lehnte nach der Eingemeindung ab, als ihr Freiherr von Hirsch 1887 seine Ländereien zum Kauf anbot. München hätte Harlaching für nur 300 000 Mark bekommen können, wollte aber nicht. »Realitätenbesitzer« Sigmund Schrauth jedoch wollte und verkaufte alles bald mit Gewinn weiter: Der Bauunternehmer Jakob Heilmann erwarb die Ländereien, auf denen ab dem Jahr

1900 nach Plänen der Architekten Gabriel von Seidl und Max Littmann die Gartenstadt Harlaching entstand. Das Ökonomiegebäude selbst tauschte Jakob Heilmann mit Sigmund Schrauth gegen ein Mietshaus in der Rumfordstraße 48 ein. Die Baugesellschaft nutzte das Anwesen für Werkstätten und Wohnungen. 1919 kaufte der Bildhauer Georg Römer das Gutsgebäude, wo er und später seine Witwe eine erfolgreiche Keramikwerkstatt betrieben. 1933 wurde der Berliner Dr. Erich Huth neuer Eigentümer. Er verkaufte 1941 an den Architekten Peter von Seidlein. Nach schweren Kriegsschäden riss man das Anwesen 1961 letztlich komplett ab. Heute steht hier an der Lindenstraße eine moderne Wohnanlage.

4.4   St. Anna

Im Jahr 1163 berichtet auch eine Urkunde erstmals über eine kleine Kirche am Harlachinger Berg. Einer romantischen, alten Sage nach wurde das Kirchlein von einem reichen Adligen aus Buße gestiftet. Der Mann habe sich in eine schöne Münchner Jüdin verliebt und mit ihr auf seinem Landsitz in Thalkirchen gelebt. Doch nach wenigen Monaten habe der Patrizier sich eine neue Gespielin gesucht, woraufhin sich das jüdische Mädchen verzweifelt in der Isar ertränkt haben soll. Als Sühne habe der Adlige daraufhin das Kirchlein errichtet. Die Seele der Selbstmörderin soll noch heute nachts als zartes blaues Licht die Kirche umgeistern und späte Spaziergänger erschrecken. Erstmals tauchte die hl. Anna als Namenspatronin im Jahr 1524 auf. Drei Jahre später kauften die Wittelsbacher das Kirchlein. In jener Zeit muss auch der Altar mit dem Gnadenbild der Anna Selbdritt, ein farbig gefasstes Schnitzwerk, entstanden sein. Im Dreißigjährigen Krieg plünderten und beschädigten die Schweden

**Harlaching im Jahr 1837;
Kupferstich von J. N. Ludwig**

die Kirche. Doch die Kurfürsten ließen ihre kleine Kirche schnell wieder herrichten. 1707 fand erstmals ein St.-Anna-Dreißiger statt, ein Ablass, zu dem jährlich ab dem 15. September dreißig Tage lang Gottesdienste abgehalten wurden. Die Bruderschaft St.-Anna-Bündnis, die den Dreißiger ins Leben gerufen hatte, löste sich 1853 mangels Mitglieder auf, doch sie begründete die bis heute stattfindende Wallfahrt zur Kirche.

1753 genehmigte der Geistliche Rat einen Neubau unter der Bedingung, dass der gotische Turm erhalten blieb. Dass der berühmte Baumeister Johann Michael Fischer die Bauarbeiten bis 1761 leitete, wie man immer noch häufig lesen kann, ist nach heutigem Kenntnisstand auszuschließen. Rein äußerlich wirkt das Annakirchlein bis heute wie eine kleine romanische Dorfkirche. Doch im Inneren eröffnet sich eine ungeahnte verspielte Rokokopracht. Unter der Federführung von Johann Baptist Zimmermann entstanden die reiche Stuckierung und die Fresken. Das Deckenfresko zeigt in einem *theatrum sanctum* die Geburt der Muttergottes: Gott schenkt Anna und Joachim die kleine Tochter Maria. Im Kuppelfresko des Altarraums sieht man Marias Eltern Anna und Joachim allem Irdischen entrückt auf Wolken thronen. Glücklicherweise verschonten die Franzosen, die das Schloss Harlaching 1796 verwüsteten, die Kirche. St. Anna wurde nach der Säkularisation erst der Pfarrei Mariahilf in der Au unterstellt, ab 1830 war sie Filialkirche von Heiligkreuz in Giesing – zuständig für 81 Seelen, was alles über die damalige Bevölkerungsdichte Harlachings sagt. Seit 1931 gehört St. Anna zur neu gegründeten Pfarrei Heilige Familie. Vom Zweiten Weltkrieg trug das Kirchlein leichte Schäden davon und wurde in den folgenden Jahrzehnten immer wieder renoviert. Nach einem Brand 1982 musste der gesamte Innenraum saniert werden. Der heutige Außenanstrich in Ocker und Weiß entspricht wohl der ursprünglichen Farbgebung.

4.5   Claude-Lorrain-Denkmal

Dieses Denkmal verdankt seine Existenz einem großen Irrtum. Wie viele seiner Zeitgenossen glaubte der Denkmalstifter Ludwig I., dass der berühmte Landschaftsmaler Claude Gellée, genannt Claude Lorrain, dereinst längere Zeit auf dem Schloss Harlaching gelebt und gearbeitet haben soll. Lorrain, jenes Genie, das »von keinem übertroffen, von wenigen erreicht, mit genialem Pinsel Himmel und Meer auf die Leinwand hinzauberte«, wie die »Malerische Topographie des Königreich Bayerns« 1818 schwärmte, sei einige Jahre der Gast des Barons von Mayr gewesen und habe hier ein säulenumgebenes Haus bewohnt. Kunstfreund Ludwig I. beauftragte Anselm Sickinger 1865 mit dem Entwurf des Gedenksteins. Die marmorne Büste selbst schuf der Bildhauer

Johann von Halbig. Damals war Ludwig bereits zurückgetreten und Exkönig. Er finanzierte das Projekt aus eigener Tasche. Das Denkmal wurde an jener Stelle enthüllt, an der einst das Schloss Harlaching gestanden hatte. Bei dem Festakt am 3. Juni sollen sich rund 12 000 Menschen auf dem Platz neben dem kleinen Annakircherl gedrängt haben. Und das alles wegen einer Verwechslung. Denn inzwischen ist erwiesen, dass Claude Lorrain im Jahr 1625 nur ein einiges Mal auf der Durchreise kurz in München weilte. Lorrain lernte Jahrzehnte später in Rom den Münchner Kunstsammler Franz von Mayr kennen, der vier Werke des Künstlers erwarb und nach München brachte. Doch der Eigentümer von Harlaching war der Baron Max Christoph von Mayr. Dieser Mayr ließ das Schloss erst ab 1700 bauen, da war Lorrain aber bereits 18 Jahre tot. Mayr und Mayr wurden von Historikern lange für ein und dieselbe Person gehalten. Darum steht heute in Harlaching ein Denkmal für einen großen Künstler, der allerdings nichts mit München zu tun hatte.

4.6 Albert-Einstein-Gymnasium

Letztlich stehen zwei Schulen hinter der Geschichte dieses Gymnasiums. Zum einen das 1864 gegründete erste Münchner Realgymnasium, zum anderen das 1887 eröffnete humanistische Luitpold-Gymnasium. Das Realgymnasium war seit 1913 in der Klenzestraße 54 untergebracht. Für das Luitpold-Gymnasium hatte man in unmittelbarer Nachbarschaft ein altes Militärlazarett an der Müllerstraße zum Schulhaus umgebaut. 1918 wurden beide Schulen unter eine Leitung gestellt und zum Neuen Realgymnasium zusammengefasst. Drei Jahre später gab man die Dependance in der Klenzestraße auf, der Unterricht fand ausschließlich an der Müllerstraße statt. Das Gebäude fiel 1944 einem Bombenangriff zum Opfer. Der Unterricht fand in den Folgejahren auf verschiedene Schulen verteilt statt, bis die Schule 1965 nach Harlaching in einen Neubau an die Lautererstraße zog. Nun erinnerte man sich auch an die berühmten Schüler, die einst auf das Luitpold-Gymnasium gegangen waren: der Maler Franz Marc zum Beispiel. Doch nicht ihn wählte man zum Namenspatron, sondern Albert Einstein, der die Schule sechs Jahre lang besucht, aber kurz vor dem Abitur verlassen hatte. Das heutige Luitpold-Gymnasium in der Seeaustraße hat nichts mit dem alten zu tun.

4.7 Harlachinger Zollhaus

Im Auftrag der Stadt entwarf und baute Hans Grässel um die Jahrhundertwende herum mehrere Zollstationen zur Erhebung von Pflasterzöllen und Schrannengebühren. Das Harlachinger Zollhaus (Geiselgasteigstraße 1) mit dem Portikus aus ionischen Säulen stellte er 1894 fertig, Baukosten 19 600 Mark. Im Keller waren die Waschküche, ein »Requisitenraum« für den Straßenbau sowie Heizmaterial untergebracht. Im Erdgeschoss wohnte der Pflasterzollaufseher recht komfortabel mit Wachzimmer, Wohn-, Schlafzimmer und Küche. Im Jahr 1924 wurden die Pflasterzölle für die Straße abgeschafft und die Zollstationen von der Stadt vermietet.

4.8   Die Ur-Harlachinger

Ganze 60 Pfennig! So viel zahlte die Archäologische Staatssammlung im Jahr 1912 dem Finder eines Radanhängers aus der Hallstattzeit um 750 v. Chr. Das Objekt war auf der Hochleite gefunden worden. Nicht nur dieses Objekt belegt, dass die Gegend von Harlaching schon seit Urzeiten besiedelt war. Die ältesten Funde, entdeckt bei den Aushubarbeiten zur neuen Gartenstadt Anfang des 20. Jh., sind ein Hochgrab an der Südseite des Tiroler Platzes sowie fünf bronzene Spiralen, ein Ring und ein Bügel aus zwei Gräbern an der Ecke Widderstein-/Ravennastraße, die alle aus der Zeit um 1800 v. Chr. stammen. Dann stieß man 1912 bei Baumpflanzungen am Marienklausenplatz auf zwei Skelettgräber mit einer Lanzenspitze, einer eisernen Fibel und zwei Hacken aus der Mittellatènezeit um 200 v. Chr. Zwei Jahre zuvor hatten Arbeiter beim Verlegen von Wasserleitungen zufällig den spektakulärsten Fund entdeckt: Rund 75 m südlich der Einmündung Achleitnerstraße erstreckte sich ein spätrömischer Friedhof aus dem 4. Jh. n. Chr. In drei Reihen angeordnet lagen 17 Skelettgräber. Neun davon enthielten keinerlei Beigaben, in einem fand sich ein Pferdeskelett. Ein Frauengrab jedoch bezeugte, dass schon in der Spätantike eher ein wohlhabenderes Klientel in Harlaching ansässig war: Es enthielt üppigen Schmuck, so drei Haarnadeln, eine Halskette aus 18 goldenen und grünen Perlen, kombiniert mit 18 vergoldeten, gerillten Blechperlen, einen Armreif mit grünen und blauen Glasperlen, einen silbernen Ring sowie drei zarte Becher aus farblosem Glas. Im Jahr 1911 stießen Bauarbeiter östlich der Stallungen der Gaststätte »Bürgerbräu München-Harlaching« auf vier bajuwarische Reihengräber aus dem 7./8. Jh. In den beiden Frauen- und dem Kindergrab fanden sich Perlen aus Gold, Glas und Ton. Das Männergrab enthielt keine Beigaben. Im selben Jahr legte man bei Straßenarbeiten an der nördlichen Harthauser Straße Knochenteile und zehn römische Silberdenare aus der Zeit der Kaiser Septimius Severus und Caracalla (ca. 200 n. Chr.) frei.

Funde aus dem Römergrab

4.9   Marienklause

Ein recht frommer Mann muss Martin Achleitner gewesen sein, denn er baute aus Dankbarkeit der Muttergottes für »öftere Errettung aus Hochwasser- und Felssturzgefahr« eigenhändig diese kleine Kapelle. Maria, da war er sich sicher, hielt ihre schützende Hand über ihn. Denn Achleitner war Wassermeister an der Mühlbachschleuse, die sich einst hier befand. Schon um 1330 hatte man in Höhe der Marienklause das erste Wehr errichtet, um die Isar nach Westen zu zwingen und den Auer Mühlbach besser regulieren zu können. Dieses Wehr war bei den Flößern gefürchtet, denn es war schwierig zu befahren und das Wasser riss machen in den Tod. Darum beteten die Flößer seit Jahrhunderten, wenn sie an das Harlachinger Wehr kamen zur Muttergottes. Auch Achleitners Vater wäre beinahe hier ertrunken. In Volkssagen war nicht die Natur, sondern ein Fabelwesen für die Unglücke verantwortlich: die Isarnixe. Sie lockte, ähnlich der Loreley, die Floßknechte in den Tod. Wer ihren Gesang vernahm, musste bei der nächsten Floßfahrt sterben. Bei Hochwasser erlaubte sich die Isarnixe auch tödliche Scherze, denn die führte einsame Wanderer durch Irrlichter ab vom rechten Weg und direkt in die reißenden Fluten der Isar.

Die Kapelle baute Martin Achleitner aus Nagelfluh, Birken- und Fichtenholz. Die kleine, unterhalb der Kapelle entspringende Jakobsquelle fasste er in Stein. Ihr sagte man Heilkräfte nach, weshalb sich Pilger und Wanderer gerne ein Fläschchen abzapften. Bis heute ist die Klause mit der Quellgrotte ein beliebtes Ziel von Gläubigen, die kleine Andachtsbilder, Blumen oder Kerzen bringen. Vom Fluss aus führt ein kleiner Kreuzweg mit 14 Stationen und einem steinernen Altar zur Klause.

Die Absperrung Harlachings

Große Rollen mit Stacheldrahtzäunen packten die Amerikaner aus und begannen am 12. April 1946 damit, ein ganzes Münchner Stadtviertel einzuzäunen. Harlaching lag fortan in einer dreifach übereinanderliegenden Stacheldrahtwalze. »Harlaching in Quarantäne«, titelte die Süddeutsche Zeitung am 19. April. Nur die Grünwalder und die Geiselgasteigstraße konnte von Deutschen als Durchfahrtsstraße genutzt werden, und der Zugang zum Harlachinger Krankenhaus blieb frei. 894 Häuser mussten bis Ende des Jahres geräumt und 4 979 Menschen umgesiedelt werden, um Platz zu machen für Mitarbeiter der US-Army und deren Familienangehörige.

Dass die Wahl auf Harlaching fiel, lag natürlich zum einen an der Nähe zur McCraw-Kaserne und auch daran, dass hier die »Wohnungen dem Niveau in Amerika entsprechen würden«, wie es der zuständige US-Oberst Lynch formulierte. Zum anderen hatten sich gerade hier besonders viele wohlhabende Nutznießer der NS-Terrorherrschaft niedergelassen. Die Amerikaner gingen daher nicht gerade zimperlich vor: Die Bewohner mussten alles Inventar für die neuen Mieter zurücklassen – genau so, wie es wenige Jahre zuvor enteigneten Juden tun mussten. Eine gewisse Entschädigung für das Mobiliar erhielt nur, wer nicht zur Elite des Dritten Reichs gehört hatte. Rund 80 % der Harlachinger bekamen Ersatzwohnraum im übrigen Stadtgebiet zugewiesen, vor allem in Wohnungen bekannter NS-Größen, denn in der Verordnung hieß es u.a.: »… die Parteigenossen sollen nicht nur keinen Vorzug in Wohnungsangelegenheiten haben, sondern es kann von ihnen auch verlangt werden, dass sie von ihrem Wohnraum abgeben und wo es nötig ist.« Die anderen 20 % kamen entweder sofort in Haft oder mussten für sich selbst sorgen, wie z. B. Ilse Heß aus der Harthauser Straße 48, die Gattin des »Stellvertreters des Führers« Rudolf Heß. Viele verfielen in Selbstmitleid und trauerten nun lautstark der »guten alten Zeit« nach, als sie unter Hitler zu den Gewinnern gehört hatten. Es formierte sich auch lautstarker Protest und Demonstrationen gegen die Willkür der Amerikaner.

In seinem Haus durfte nur bleiben, wer erwiesenermaßen Opfer oder Gegner des NS-Regimes war. So der Gewerkschaftsführer Gustav Schiefer (Armannspergerstraße 3) und der spätere OB Thomas Wimmer (Bruggspergerstraße 45). Einige Häuser wurden geräumt, um Unterkünfte für Wiederstandskämpfer zu schaffen. So bekamen Gottlieb und Lotte Branz, SPD-Mitglieder und vehemente Nazi-Gegner, die für ihre Überzeugung in verschiedenen Gefängnissen und Konzentrationslagern einsitzen mussten, eine Wohnung in der Vollmarstraße 12 gestellt. Sie lebten als kleine deutsche Minderheit mitten unter Amerikanern. Im Oktober 1947 kam es zu einem spektakulären Flugzeugunglück in Harlaching. Zwei Militärmaschinen stießen zusammen, eine der beiden stürzte ab und fiel in das Haus Geiselgasteigstraße 10. Der Pilot konnte zwar den Schleudersitz betätigen, starb aber, weil sich sein Fallschirm nicht öffnete. Bei den Aufräumarbeiten im zerstörten Haus entdeckte die Militärpolizei dann ein großes Schwarzhandelslager.

Mit der Fertigstellung der Amerikanischen Siedlung im Perlacher Forst (*siehe* 2.6) wurden die beschlagnahmten Häuser sukzessive wieder freigegeben. 1956 zogen die letzten Amerikaner aus Harlaching aus.

- - - - - - - von den Amerikanern eingezäuntes Gebiet in Harlaching

4.10 Postgebäude

Früher zählte ein Postamt zur selbstverständlichen Infrastruktur einer Siedlung. Auch die Gartenstadt Harlaching sollte eins bekommen. Doch erst 1926 ließ die Oberpostdirektion an der Harthauser Straße 11 das Gebäude mit den wuchtigen, abgerundeten Ecken nach Plänen von Richard Schachner errichten. Unten gab es einen 26 m² großen Schalterraum, eine Abfertigungshalle, den Paketraum und ein Vorstandsbüro. Die Dienstwohnungen lagen in den oberen Etagen.

4.11 Probebühne des Gärtnerplatztheaters

Ursprünglich stand hier eine großzügige Villa, die sich der Chemiker William Hutchinson 1925 auf einem über 10 000 m² großen Grundstück errichten ließ. Rudolf Heß, der »Stellvertreter des Führers«, erwarb 1935 das Gebäude sowie 5.680 m² Grund für 127 000 Mark. Heß ließ das Haus umgehend zu einer äußerst großzügig dimensionierten, repräsentativen Villa aus- und umbauen. Nach dem Zweiten Weltkrieg beschlagnahmten die Amerikaner das teilweise zerbombte Anwesen und nutzten es für ihr »US-Youth-Camp«. Mit dem Abzug der US-Truppen

1991 fiel die Liegenschaft wieder an den Freistaat Bayern. Danach dienten die hallenartigen Gebäude dem Staatstheater am Gärtnerplatz bis 2017 als Probebühne. Die Stadt wollte dann das Grundstück für den Bau einer Grundschule erwerben. Der Freistaat lehnte jedoch ab und plant auf dem Gelände Staatsbedienstetenwohnungen zu errichten.

Harlaching und Harthausen auf dem Plan von Mattias Paur aus dem Jahr 1700

4.12 Menterschwaige/Harthausen

Eine bischöfliche Urkunde vom 10. Oktober 1198 über die Weihe der Kirche St. Dionysii und St. Margareth zu Harthausen ist der älteste Hinweis auf die kleine Siedlung zwischen Harlaching und Geiselgasteig. Das Gut Harthausen, das ab dem 13. Jh. dem Kloster Schäftlarn gehörte, und ein paar dazugehörige Häuser lagen in einer Rodung mitten im Wald. Im 14. Jh. kam das Anwesen in Besitz der Wittelsbacher, die den Hof zu einer ihrer Jagdsitze ausbauten. 1660 hatten die bayerischen Regenten genug von Harthausen und veräußerten das Anwesen gemeinsam mit Harlaching und Geiselgasteig an den Geheimen Rat Max Kurz von Valley. Valley ließ in Harthausen Pferdeställe bauen, in denen die ausgedienten Rösser des Königshofs ihr Gnadenbrot bekamen. 1760 erwarb der Hofbankier Nockher das Gut Harthausen, das er in Nockherschwaige umbenannte und einen Gast-

Auch wenn Lola Montez definitiv nie hier weilte: das Lola Montez-Haus

hof einrichtete. Während der Säkularisation riss der damalige Besitzer der Schwaige, ein Schweizer namens David Edvard, die kleine Kirche ein und verkaufte die Ausstattung an einen Antiquitätenhändler. Im Jahr 1807 kaufte dann Johann Peter Gaigl, der das Menterbräu in der Rosenstraße 12 betrieb, den einstmals königlichen Jagdsitz, der seitdem Menterschwaige heißt. Unter Gaigl begann die heute noch existierende Ausflugswirtschaft zu florieren, deren Gebäude unter Denkmalschutz stehen. Auch Ludwig I. soll als Kronprinz häufig hier zu Gast gewesen sein, Münchner Künstler feierten rauschende Feste. Ludwig I. nutzte sogar angeblich ein Nebengebäude der Menterschwaige, um sich heimlich mit seiner Geliebten Lola Montez zu treffen, nachdem diese 1848 vor dem wütenden Mob aus München fliehen musste. Briefwechsel aus jener Zeit belegen aber, dass das nur eine Legende ist. Lola Montez floh in Begleitung des Leutnants Weber zum Gasthof Großhesselohe und schrieb am 11. Februar 1848 von dort an ihren geliebten Ludwig: »Mi querido Louis, sorge dich nicht um mich. Ich bin in Großhesselohe und mit dem guten Weber in bester Sicherheit ...« Lola Montez kehrte noch in derselben Nacht als Bäuerin verkleidet nach München zurück. Ob Lola jemals zu einem anderen Zeitpunkt in der Menterschwaige weilte, ist nicht belegt. Und selbst wenn, dann sicherlich nicht in dem »Lola Montez-Haus«, denn das Holzgebäude wurde nachweislich erst nach 1858 gebaut, als Lola längst in den USA lebte. Ebenso wie die Geschichte mit dem Liebesnest von Ludwig und Lola immer noch als wahr kolportiert wird, ist in vielen populären Chroniken eine andere Geschichte von Harthausen und der Menterschwaige zu lesen. Da wird dann berichtet, Harthausen/Menterschwaige sei bereits 814 oder 1012 erstmals erwähnt, doch diese Daten sind von Historikern längst als Fälschungen bzw. als

Verwechslungen enttarnt. Auch von königlichen Schlössern, marodierenden Schweden während des Dreißigjährigen Kriegs liest man da. Hier wird allerdings die Geschichte Harthausens munter mit der Harlachings und anderer Gutshöfe durcheinandergewürfelt. Die wahre Geschichte der Menterschwaige ist deutlich weniger spektakulär, was dem Reiz der Gegend keinen Abbruch tut. Der Gasthof wurde gemeinsam mit dem umliegenden Gelände im Jahr 1896 von den Bauunternehmern Heilmann & Littmann für 450 000 Mark erworben. Zwei Jahre später verkauften sie das Gut an das Bürgerliche Brauhaus, das der Familie von Heilmanns zweiter Frau Josephine gehörte, und in dessen Aufsichtsrat Heilmann saß. Das Brauhaus fusionierte 1921 mit Löwenbräu. Nach dem Krieg gab es eine kleine Unterbrechung für die Traditionsgaststätte: Während der Zeit der Beschlagnahme Harlachings nutzten die Amerikaner den Gutshof als Kino. Die heutige Gastwirtschaft, zuletzt 2011 komplett saniert und umgebaut, mit ihrem Biergarten ist ein beliebtes Ausflugsziel.

Das Gelände rings um den alten Gutshof wurde 1896 der Stadt München zum Kauf angeboten, was diese aber, ebenso wie schon bei Gut Harlaching, ablehnte. Der Magistrat entschied sich mit zwölf zu elf Stimmen dagegen. Also schlug die Baufirma Heilmann & Littmann zu und entwickelte unmittelbar anschließend an die Gartenstadt Harlaching die Villenkolonie Menterschwaige mit streng geometrischen Straßenzügen. 1897 wurde der Bebauungsplan genehmigt. Die ersten Grundstücke auf dem rund 48 ha großen Gelände verkauften sich schnell, doch dann stagnierte der Verkauf einige Jahre wegen der schlechten Verkehrsanbindung. Die nächste Bahnstation war Großhesselohe, was einen Fußweg von mindestens 20 Minuten bedeutete. Erst als ab 1910 die Trambahn nach Grünwald fuhr, stieg wieder das Interesse an einer Villa in der Menterschwaige. Die Werbung versprach damals: »Herrliche Aussicht, gesunde Luft, angenehme, ruhige Lage, 560 m über dem Meere. Städtische Wasserleitung vorhanden.« Von der herrlichen Aussicht ist dank hoher Bäume am Isarhochufer heute nicht mehr viel erhalten, doch die Villenkolonie Menterschwaige ist weiterhin eine begehrte und exklusive Wohnlage.

4.13 Isarhöhe

Ende der 1920er Jahre schrieb der Stadtrat einen Wettbewerb zur Bebauung der Anhöhe zwischen Stadtgrenze, Geiselgasteigstraße, der Eisenbahnlinie nach Deisenhofen und der Isar aus. Die Bayerische Eisenbahnerbank AG und die Bayerische Grundstücksverwertungs GmbH bauten zwischen 1927 und 1930 die Mustersiedlung aus eher schlicht gehaltenen Einfamilienhäusern. Von der einstigen Bausubstanz sind nur noch wenige Häuser erhalten. Die begehrte Lage zwischen Menterschwaige und Grünwald ließ hier in den letzten Jahrzehnten mehr und mehr prächtige Villen entstehen.

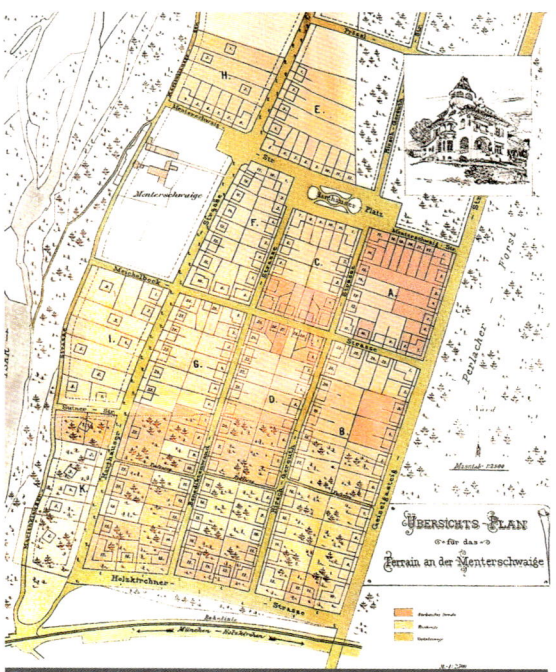

Plan zur Bebauung der Menterschwaige von 1900

4.14 Dynamisch-Psychiatrische Klinik Menterschwaige

Mitten in den Perlacher Forst hinein ließ die Landesversicherungsanstalt Oberbayern im Jahr 1931 eine »Waldheilstätte« für Mädchen und Frauen errichten. Dort, auf einer großzügigen Lichtung zwischen den hohen Bäumen des »Isargeräums«, waren die Bedingungen für ein Lungensanatorium zur Tuberkuloseprophylaxe ideal. Das Klinikgebäude entwarf W. Vogel im klassizistischen Stil, dazu kamen zwei Liegehallen mit Blick ins Grüne. Nach dem Zweiten Weltkrieg beschlagnahmten die Amerikaner das Klinikum kurzzeitig, gaben es aber bereits 1946 wieder frei. Die Landesversicherungsanstalt stellte sie nun »zum Zwecke der gesundheitlichen Versorgung ehemals politisch verfolgter Personen, insbesondere Lungenkranker, zur Verfügung«. Zur sofortigen Beseitigung von Kriegsschäden stellten die Behörden umgehend Material zur Verfügung, und schon im Juni 1946 konnten die ersten Patienten einziehen. 1962 erweiterte man die Anlage durch einen Südostflügel, 1966 durch zwei Ärztebungalows. Die beiden Liegehallen wurden

Blick in den Speisesaal, ca. 1950

Waldheilstätte Menterschwaige der Landesversicherungsanstalt Oberbayern

1986 abgerissen, eine logische Konsequenz aus der neuen Nutzung, denn die Landesversicherungsanstalt verpachtete das Areal im September 1978 an die Dynamisch-Psychiatrische Klinik Menterschwaige. Zwei Jahre später nahm der Freistaat Bayern die Klinik mit ihren 56 Betten in den Krankenhausbedarfsplan auf. Die Klinik bietet Hilfe für Menschen mit akuten psychischen, psychiatrischen und psychosomatischen Erkrankungen. Im Mittelpunkt des Behandlungskonzeptes stehen die Gruppen- und insbesondere die Milieutherapie.

4.15 Klinikum Harlaching

Kommerzienrat Friedrich Seyboth, Verwaltungsrat der städtischen Krankenanstalten, beantragte 1894 die Errichtung einer Heilstätte für »leichter Erkrankte«. Zunächst plante man, einen Teil der Ländereien des Guts Stadelheim als Bauplatz zu opfern. Da bot der Bauunternehmer Jakob Heilmann ein Stück seines Grunds zwischen Harlaching und Menterschwaige an. Sein Deal: Ihr bekommt das Land, dafür nehmt ihr im Krankheitsfall meine Arbeiter auf. Die Stadt stimmte zu. Der Neubau begann 1896, doch schnell erwies sich das Grundstück als zu klein. Also spendete Prinzregent Luitpold noch eine Parzelle des angrenzenden Staatsforsts. Am 1. November 1899 eröffnete dann direkt am Rande des Perlacher Forsts das Städtische

Sanatorium Harlaching, in dem vor allem Lungenkranke Erholung finden sollten, seine Tore. Die Versorgung übernahm der Orden der Barmherzigen Schwestern. Ab 1903 wurden nur noch weibliche Patienten aufgenommen. Die Männer mussten in die Volksheilstätte Planegg. Nach Einrichtung eines Operationssaals baute man das Krankenhaus 1936/37 zur Tuberkuloseklinik um. Als einziges Münchner Krankenhaus überstand das Klinikum den Zweiten Weltkrieg ohne große Zerstörungen. Da TBC nicht mehr als Massenkrankheit auftrat, gab es keinen Grund mehr für eine solche Spezialklinik. Auf dem großzügigen Parkgelände wurde von 1959 bis 1965 das städtische Krankenhaus Harlaching gebaut, das zuletzt ab 2007 modernisiert wurde. Am 1. November 1970 konnte die Klinik eine Premiere feiern: Mit der Stationierung des Rettungshubschraubers »Christoph 1« ging der erste Rettungshubschrauber Deutschlands in Dauerbetrieb. Das Klinikum ist seit 1977 akademisches Lehrkrankenhaus der LMU und gehört seit 2005 zur Städtisches Klinikum München GmbH. Die moderne Klinik verfügt heute über 749 Betten sowie 68 Tagesklinikplätze und ist mit rund 1.200 Angestellten der größte Arbeitgeber im Stadtteil.

4.16 Maria Immaculata

Der stetige Bevölkerungszuwachs in Altharlaching führte am 1. März 1937 zur Gründung der neuen katholischen Kirchenstiftung Maria Immaculata, der Oblatenorden übernahm die Seelsorge. Nach dem Krieg eröffnete im Dezember 1945 eine Baracke als Notkirche am Theodolindenplatz, die Kardinal Faulhaber weihte. Es dauerte aber noch bis zum 18. Oktober 1959, bis ein Kirchenneubau an der Seybothstraße eingeweiht werden konnte. Die Kirche Maria Immaculata entwarf Architekt Friedrich F. Haindl als unregelmäßiges Achteck, da diese Form seit der Urkirche als Zeichen der Vollkommenheit gilt. Die Innengestaltung übernahm der Bildhauer Josef Henselmann, die in wechselnden Farbtönen gestaltete Holzdecke des Raums stammt von Elmar Hillebrand. Die vier Glocken im 37 m hohen Kirchturm, den ein 5 m hohes Kreuz krönt, läuten in den Tönen c – e – g – a, den ersten vier Tönen des Chorals »Salve Regina«.

4.17 Emmauskirche

Der starke Zuzug von protestantischen Familien in Giesing und Harlaching führte dazu, dass der »Harlachinger Kirchenbauverein« gegründet wurde, weil die Lutherkirche am Giesinger Berg für die vielen Gläubigen nicht mehr ausreichte. Am 27. Oktober 1935 eröffnete ein Betsaal in der Seybothstraße, fünf Jahre später wurde eine selbstständige Gemeinde gebildet, die Emmausgemeinde, benannt nach dem biblischen Ort Emmaus. Der Betsaal, entworfen von Architekturprofessor Carl Jäger, konnte nach dem Zweiten Weltkrieg die immer zahlreicheren Gläubigen nicht mehr fassen. Die Emmauskirche wurde 1964 nach Plänen des Architekten Franz Lichtblau an der Langobardenstraße 16 erbaut und 1970 von Hubert Distler ausgemalt. Der Gräfelfinger Künstler Rudolf Büder schuf das Abendmahlsbild in der Fensterrosette über dem Altar. Die Kirchenorgel mit ihren 23 Registern baute Wilhelm Stöberl 1969. Seit über 60 Jahren präsentiert der Münchner Konzertchor regelmäßig in der Emmauskirche sein vielfältiges Repertoire geistlicher und weltlicher Musik.

4.18 Perathoner-Stein

Die Verbundenheit von Bayern mit Tirol soll beim Perathoner-Stein am Kuntersweg zum Ausdruck kommen. Julius Perathoner (1849–1926) war der letzte deutsche Bürgermeister Bozens, den die italienischen Faschisten 1922 aus dem Amt trieben. Architekt August Blössner entwarf den 3,3 m hohen Quader aus Huglfinger Tuffstein mit dem spitzen Schindeldach aus Brixlegger Lärchenschindeln, das an Südtiroler Votivzeichen erinnert. In den Stein eingelassen ist eine Bronzetafel des Würzburger Bildhauers Ludwig Sonnleitner, auf der der vermutlich in Bozen geborene Minnesänger Walther von der Vogelweide abgebildet ist, darunter ein Münchner Kindl, das durch ein Band mit dem Tiroler Jungen verbunden ist. Diese Tafel wurde 1923 Julius Perathoner übergeben, nach dessen Tod kam sie nach München zurück. Die anderen drei Seiten des Steins zieren Reliefs des Bildhauers Ludwig Dasio: Maria, die Schutzherrin Bayerns, Joseph, der Patron Tirols, und Korbinian, der erste Bischof aus Freising, der aus Meran stammte. Der Gedenkstein wurde am 18. Juli 1927 enthüllt.

Zugang zum Bayern-Gelände

4.19 FC Bayern München

Ganze Bücher sind über den Fußballverein geschrieben worden, darum wollen wir uns hier auf das Nötigste beschränken, vor allem auf die Beziehung zu Giesing bzw. Harlaching. Am Anfang der Erfolgsgeschichte stand ein Streit. Die Fußballabteilung des MTV München tagte am 27. Februar 1900 im Gasthaus »Bäckerhöfl«. Man stritt über den Beitritt zum süddeutschen Fußballverband, was die Generalversammlung des MTV abgelehnt hatte. Wütend verließen elf Spieler das Lokal, zogen weiter ins Restaurant »Gisela« und gründeten kurzerhand ihren eigenen Fußballverein, den FC Bayern München, und gaben ihm die Vereinsfarben Weiß und Blau (!). Die ersten Spiele trug man auf der Schyrenwiese in Untergiesing aus. Sechs Jahre später trat der Verein dem Münchner Sportclub bei und musste damit auch die Farben zu Rot-Weiß wechseln. Die »Roten« waren geboren. Zunächst hatte der Verein seine Sportstätten an der Karl-Theodor-Straße, dann an der Leopoldstraße. Ab 1925 waren die Bayern dann in Giesing zu Hause – nämlich im Grünwalder Stadion, wo sie für 47 Jahre Untermieter des TSV 1860 waren und ihre Heimspiele austrugen. 1949 zog der Verein dann von Schwabing nach Harlaching bzw. hart an die Giesinger Grenze auf das Gelände der ehemaligen Bezirkssportanlage Harlaching an der Säbener Straße. 1970 gab Vereinspräsident Wilhelm Neudecker den Neubau einer Geschäftsstelle und die Neugestaltung des Trainingsgeländes in Auftrag. Am 17. Mai 1971 bezog der FC Bayern die neue Anlage, die im Laufe der Jahre mehrfach erweitert werden musste. 2008 kam ein neues Servicezentrum hinzu. Heute gibt es auf dem Gelände fünf

Rasen-, zwei Kunstrasen sowie einen Beachvolleyballplatz. Alle Fußballmannschaften des FC Bayern trainieren hier, acht der elf Männer-Jugendmannschaften haben hier ihre Heimspielstätte.

Die Profifußballabteilung, seit 2002 eine eigene Aktiengesellschaft, belegt in der ewigen Bundesligatabelle den ersten Platz, ist deutscher Rekordmeister, jeweils Rekordsieger im DFB-Pokal, im Ligapokal und gemeinsam mit Borussia Dortmund im Supercup. Legendär war das sogenannte Triple in der Saison 2012/13, als die Bayern die Champions League, die deutsche Meisterschaft und den DFB-Pokal gewannen. Der FC Bayern ist zudem der einzige Verein, der sowohl die drei Europapokale als auch die FIFA-Klub-Weltmeisterschaft gewonnen hat. Damit aber an dieser Stelle genug mit den Titeln und Rekorden der Herrenfußballer. Zum FC Bayern gehören auch sehr erfolgreiche Fußballfrauen, Basketballer, Turner und sogar Schachspieler. Der Verein mit seinen über 260 000 Mitgliedern ist außerdem längst ein bedeutender Wirtschaftsfaktor.

4.20 Soyerhof

»Hausmeister« war die offizielle Berufsbezeichnung von Sebastian Soyer. Das bedeutete aber damals etwas anderes als heute. Soyer war Direktor der Ignatz-Mayr-Lederfabrik in der Lohe. Im gehörte bereits ein Haus in der Au. 1819 kaufte er von Christoph Schratzenstaller die ersten zwei Tagwerk Grund und erweiterte in den nächsten Jahren konsequent seinen Besitz um weitere 37 Tagwerk. 1826 errichtete Soyer seinen Hof an der Ecke der heutigen Kastanien-/Soyerhofstraße. Schließlich verkaufte er am 2. Juli 1842 sein Anwesen, das aus Wohnhaus, Nebengebäuden, Gemüsegarten, Äckern, Wiesen und Holzgründen bestand – seine drei Zugochsen legte er zudem obendrauf – für 6 000 Gulden an Seraphin Gleich, Verwalter bei den Freiherrn von Guttenberg. Gleich nutzte den Soyerhof als Spekulationsobjekt. Erst schloss er einen Pachtvertrag mit Alois Winterlachner, dann verkaufte er schon wenige Monate später im Jahr 1843 alles an den Gutsbesitzer Konrad Magnus mit einem Gewinn von 1 000 Gulden. Magnus starb bereits 1844, und seine Schwester Therese verkaufte das Erbe sofort an den Abdecker Anton Kuisl. In den Folgejahren wurde der Soyerhof weitergereicht wie ein Wanderpokal, bis 1885 gab es 19 verschiedene Eigentümer. Im Jahr 1856 wurde die Bezeichnung Soyerhof in das amtliche Straßenverzeichnis aufgenommen, obwohl der Gutshof nur aus einem Gebäude bestand, in dem der aktuelle Eigentümer Johann Ertl mit Familie lebte. Pius Mächler aus Steinhausen, der 1885 für das Gut 14 371 Mark zahlte, ließ ab 1896 die ersten Grundstücke parzellieren und verkaufte sie als Baugrund. Das eigentliche Anwesen bestand 1936 nur noch aus dem Haus, Ställen und 1,5 ha Grund. Dort errichtete die GEWOFAG dann die heutige Wohnbebauung (Soyerhofstraße 14–16).

Der Soyerhof um das Jahr 1900

Typisch Neuharlaching: Reihenhäuser wie hier an der Grünwalder Straße

4.21   Neuharlaching

1927 schrieb die Gewofag München einen Wettbewerb zur Bebauung eines Freigeländes nahe dem Perlacher Forst zwischen Nauplia-, Soyerhof- und Rotbuchenstraße mit Ein- und Mehrfamilienhäusern aus. Geplant waren 2 000 Wohneinheiten für die unterschiedlichsten Bedürfnisse, von der einfachen Mietskaserne bis zum vergleichsweise komfortablen, frei stehenden Einfamilienhaus, dazu 33 Geschäfte und zwei Gaststätten. Doch die Folgen der Wirtschaftskrise Ende der 1920er Jahre durchkreuzten die Pläne. So entstanden bis 1930 nur 865 Wohnungen unter den Architekten Florian Lechner, Fritz Norkauer, Eugen Dreisch und Wilhelm Scherer. Entlang der Hauptstraßen zog man lange Häuserblöcke hoch, die die im Siedlungsinneren liegenden kleineren Häuser mit ihren großzügigen Grünanlagen vom Lärm abschirmten. Ende der 1970er Jahre wurden die meisten Einfamilienhäuser entlang der nördlichen Rotbuchstraße abgerissen und durch Mehrfamilienhäuser ersetzt.

Mehrfamilienhäuser Am Rosenbusch

4.22   Rotbuchenschule

Die Grundschule an der Rotbuchenstraße 81 ließ die Stadt München 1935–1938 nach Plänen des Architekten Heinrich Rettig erbauen. Der entwarf die Schule als weitläufige, dreiflügelige Anlage mit einem Pausenhof nach Süden. Nach dem Zweiten Weltkrieg beschlagnahmten die Amerikaner zwischen 1947 und 1951 einen Teil der Schule, um die Klassenräume für Kinder von Armeeangehörigen zu nutzen. Quer durch das Schulgelände ging ein hoher Maschendrahtzaun. Heute zählt die Rotbuchenschule mit 25 Klassen und mehr als 620 Schülern zu den größten Grundschulen Münchens.

4.23   Heilige Familie

Als sichtbares Zeichen, dass hier ein neues Gotteshaus entstehen sollte, rammte man auf dem Bauplatz an der Stelle, wo der Hochaltar geplant war, ein Holzkreuz in den Boden. Das Budget für die Kirche war denkbar gering. 450 000 RM standen zur Verfügung, um den Bau nach Plänen des Architekten Richard Steidle zu realisieren. Kardinal Faulhaber weihte die Kirche am 6. September 1931. 13 Jahre später fügten die Bomben des Zweiten Weltkriegs dem Gebäude schwere Wunden zu. Der Wiederaufbau in stark vereinfachter Form dauerte bis 1949. Beeindruckend sind die Bronzeportale, die die GEWOFAG stiftete. Das Westportal von Hanns Goebl schildert zwölf Szenen aus dem Leben der heiligen Familie. Das Nordportal zieren zwei Engel mit Marienmonogramm. Das Südportal, 1987/88 von Franz Berberich gegossen, zeigt die Kirche als tragendes Schiff in diversen Szenen des Alten und Neuen Testaments.

4.24 Alte-Kämpfer-Siedlung

Wie der Name verrät, sollte Mitte der 1930er Jahre den »bewährten Kämpfern der Bewegung«, also den ältesten Weggefährten Adolf Hitlers, zu besonders günstigen Eigenheimen verholfen werden. Wer über genug Eigenkapital verfügte und/oder der SA, egal welchen Dienstgrads, angehörte, konnte sich bei der gemeinnützigen Wohnungsbaugesellschaft Heimag (Heimstätten Aktiengesellschaft) bewerben. Die Heimag zog dann ab 1935 das auch »SA-Siedlung« und »SA-Dankopfersiedlung« genannte Bauprojekt zwischen Nauplia- und Oberbiberger Straße hoch. Damals bekamen die Straßen die Namen von Nationalsozialisten, die während der Weimarer Republik getötet worden waren. Nach dem Krieg widmete man die Straße demokratischen und antifaschistischen Politikern.

Nur noch wenige kleine Häuser der Erstbebauung der Kämpfer-Siedlungen sind erhalten (hier an der Oberbiberger Straße)

4.25 Frontkämpfersiedlung

Die Nationalsozialistische Kriegsopferversorgung (NS-KOV) errichtete zwischen 1935 und 1936 die Siedlung am Perlacher Forst zwischen Oberbiberger und Mangfallstraße für Schwerkriegsbeschädigte und Frontkämpfer des Ersten Weltkrieges. Auch hier wurden natürlich Parteimitglieder bevorzugt. Die Siedlung war auf Selbstversorgung ausgelegt. Zu jedem Haus gehörten 1 000 m^2 Grund für die Kleintierzucht und den Gemüseanbau. Nach dem Ende des Zweiten Weltkriegs durften die Bewohner in ihren Häusern bleiben, mussten aber jeweils zwei obdachlose Familien bei sich aufnehmen. Auch die Hauptstraße der Siedlung bekam einen unverfänglichen Namen: von Obersalzbergstraße zu Steingadener Straße.

4.26 Münchner-Kindl-Heim

Unmittelbar nach Ende des Deutsch-Französischen Kriegs beschloss der Münchner Magistrat am 2. März 1871, ein Kinderasyl für »hilfs-, pflege- und erziehungsbedürftige Kinder« zu errichten. Bis die Idee in die Tat umgesetzt wurde, dauerte es allerdings knapp 20 Jahre, unter anderem, weil man über die konfessionelle Stellung der Anstalt stritt. Schließlich einigte man sich darauf: »Die Kinder, welche in dem Asyl Aufnahme finden werden, sind gleich hilfsbedürftig, ob sie katholisch, protestantisch oder israelitisch sind. Die Aufgabe, ihnen die nötige geistige und körperliche Hilfe zu bringen, ist keine konfessionelle, sie ist vielmehr eine rein menschliche und eine allgemein sittliche.« Für damalige Verhältnisse eine höchst moderne Entscheidung, die auch nicht lange hielt. Zu mächtig waren die Kirchen. 1892 eröffnete in der Hochstraße schließlich das Kinderasyl, mit schön nach katholisch und evangelisch getrennten Räumlichkeiten. Im Zweiten Weltkrieg wurde das Gebäude zerstört und die Kinder anderweitig untergebracht. 1952 rief das Sozialreferat die Münchner zu einem Wettbewerb auf: Gesucht wurde ein neuer Name für das Kinderasyl, das meist als »Waisenhaus in der Au« bezeichnet wurde. Unter den Einsendungen fanden sich Vorschläge wie »Spatzenburg«, »Haus der Liebe« und »Märchenschloss Kinderglück«, aber auch mehrfach »Münchner-Kindl-Heim«. In jener Zeit setzten sich auch neue pädagogische Ideen in der Heimerziehung durch. Das »Familienprinzip«, wie es in SOS-Kinderdörfern eingeführt wurde, fand großen Anklang. Kleine, altersgemischte und koedukative Gruppen sollten auch im »Münchner-Kindl-Heim« eingeführt werden. Dazu eignete sich aber das alte Anwesen an der Hochstraße nicht. An der Oberbiberger Straße 45 erwarb die Stadt 1958 ein ca. 23 000 m^2 großes Grundstück für den Neubau. Am 8. März 1962 konnte das neue Heim von den 201 Mädchen und Buben bezogen werden. Heute bietet das Heim Platz für rund 100 Kinder und Jugendliche, deren Betreuung und Erziehung in der Familie vorübergehend oder auch langfristig nicht mehr gewährleistet ist.

Einfahrt freihalten
Hölzerner Torwächter am Münchner-Kindl-Heim

Giesing und Harlaching sind in weiten Bereichen reine Wohngegenden. Eine Auswahl an Einkaufsmöglichkeiten, Kneipen, Cafés etc. konzentriert sich entlang der Tegernseer Landstraße (nahe der U-Bahnstation Silberhornstraße), am Giesinger Bahnhof und am Wettersteinplatz. Hier eine kleine, mutwillige Auswahl an Gastro- und sonstigen Tipps ohne Gewähr auf Aktualität:

Gastrotipps

Alof
Sommerstr. 33
angesagtes Café

Altgiesing
Tegernseer Landstr. 93
150 Jahre alte Boazn, seit 2017 hippe Wochenendbar

Ambar Bistro
Tegernseer Landstr. 25

Ammos
Pilgersheimerstr. 60
griechisch

Antica Trattoria Nuova
Braunstr. 6
Italiener in elegantem Jugendstilbau

Anton's
St.-Martin-Str. 7
Musik, Bar & Restaurant

Attentat Griechischer Salat
Zugspitzstr. 10
modern, international

Bar-Bajanni
Pilgersheimer Str. 70

Bei Savvas
Schlierseestr. 30
griechisch

Bella Roma
Theodolindenplatz 1
italienisch

Bep Ho
Tegernseer Landstr. 44
vietnamesisches Streetfood

Café am Wettersteinplatz
Wettersteinplatz 3

Café Edelweiss
St.-Martin-Str. 9
bayrische Küche nur tagsüber

Casa di Dorota
Mangfallplatz 8
italienisch

Charlie
Schyrenstr. 8
modern vietnamesisch

Coffeebrands
Tegernseer Landstr. 91
Crepes, Snacks usw.

Crönlein
Am Nockherberg
ehemalige öffentliche Toilette – jetzt kleine Café-Kneipe

Das Edelweiß
Edelweißstr. 10
modern, international

Das Schulz
Werinherstr. 69
modernes Tagescafé

Deli Kitchen
Gietlstr. 17
vegan/vegetarisch

Der Dantler
Werinherstr. 15
»Bayrisch Deli«

Don Peppina
St.-Martins-Platz 5
Pizzeria

Ela bei Sakis
Alpenstr. 19
griechisch

Fiedler & Fuchs
Voßstr. 15
modern alpenländisch

Gabelspiel
Zehentbauernstr. 20
gehobene Esskultur

Gasthaus Gartenstadt
Naupliastr. 2
bayrisch

Gasthaus Siebenbrunn
Siebenbrunner Str. 5
fränkisch-bayrisch

Giesinger Bräu
Martin-Luther-Str. 2
Brauereigaststätte

Giesinger Garten
Gerhardstr. 4
bayrisch

Gutshof Menterschwaige
Menterschwaigstr. 4
bayrisch; großer Biergarten

Harlachinger Einkehr
Karoliner Allee 34
gutbürgerlich

Harlachinger Jagdschlössl
Geiselgasteigstraße 153
alpenländisch-gehoben

Heimgarten
Heimgartenstr. 23
dalmatinisch-international

Il Ghiottone
Eintrachtstr. 3

Inge Ladencafé
Watzmannstr. 2
Heimat des Ingwersirups

Kastaniengarten
Martin-Luther-Str. 11

L'Orchidea
St.-Martins-Platz 3
italienisch

La Locanda
Heimgartenstr. 14
italienisch

La Migliore
Tegernseer Landstr. 11
italienisch

Lucullus
Birkenau 31
griechisch

Manzil
Grünwalder Str. 14d
indisch

Matiz
Candidplatz 9
mediterran bis orientalisch

Mezzogiorno
Langobardenstr. 2
italienisch

Mystikon
Walchenseeplatz 4
griechisch

Riffraff
Tegernseer Landstr. 96
subkultureller Nachfolger des Kaffee Giesings

Ristorante zum Schönhof
Schönstraße 76
italienisch

Rotwand eins
Rotwandstr. 1
barisch-international

Saffer's Fattoria
Deisenhofener Str. 80

Sangam
Werner-Schlierf-Str. 23
indisch

Scharfreiteralm
Scharfreiterstr. 7a
»Brasil in Bavaria«

Schau ma moi
Tegernseer Landstr. 82
Mini-Café-Bar mit Biergarten

Schinken-Peter Restaurant
Perlacher Str. 53
bayrisch

Shotgun Sister
Deisenhofener Str. 40
Coffeebar

Solo Italia
Bergstr. 5
italienisch

Sprit'z
Werner-Schlierf-Str. 25
italienisches Bistro

Suhag im Sunyard
St.-Martin-Str. 58- 68
indisch

Taverna Limani
Rotdornstr. 2
griechisch

Taverne Likavitos
Kühbachstr. 4
griechisch

Taverne Lithos
St.-Martin-Str. 38
griechisch

Türkitch
Humboldtstr. 20
wohl Münchens hipster Imbiss

Va Pensiero
Konradinstr. 16
italienisch

Van Hoa
Martin-Luther-Str. 8
vietnamesisch

Wirtshaus Hohenwart
Gietlstr. 15

Wuid Barwirtschaft
Humboldtstr. 20
modern-bayrisch

Zimmes & Zores
Warngauer Str. 17
internationale Küche

Die Straßennamen

Wer waren all die Menschen – von Achleitner bis Zasinger –, nach denen viele Straßen in Giesing und Harlaching benannt sind? Und warum gibt es hier so viele Pflanzennamen? Diese und alle weiteren Fragen zur Herkunft der Straßennamen im Viertel werden hier beantwortet.

Achleitnerstraße

(seit 1900) Der Wasserbaumeister Martin Achleitner (1823–1882) arbeitete als Schleusenwärter an der Mühlbachschleuse und errichtete als Erfüllung eines Gelübdes die Marienklause unterhalb des Isarhangs in Harlaching.

Agatharieder Straße

(seit 1925) Agatharied ist ein Ortsteil von Hausham im Landkreis Miesbach, rund 60 km südlich von München.

Aggensteinstraße

(seit 1931) Südlich von Pfronten im Ostallgäu erhebt sich der 1 986 m hohe Aggenstein.

Agilolfingerplatz/-str.

(seit 1899) Über den namensgebenden Stammvater Agilulf der ersten bayerischen Herrscherdynastie weiß man praktisch nichts. Der letzte bayerische Herzog aus dem Geschlecht der Agilolfinger, Tassilo III., wurde 788 von Karl dem Großen abgesetzt.

Ahornstraße

(seit 1929) Der heimische Laubbaum Ahorn gehört zur Familie der Seifenbaumgewächse.

Aignerstraße

(seit 1897) Sie ist benannt nach zwei verdienstvollen Giesinger Pädagogen: Josef Max (1791–1856) und Martin (1814–1890) Aigner.

Akazienstraße

(seit 1929) Die Akazien gehören zu den Mimosengewächsen, die meisten Arten findet man in Australien. Bei uns wird meisten die Robinie als Akazie bezeichnet, obwohl die beiden Gattungen nicht nahe miteinander verwandt sind.

Akeleistraße

(seit 1930) Akeleien aus der Familie der Hahnenfußgewächse zählen zu den ältesten Blühpflanzen. Sie wachsen wild, sind aber auch beliebte Zierpflanzen in heimischen Gärten.

Albrecht-Dürer-Str.

(seit 1899) Der Nürnberger Maler und Kupferstecher Albrecht Dürer (1471–1528) gilt als der bedeutendste deutsche Künstler der Renaissance. Was nur wenige wissen: Er war auch ein bedeutender Mathematiker, der das erste Mathematikbuch in deutscher Sprache verfasste.

Alemannenstraße

(seit 1925) Das Volk der vermutlich 213 von römischen Geschichtsschreibern erstmals erwähnten Alemannen siedelte einst im Südwesten Deutschlands, auch im schwäbischen Teil Bayerns.

Alois-Wohlmuth-Str.

(seit 1931) Der gebürtige Österreicher Alois Wohlmuth (1847–1930) gehörte als Schauspieler lange zum Ensemble des Bayerischen Staatstheaters und schrieb kleine Lustspiele.

Alpenplatz/-straße

(seit 1898) Wenig verwunderlich: Platz und Straße sind nach dem Gebirge namens Alpen benannt.

Alpenrosenstraße

(seit 1900) Welche Alpenrose gemeint ist, lässt der Name offen. Es gibt die Bewimperte Alpenrose (auch als Almrausch bekannt) und die Rostblättrige A.; beides sind Heidekrautgewächse aus dem Alpenraum. Dann gibt es aber noch die Alpenrose aus der Familie der Rosengewächse, die man meist Gebirgsrose nennt.

Altersheimerstraße

(seit 1900) Wilhelm Altersheimer (um 1570–1643) war Münchner Bürgermeister.

Alzstraße

(seit 1906) Die Alz ist ein Abfluss des Chiemsees, der in den Inn mündet.

Am Bergsteig

(seit 1856) Eigentlich ist es kein Berg, sondern nur der steile Isarhang, dennoch hat die Erhebung den Namen gegeben.

Am Bienenkorb

(seit 1929) Einst gab es in der Gegend einige Imker, die hier ihre Bienenkörbe aufstellten.

Am Blumengarten

(seit 1929) Neuharlaching war als Gartenstadt geplant, daher der Name.

Im Haus Nr. 17 lebte Wilhelm Hoegner, Bayerns einziger Ministerpräsident, der nicht der CSU angehörte.

Amerstorfferstraße

(seit 1906) Passend zur JVA Stadelheim wurde die Straße nach Siegmund Amerstorffer, einem Münchner Stadtoberrichter aus dem 16. Jh., benannt.

Am Giesinger Feld

(seit 1952) Als die Straße zwischen Ostfriedhof und S-Bahngleisen so getauft wurde, gab es die namensgebenden Giesinger Felder hier längst nicht mehr.

Am Heckenweg

(seit 1930) Da Harlaching als Gartenstadt konzipiert ist, gehören auch Hecken dazu.

Am Hohen Weg

(seit 1921) Diese Straße führt an einer

Straßenbahner an einem Wohnblock der Straßenbahner-Genossenschaft in der Aignerstraße

Hangkante entlang, liegt also etwas höher.

Am Hollerbusch

(seit 1929) Für eine Gartenstadt wie Harlaching sind Holunderbüsche sicher keine Seltenheit.

Am Mühlbach

(seit 1856) Der Auer Mühlbach, eigentlich ein Seitenarm der Isar, lieferte einst die Energie für viele Gewerbebetriebe in Untergiesing und in der Au. Er wurde gemeinsam mit einer Mühle erstmals 957 erwähnt.

Am Perlacher Forst

(seit 1906) Die Lage direkt am Wald Perlacher Forst gab den Namen.

Am Rosengarten

(seit 1929) Auch hier stand der Gartenstadtgedanke Pate für den Namen.

Am Staudengarten

(seit 1947) Und wieder: Die Siedlung war als Gartenstadt konzipiert, also konnte man auch Stauden in den Gärten erwarten.

Andreas-Hofer-Straße

(seit 1925) Der Gastwirt und Viehhändler Andreas Hofer (1767–1810) führte den Tiroler Aufstand gegen die bayerische und französische Besatzung 1809 an. Die Franzosen erschossen ihn standesrechtlich in Mantua. Seitdem wird er in seiner Heimat als Volksheld verehrt.

Anemonenstraße

(seit 1929) Die Anemone ist eine Blühpflanze aus der Familie der Hahnenfußgewächse, die meist als Windröschen bezeichnet wird.

Aretinstraße

(seit 1912) Der Wirklich Geheime Rat Karl Maria von Aretin (1796–1868) war Historiker, Diplomat und Politiker. So war er u. a. Bayerischer Geschäftsträger in Berlin und Legationsrat in Wien. 1855 wurde er Direktor des Bayerischen Nationalmuseums, das er zuvor im Auftrag Maximilians II. konzipiert hatte.

Armanspergstraße

(seit 1910) Der Jurist Josef Ludwig Franz Xavier von Armansperg (1787–1853) folgte Otto von Bayern nach Griechenland, als dieser zum neuen König der Griechen proklamiert wurde. Armansperg diente Otto von 1835 bis 1837 als griechischer Regierungschef.

Arminiusstraße

(seit 1899) Arminius (ca. 17 v. Chr. – 21. n. Chr.), Fürst vom Volk der Cherusker, machte zunächst Karriere als Berufsoffizier in der römischen Armee. Später wandte er sich gegen die Besatzungsmacht und vernichtete im Jahr 9 bei der sogenannten Varusschlacht drei römische Legionen. Daher gilt er als »Befreier Germaniens« und wurde als »Hermann der Cherusker« eine nationale Symbolfigur.

Arnpeckstraße

(seit 1910) Der Geschichtsschreiber Veit Arnpeck (um 1440–1495) gilt als bedeutendster bayerischer Chronist vor Aventin. er verfasste die *Chronica Baioariorum* erst in Latein, dann auch noch auf Deutsch.

In Haus Nr. 3 lebte der Politiker Alois Hundhammer (Mitbegründer der CSU).

Arzberger Straße

(seit 1935) Die Stadt Arzberg in Oberfranken, Kreis Wunsiedel, lebte einst vom Erzabbau, wie der Name verrät. Heute verbindet man die Stadt vor allem mit dem Arzberger-Porzellan, dessen Produktion im 19. Jh. begann.

Athener Platz/-Straße

(seit 1910) Die griechische Hauptstadt Athen ist bereits seit rund 7500 Jahren besiedelt. Sie verdankt ihren Namen dem Gründungsmythos nach der Göttin Athene, die den ersten Siedlern einen Olivenbaum schenkte, damit sie ein Auskommen hatten. Ab 1834 residierte König Otto I. von Griechenland in Athen, der zweite Sohn des bayerischen Königs Ludwig I.

Athosstraße

(seit 1920) Der Heilige Berg Athos auf dem östlichen Finger der Halbinsel Chalkidiki ist eine autonome Mönchsrepublik. Der Berg Athos ist off limits für Frauen. Das gilt auch für alle Haus- und Nutztiere, außer Katzen und Bienen.

Auerbergstraße

(seit 1932) Bei Schliersee erhebt sich der 1055 m hohe Auerberg.

11

Die Straßennamen

Berchtesgadener Straße

Auerspitzstraße

(seit 1930) Die 1810 m hohe Auerspitz ist ein Berg im Mangfallgebirge bei Bayrischzell.

August-Bebel-Straße

(seit 1955) »Arbeiterkaiser« August Bebel (1840–1913) zählte zu den Gründern der sozialdemokratischen Arbeiterbewegung in Deutschland und war wesentlich an Organisation und Aufbau der SPD beteiligt. Ab 1882 bis zu seinem Tod war er Vorsitzender der SPD.

Authariplatz/-straße

(seit 1912/1914) Der langobardische König Authari (um 540–590) heiratete 589 die bajuwarische Fürstentochter Theodolinde, um sein Bündnis mit Bayern gegen die Franken zu festigen. Ein Jahr später wurde Authari ermordet.

Bacherstraße

(seit 1958) Der Priester und Pädagoge Bartholomäus Bacher (1773–1827) schrieb Fachbücher wie das *Praktische Handbuch für Schullehrer* oder auch eines der ersten Mädchenlesebücher überhaupt, den *Mädchenfreund*. Bacher gilt als ein Wegbereiter der modernen Volksschule.

Bad-Berneck-Straße

(seit 1954) Bad Berneck, im 11. Jh. erstmals erwähnt, ist ein beliebter Kneipp-Kurort im oberfränkischen Fichtelgebirge.

Bad-Dürkheimer-Str.

(seit 1930) Bad Dürkheim liegt am Rande des Pfälzerwaldes an der Deutschen Weinstraße, einem Gebiet, das bis 1945 zu Bayern gehörte. Neben Weinbau ist der Kurort vor allem für das einzige deutsche Arsensolbad bekannt.

Bad-Wiessee-Straße

(seit 1960) Das Heilbad Bad Wiessee am Westufer des Tegernsees ist vielen vor allem wegen seines Spielcasinos ein Begriff.

Bairawieser Weg

(seit 1965) Das 1095 erstmals erwähnte Bairawies ist ein kleiner Ort an der Isar bei Dietramszell.

Balanstraße

(seit 1880) Der Name erinnert an die Schlacht bei dem französischen Ort Balan im Deutsch-Französischen Krieg 1870/71.

Bantingstraße

(seit 1956) Ohne die Arbeit von Sir Frederick Grant Banting (1891–1941) hätten Diabetiker wohl noch länger auf Hilfe warten müssen. Der Kanadier Banting entdeckte gemeinsam mit Charles Best das Insulin beim Menschen und bekam dafür 1923 den Nobelpreis für Medizin.

Bayrischzeller Straße

(seit 1906) Der Kurort Bayrischzell, Kreis Miesbach, liegt am Fuß des Wendelsteins.

Bei den Tannen

(seit 1931) Diese Adresse liegt nahe bei den Tannen des Perlacher Forsts.

Benediktenwandstr.

(seit 1900) Der Gipfel der Benediktenwand ragt 1801 m hoch aus den Voralpen nahe dem Kloster Benediktbeuern.

Im Haus Nr. 12 lebte die Familie von Dr. Hugo Schmorell, darunter auch sein Sohn

Alexander, der sich als Medizinstudent der Widerstandsgruppe Weiße Rose anschloss und 1943 hingerichtet wurde (siehe auch Schmorell-Platz).

Berchtesgadener Str.

(seit 1906) Die Marktgemeinde Berchtesgaden liegt im äußersten Südosten Oberbayerns. Die Stadt wurde 1102 erstmals als Klosterstiftung erwähnt und ist heute ein beliebtes Touristenzentrum.

Berg-Isel-Straße

(seit 1925) Der Bergisel ist ein 746 m hoher Hügel bei Innsbruck, auf und an dem 1809 vier Schlachten des Tiroler Volksaufstands unter Andreas Hofer gegen Bayern und Frankreich tobten.

Bergstraße

(seit 1856) Giesing liegt – für Münchner Verhältnisse – auf einem Berg. Folgerichtig wurde auch eine Straße nach dem Berg benannt.

Bezoldstraße

(seit 1910) Mit der Straße werden Mitglieder der Rothenburger Patrizierfamilie Bezold geehrt:
1) Der Physiker und Meteorologe Johann Friedrich Wilhelm von Bezold (1837–1907) ließ ein Netz von meteorologischen Stationen in Preußen und Bayern errichten.
2) Sein Stiefbruder Gustav von Bezold (1810–1885) war kgl. bayerischer Regierungsbeamter und Gründungspräsident des Deutschen Alpenvereins.
3) Gustavs Sohn Friedrich von Bezold (1848–1928), Professor in Erlangen, verfasste u. a. die *Geschichte der deutschen Reformation*.

Birkenau

(seit 1900) Die vielen Birken, die einst in der Auenlandschaft Untergiesings wuchsen, gaben dem Gebiet den Namen.

Birkenleiten

(seit 1856) Eine Leite ist ein steiler Berghang. Dieser hier war einst dicht mit Birken bestanden.

Bodelschwinghstraße

(seit 1958) Der evangelische Theologe Friedrich von Bodelschwingh d. Ä. (1831–1910) gründete die Bodelschwinghsche Stiftungen Bethel, eine diakonische Einrichtung, in der Menschen mit geistiger Behinderung, Alte und Kranke, Jugendliche mit sozialen Problemen sowie wohnungslose Menschen betreut werden.

Bonteweg

(seit 1967) Der wohlhabende Rentier Philipp Bonte stellte 197 000 Reichsmark für eine Wohltätigkeitsstiftung zur Verfügung.

Bozener Straße

(seit 1962) Die Stadt Bozen (ital. Bolzano) ist Landeshauptstadt von Südtirol. Sie wurde um 1170 gegründet, doch das Gebiet war schon zur Römerzeit besiedelt, da hier eine Straßenstation namens Pons Drusi existierte.

Bozzarisstraße

(seit 1910) Costas Bozzaris (1792–1853), auch Kistos oder Constantin Botsaris, war wie sein Bruder Markos Befehlshaber im griechischen Freiheitskampf gegen die Türken. Später diente er als General unter Griechenlands neuem König Otto I., dem Sohn des bayrischen Königs Ludwig I.

Braunstraße

(seit 1948) Der Münchner Illustrator und Verleger Kaspar Braun (1807–1877) gründete den Verlag Braun & Schneider, wo er die humoristischen *Fliegenden Blätter*, die *Münchner Bilderbögen* und auch *Max und Moritz* herausgab.

Brecherspitzstraße

(seit 1984) Der 1 683 m hohe Brecherspitz (auch Spitzing genannt) liegt im Mangfallgebirge nahe dem Spitzingsee.

Brehmstraße

(seit 1914) Der Zoologe Alfred Edmund Brehm (1829–1894), der seit einer mehrjährigen Nordafrika-Expedition den Spitznamen Chalil Effendi trug, machte mit seinem sechsbändigen *Tierleben* Literatur über Zoologie populär. Wegen der Nähe zum Tierpark

In der Birkenau

Hellabrunn benannte man die Straße nach ihm.

Brennerpaßstraße

(seit 1925) Der Brennerpass ist die wichtigste Verkehrsverbindung der Ostalpen. Er verbindet das österreichische Bundesland Tirol mit der autonomen Provinz Südtirol.

Brixener Weg

(seit 1966) Die Stadt Brixen (ital. Bressanone) im Südtiroler Eisacktal ist eine der ältesten Städte Tirols. Sie wurde 901 erstmals schriftlich er-

Der Mittlere Ring rauscht über den Candidplatz

wähnt. Von 1805 bis 1814 gehörte Brixen zum Königreich Bayern.

Bruckenfischerstraße

(seit 1938) Der Bruckenfischer ist ein beliebtes Wirtshaus an der Isar in Schäftlarn.

Brünnsteinstraße

(seit 1904) 1634 m hoch ragt der Brünnstein in der Nähe des Sudelfeldgebiets aus den Voralpenland hervor.

Bruggspergerstraße

(seit 1900) Der Münchner Bader Melchior Bruggsperger begann im Jahr 1614 in seinem Haus Alte und Kranke unentgeltlich zu versorgen.

Aus dieser privaten Fürsorgeanstalt wuchs das St. Joseph-Spital.

In Haus Nr. 45 wohnte Thomas Wimmer, der »Wimmer Dammerl«, Münchens erster frei gewählter Nachkriegs-Oberbürgermeister.

Brunnenweg

(seit 1929) Aus dem Isarhang plätscherten einst mehrere kleine Quellen.

Bucheckernweg

(seit 1964) Bucheckern sind die Früchte der heimischen Rotbuche.

Candidplatz/-straße/-tunnel

(seit 1877) Weil der flämische Maler Pieter de Witte (ca. 1548–1628) lange in Italien lebte und arbeitete, übersetzte er seinen Namen einfach ins italienische: Pietro Candid. 1586 holte ihn Herzog Wilhelm V. an den Münchner Hof. Candid malte u. a. mehrere Säle der Residenz aus und gilt neben Hubert Gerhard (*siehe* Gerhardstraße) als einer der möglichen Schöpfer der Patrona Bavariae auf der Mariensäule am Marienplatz.

Cannabichstraße

(seit 1902) Der Violinist und Komponist Johann Christian Bonaventura Cannabich (1731–1798) kam als Ka-

pellmeister im Gefolge von Kurfürst Karl Theodor 1778 nach München. Wolfgang Amadeus Mozart war bei ihm häufig zu Gast, gab Cannabichs Tochter gar Klavierunterricht.

Cincinnatistraße

(seit 1954) Die Stadt Cincinnati im US-Bundesstaat Ohio (ca. 300 000 Einwohner) war einst ein äußerst beliebtes Ziel deutscher Auswanderer. Cincinnati hatte Anfang des 20. Jh. einen deutschen Einwohneranteil von rund 60 %. Seit 1989 ist es die Partnerstadt von München.

Claude-Lorrain-Str.

(seit 1877) Der Barockmaler Claude Lorrain (1600–1682) hieß eigentlich Claude Gellée, nannte sich aber nach seiner Herkunft »Le Lorrain« = der Lothringer. Seine Landschaftsmalerei wurde im 19. Jh. wiederentdeckt und beeinflusste stark die Romantik.

Defreggerstraße

(seit 1912) Der Maler und Kunstprofessor Franz von Defregger (1835–1921) gehörte zu den bedeutendsten Vertretern der »Münchner Schule«. Er malte bevorzugt bäuerliche Genrebilder.

Deisenhofener Str.

(seit 1899) Der kleine Ort Deisenhofen im Süden Münchens, um 1080 erstmals schriftlich erwähnt, gehört seit 1808 zur Gemeinde Oberhaching.

Döbrastraße

(seit 1935) Döbra ist ein Ortsteil von Schwarzenbach am Wald, Landkreis Hof, der Osthang des Döbrabergs liegt – mit 794 m die höchste Erhebung im Frankenwald. Einen weiteren Döbraberg gibt es in Namibia, der mit 2 023 m deutlich höher ist als sein fränkischer Kollege.

Dolomitenstraße

(seit 1906) Dei Dolomiten sind ein markanter Gebirgszug in den südlichen

Kalkalpen in Italien. Ihr höchster Berg ist die Marmolata mit 3 342 m.

Dreisesselbergstraße

(seit 1931) Der Dreisesselberg, Landkreis Freyung-Grafenau, erhebt sich 1 333 m hoch im Bayerischen Wald an der Grenze zu Tschechien.

Drumberg

(seit 1951) Einst war der Isarhang in dieser Gegend in Gartenparzellen unterteilt. Solche Teilgrundstücke nannte man früher »Drum«, von »drumben« oder »drummen« für abschneiden, absägen.

Edelweißplatz/-straße

(seit 2007/(seit 1900) Das Edelweiß, eine fast vollständig behaarte Pflanze aus der Familie der Korbblütler, wächst in den Alpen und ist geschützt.

Ehlersstraße

(seit 1955) Der Jurist Hermann Ehlers (1904–1954) gehörte während der NS-Zeit der Bekennenden Kirche an und wurde deshalb nicht als Richter verbeamtet. Nach dem Krieg trat Ehlers der CDU bei und war von 1950 bis zu seinem Tod Präsident des Deutschen Bundestages.

Eichthalstraße

(seit 1945) Die Familie Eichthal prägte München im 19. Jh.
1) Aron Elias Leonhard von Eichthal (1747–1824) hieß eigentlich Seligmann. Der Fabrikant war Privatbankier der Pfälzer Wittelsbacher. Er kam mit Kurfürst Karl Theodor nach München und bekam mit seiner Familie als erster Jude in Bayern alle staatsbürgerlichen Rechte. Seligmann rettete den bayerischen Staat vor dem Bankrott. König Max I. adelte ihn 1814 und Seligmann konvertierte zum Katholizismus.
2) Sein jüngster Sohn Simon von Eichthal (1787–1954) gehörte zu den Mitbegründern der ersten Bank-Aktiengesellschaft Deutschlands, der

Ein einsamer Neubau in der Deisenhofener Straße im Jahr 1904 , im Hintergrund Stadelheim

Bayerische Hypotheken- und Wechselbank.
3) Simons Sohn Karl von Eichthal (1813–1890) zählte zu den Mitbegründern der Bayerischen Vereinsbank. Er stampfte das erste privat finanzierte Neubauviertel Münchens auf seinem Privatgrund aus dem Boden: das Gärtnerplatzviertel. Später baute er auch das Franzosenviertel in Haidhausen.

Eintrachtstraße

(seit 1904) Weil sich die einstigen Anrainer so über den erfolgreichen Abschluss der Grundstücksverhandlungen gefreut hatten und beschlossen, fortan in Eintracht miteinander zu leben, nannten sie die Straße so.

Elilandstraße

(seit 1914) Eliland (gest. 808), aus dem urbayerischen Geschlecht der Huosi, soll mit seinen Brüdern Landfried und Waltram das Kloster Benediktbeuern gegründet haben, dessen dritter Abt er auch war.

Ella-Lingens-Platz

(seit 2016) Die Juristin und Ärztin Ella Lingens (1908–2002) verhalf jüdischen Mitbürgern zur Emigration während der NS-Diktatur, wurde

verhaftet und musste im Außenlager Agfa Kamerawerke Zwangsarbeit leisten.

Emersonstraße

(seit 1954) Ralph Waldo Emerson (1803–1882), Schriftsteller, Philosoph und Anführer der Transzendentalisten in Neuengland, betonte und förderte die kulturelle Unabhängigkeit der USA, indem er seine Landsleute ermutigte, sich dem europäischen Einfluss zu entziehen.

Eschenbachstraße

(seit 1910) Wolfram von Eschenbach (ca. 1160–ca. 1220) gilt als einer der einflussreichsten Dichter des Mittelalters. Sein bekanntestes Werk ist der *Parzival*, daneben schuf er zahlreiche Minnelieder.

Eschenstraße

(seit 1929) Die Esche aus der Familie der Ölbaumgewäsche kann bis zu 40 m hoch wachsen und ist damit einer der höchsten Laubbäume Europas.

Eslarner Straße

(seit 1955) Der staatlich anerkannte Erholungsort Eslarn ist ein Markt im Kreis Neustadt an der Waldnaab, Oberpfalz.

Die Straßennamen

Blumenmosaike an der Gietlstraße

Faistenbergerstraße

(seit 1914) Andreas Faistenberger (1646–1735) zählte zu den erfolgreichsten Bildhauern des Spätbarocks. Seine Arbeiten kann man u. a. in der Theatinerkirche (Kanzel), St. Peter (die vier Kirchenlehrer am Choralter) und in St. Michael Berg am Laim (Skulpturen) bewundern.

Falkensteinstraße

(seit 1952) Die Burg Falkenstein bei Pfronten im Ostallgäu wurde ab 1280 erbaut. Heute ist sie nur noch eine Ruine, aber die höchstgelegene Burganlage Deutschlands (1 267 m hoch). Ludwig II. plante, auf Basis der Ruine ein romantisches Märchenschloss zu bauen.

Fasangartenstraße

(ab dem 18. Jh.) Die bayerischen Regenten unterhielten einige Fasanerien im Münchner Umland. Darunter auch den Fasangarten in der Perlacher Heide, an den heute noch das alte Forsthaus erinnert.

Feuerbachstraße

(seit 1894) Die Straße ist mehreren Feuerbachs gewidmet:
1) Der Jurist Paul Johann Anselm von Feuerbach (1775–1833) gilt als Begründer der modernen deutschen Strafrechtslehre. Er gestaltete federführend das *Bayerische Strafgesetzbuch* von 1813. Außerdem war er Vormund von Kaspar Hauser.

2) Sein Sohn, der Philosoph Ludwig Andreas Feuerbach (1804–1872), beeinflusste mit seiner Religions- und Idealismuskritik andere bedeutende Denker seiner Zeit wie Nietzsche, Marx und Keller.
3) Der Neffe von 1) und Cousin von 2) war der Maler Anselm Feuerbach (1829–1880), der zu den bedeutendsten Künstlern der zweiten Hälfte des 19. Jh. zählte.

Firstalmstraße

(seit 1952) Die Firstalm mit ihren zwei bewirtschafteten Hütten liegt im Skigebiet Spitzingsee.

Fischbachauer Straße

(seit 1906) Die Gemeinde Fischbachau, Landkreis Miesbach, ist vor allem für ihre Wallfahrtskapelle Birkenstein bekannt.

Flauchersteg

(seit 1959) Gastwirt Johann Flaucher eröffnete 1873 seine heute noch existierende Gastwirtschaft in den Isarauen und gab damit dem ganzen Gebiet seinen Namen.

Fliederweg

(seit 1912) Der Flieder ist ein beliebter Zierstrauch aus der Familie der Ölbaumgewächse, der im Frühsommer weiße, rosa oder violette, stark duftende Blütenstände hervorbringt.

Flossenbürger Straße

(seit 1931) Als die Straße nach dem Städtchen im Oberpfälzer Wald benannt wurde, war Flossenbürg höchstens als Erholungsort mit imposanter Burgruine bekannt. Heute verbindet man mit dem Namen das Konzentrationslager, in dem rund 30 000 Menschen ums Leben kamen.

Fockensteinstraße

(seit 1930) Der 1 564 m hohe Fockenstein liegt westlich des Tegernsees.

Föhrenweg

(seit 1938) Da der Perlacher Forst zum Großteil aus Föhren besteht, lag die Namensgebung nahe.

Forggenseestraße

(seit 1958) Im Ostallgäu bei Schwangau liegt der Forggensee, ein vom Lech durchflossener Speichersee. Er ist der größte Stausee Deutschlands.

Frankenwaldstraße

(seit 1935) Der Frankenwald ist ein rund 925 km^2 großes Mittelgebirge im Nordosten Frankens.

Franz-Eigl-Weg

(seit 1985) Franz Eigl (1898–1983) engagierte sich für »sein« Giesing u. a. als Vorsitzender des Bezirksausschusses Obergiesing von 1949 bis 1970. Und er gründete eine Bürgerinitiative zum Erhalt von Perlacher und Grünwalder Forst.

Frasdorfer Straße

(seit 1932) Frasdorf ist eine Ortschaft bei Rosenheim, die 1135 erstmals schriftlich erwähnt wurde.

Freibadstraße

(seit 1856) Im Jahr 1847 wurde das heutige Schyrenbad als »Städtisches Freibad« eröffnet. Es war damals ein reines Männerbad.

Freyunger Straße

(seit 1931) Die Stadt Freyung (rund 7 000 Einwohner) liegt im Bayerischen Wald nahe der tschechischen Grenze.

Friauler Straße

(seit 1957) Das Friaul (ital. Friuli) ist eine Landschaft im Nordosten Italiens mit der Hauptstadt Udine, das von 952 bis 976 unter bayerischer Herrschaft stand.

Friedrich-Ebert-Str.

(seit 1945) Der Politiker Friedrich Ebert (1871–1925) wurde 1913 SPD-Vorsitzender und amtierte ab 1919 bis zu seinem Tod als Reichspräsident der Weimarer Republik.

Fritz-Lange-Straße

(seit 1954) Der Orthopäde Fritz Lange (1864–1952) eröffnete 1913 in Giesing die erste staatliche orthopädische Klinik Deutschlands.

Fromundstraße

(seit 1959) Fromund (auch Froumund) von Tegernsee (um 960 – um 1008) war Benediktinermönch, der ein umfangreiches literarisches Werk hinterließ und die Korrespondenz mehrerer Äbte führte.

Füllstraße

(seit 1914) Im Jahr 1608 stiftete der Münchner Kaufmann Franz Füll von Windach 2 500 Gulden für unheilbar Kranke. Die Füllsche Stiftung wurde 1803 dem Giesinger Irrenhaus zugeschlagen.

Gabriel-Max-Straße

(seit 1914) Der Maler Gabriel von Max (1840–1915) war Professor für Historienmalerei an der Münchner Akademie. Seine symbolistischen Gemälde brachten ihm enormen Erfolg. Besonders originell sind seine Affenbilder. In seiner Villa in Ammerland am Starnberger See züchtete er seine Modelle selbst.

Gehwolfweg

(seit 1982) Rund 400 000 D-Mark spendete Annemarie Gehwolf (1920–

1978) für das Münchner-Kindl-Heim, eine Kinder- und Jugendhilfeeinrichtung der Stadt München.

Geiselgasteigstraße

(seit 1900) Geiselgasteig ist der Ortsteil von Grünwald, der unmittelbar an Harlaching angrenzt. Er ist international bekannt wegen der Bavaria Filmstudios, in denen Blockbuster wie *Das Boot*, *Cabaret* und *Der Schuh des Manitu* entstanden.

General-Kalb-Weg

(seit 1956) Der gebürtige Franke Johann Kalb (1721–1780) , auch Jean de Kalb, diente als General in der französischen Armee und erkundete im Auftrag Frankreichs die nordamerikanischen Kolonien Großbritanniens. Während des Unabhängigkeitskriegs kämpfte er an der Seite Washingtons und Lafayettes.

Georg-Meisenbach-Straße

(seit 1987) Der gelernte Kupferstecher Georg Meisenbach (1841–1912) gründete die Chemigraphische Kunstanstalt in München und erfand das Glasgravurraster (1881) sowie die Autotypie (1882). Die Autotypie ermöglichte erstmals die Wiedergabe gedruckter Fotos in einer Zeitung.

Gerhardstraße

(seit 1898) Der flämische Bildhauer Hubert Gerhard (um 1540–1620) schuf ab 1584 im Auftrag von Herzog Wilhelm V. bedeutende Plastiken in München, darunter die Bavaria auf dem Dianatempel im Hofgarten, die Terrakottafiguren und den heiligen Michael im Kampf mit dem Teufel an der Michaelkirche. Gerhard wird auch die Patrona Bavariae auf der Mariensäule zugeschrieben.

Giesinger Bahnhofsplatz/-straße

(seit 1901/1965) Benannt nach dem Bahnhof von Giesing.

Giesinger Berg

(seit 1894) Der Berg wurde sicher schon vor 1894 als Giesinger Berg bezeichnet, aber erst in jenem Jahr wurde der Name offiziell. Der »Berg«, auf dem das Bauerndorf Giesing lag, ist eigentlich nur das Hochufer der Isar.

Gietlstraße

(seit 1896) Der Mediziner Franz Xaver von Gietl (1803–1888) diente als Leibarzt Ludwig I. und Max II. Von 1842 bis 1851 leitete er als Direktor das Städtische Krankenhaus links der Isar.

Grenzstraße

(seit 1930) Hier verlief einst die Grenze zwischen den Gemeinden Perlach und Unterbiberg.

Gindelalmstraße

(seit 1932) Über die Gindelalm kann man vom Schliersee kommend den Gindelalmscheid, einen 1 335 m hohen Berg in den Voralpen, erklimmen.

1928 eröffnete Hans Hart eine Faltboot-Werft am Giesinger Bahnhofsplatz. Er produzierte besonders preisgünstige Modelle und eyportierte in alle Welt. Die Firma existierte bis 1968.

Die Straßennamen

Der Gedenkbrunnen erinnert an den Ausbau des Giesinger Bergs

Goldrautenweg

(seit 1964) Die Goldrauten (meist Goldruten) aus der Familie der Korbblütler wurden vor rund 250 Jahren aus Amerika eingeführt. Sie blühen im Spätsommer und Herbst.

Gozbertstraße

(seit 1906) Der aus der alten Adelsfamilie der Kelheimer stammende Gozbert (gest. 1001) leitete ab 982 als Abt das Kloster Tegernsee. Er führte das Kloster durch diverse Reformen zu wirtschaftlicher und vor allem auch kultureller Blüte.

Grauertstraße

(seit 1959) Der Historiker Hermann von Grauert (1850–1924) wurde 1885 Professor an der LMU und 1915 für ein Jahr deren Rektor. Er arbeitete auch als Redakteur für die *Historischen Jahrbücher* der Görres-Gesellschaft.

Greifensteinstraße

(seit 1933) Die 1158 erstmals erwähnte Burg Greifenstein in Südtirol bei Siebeneich kennen die meisten nur unter ihrem Spitznamen »Sauschloss«. Die Burg ist heute nur noch eine Ruine.

Grenzstraße

(seit 1930) Entlang dieser Straße verlief die Grenze der Gemeinden Perlach und Unterbiberg.

Griechenplatz/-straße

(seit 1929/1910) Am 8. August 1832 wählte die griechische Nationalversammlung Prinz Otto von Bayern zum neuen König der Griechen. Der Bayer regierte in Athen bis zum großen Volksaufstand 1862 und zog sich dann nach Bamberg ins Exil zurück. Seine letzten Worte waren angeblich: »Griechenland, mein Griechenland, mein liebes Griechenland«.

Grödner Straße

(seit 1959) Die Gemeinde Gröden (ital. Gardena) liegt im gleichnamigen Tal in den Südtiroler Dolomiten. Das Grödner Tal ist ein beliebtes Touristenziel und auch ein wichtiges Zentrum für die ladinische Sprache.

Grotiusweg

(seit 1975) Der niederländische Jurist, Philosoph und Theologe Hugo Grotius, eigentlich Huig de Groot (1583–1645), postulierte u. a. erstmals den damals revolutionären Grundsatz, dass Meere internationale Gewässer seien. Er gilt als einer der Vorreiter des internationalen Rechts und wird gerne als »Vater des Völkerrechts« bezeichnet.

Grünwalder Straße

(seit 1900) Die Straße führt zu dem Ort Grünwald südlich von München, der schon in der Bronzezeit besiedelt war, und heute als Refugium der Reichen und Schönen gilt.

Gufidauner Straße

(seit 1927) Das Dorf Gufidaun (ital. Gudon) liegt im Südtiroler Eisacktal oberhalb der Stadt Klausen.

Halbigstraße

(seit 1899) Der Bildhauer Johann von Halbig (1814–1882) schuf im Auftrag Ludwigs I. zahlreiche Plastiken.

So z. B. die Löwen an der Alten Pinakothek und die Statuen der Roma und Minerva am Hofgarten. Sein bekanntestes Werk ist jedoch die Löwen-Quadriga samt Bavaria auf dem Siegestor.

Hans-Bartels-Straße

(seit 1916) Der in Hamburg geborene Kunstprofessor Hans von Bartels (1856–1913) blieb auch in München seinen Lieblingsmotiven treu: der See und dem Fischerleben.

Hans-Mielich-Platz/-Straße

(seit 1876) Der Maler Hans Mielich (1516–1573), auch Muelich oder Müelich, war ein viel beschäftigter Künstler unter Herzog Albrecht V., der sich vor allem als Portraitist, Miniatur- und Buchmaler einen Namen machte. Als sein Hauptwerk gilt der Hochaltar des Liebfrauenmünsters in Ingolstadt.

Harlachinger Berg/Straße

(seit 1951/1881) Das Gebiet von Harlaching im Südosten Münchens wurde 1818 ein Teil der Gemeinde Giesing und dann 1854 mit Giesing nach München eingemeindet.

Harthauser Straße

(seit 1911) Das Gut Harthausen (von Hart = Wald) wurde im 11. Jh. erstmals erwähnt. Nach zahlreichen Besitzerwechseln bekam es im 19. Jh. den heute noch üblichen Namen Menterschwaige.

Haselburgstraße

(seit 1935) Die Haselburg bei Bozen in Südtirol ist eine Halbruine. Sie wurde im 13. Jh. erbaut und verdankt ihren Namen den Herren von Haslach, heute ein Stadtteil Bozens.

Hauberrisserstraße

(seit 1922) Der Grazer Architekt Georg von Hauberrisser (1841–1922) ließ sich 1866 in München nieder. Er erbaute im neugotischen Stil das neue Rathaus am Marienplatz und entwarf die Paulskirche in der Ludwigsvorstadt.

Hauensteinstraße

(seit 1935) Die Burg Hauenstein bei Seis am Schlern (Südtirol) stammt aus dem 12. Jh., heute ist sie nur noch eine Ruine. Hier lebte im 15. Jh. der bedeutende Minnesänger Oswald von Wolkenstein.

Haushamerstraße

(seit 1925) Der Ort Hausham mit seinen rund 8 000 Einwohnern gehört zum Landkreis Miesbach.

Hebenstreitstraße

(seit 1898) Die Brüder Hans und Jörg Hebenstreit (beide letztmals erwähnt 1606) arbeiteten als Glasmaler im Dienste des Münchner Hofes. Hans gestaltete auch die Fenster der Kirche in Altötting.

Hefnerstraße

(seit 1908) Gymnasialprofessor Joseph von Hefner (1799-1862) erfasste systematisch die römischen Altertümer in Bayern und gründete 1833/34 die erste bayerische »Kleinkinder-Bewahranstalt« in der Au.

Heideröschenweg

(seit 1935) Das rosa blühende Heideröschen heißt eigentlich offiziell Rosmarin-Seidelbast und gehört zur Familie der Seidelbastgewächse.

Heigelstraße

(seit 1922) Der Historiker und Geheime Rat Karl Theodor von Heigel (1842–1915) war Bayerischer Staatsarchivar und zeitweise Präsident der Bayerischen Akademie der Wissenschaften.

Heimgartenstraße

(seit 1899) Klingt nach Schrebergarten, gemeint ist aber der Heimgarten, ein 1 790 m hoher Berg im Voralpenland nahe dem Herzogstand.

Heinrich-Kröller-Str.

(seit 1956) Der Tänzer und Choreograf Heinrich Kröller (1880–1930) war Ballettmeister und Choreograf an der Münchner und der Wiener Staatsoper. Er kreierte auch die »Landshuter Fürstenhochzeit«.

Heinrich-Zisch-Weg

(seit 1956) Heinrich Zisch war in den 1920er Jahren Vereinspräsident des TSV 1860 München. Unter ihm wurde das Stadion an der Grünwalder Straße ausgebaut, daher hieß es von 1927 bis 1939 »Heinrich-Zisch-Stadion«.

Hellabrunner Straße

(seit 1899) Der Hauptzeugamtsverwalter Franz von Paur schaffte es, dass sein Harlachinger Besitz, eine Mühle aus dem 14. Jh. und ein Gutshof, am 20. März 1754 vom Kurfürsten zum Adelssitz erhoben wurde. Paur gab seinem Anwesen den Namen Hellabrunn (= klares Wasser).

Herbert-Quandt-Str.

(seit 1987) Der Unternehmer Herbert Quandt (1910–1982) sanierte Ende der 1950er Jahre erfolgreich den Autobauer BMW und war Aufsichtsratsmitglied bei mehreren bedeutenden Industriebetrieben.

Hermelinweg

(seit 1961) Das zur Familie der Marder gehörende Hermelin ist vor allem wegen seines im Winter weißen Fells bekannt und in der Pelzindustrie geschätzt.

»GIERsing« nannten die Künstler diese temporäre Skulptur am Hans-Mielich-Platz im Sommer 2014, die sich gegen die explodierenden Miet- und Immobilienpreise, bedingt durch Immobilienheuschrecken, wendet.

Die Straßennamen

Hermine-Bland-Str.

(seit 1914) Die von König Ludwig II. glühend verehrte Schauspielerin Hermine Bland (1852–1919) brillierte von 1875 bis 1885 am Münchner Hoftheater in dramatischen Frauenrollen.

Hertlingstraße

(seit 1910) Zwei Namensgeber teilen sich diese Straße:
1) Generalleutnant Friedrich Freiherr von Hertling (1781–1850) kommandierte in den 1830er Jahren das Bayerische Hilfskorps für Griechenland.
2) Der Politiker und Philosophieprofessor Georg Graf von Hertling (1843–1919) war während seiner Karriere u. a. Vorsitzender des Bayerischen Staatsministeriums und 1917/18 Reichskanzler des Deutschen Kaiserreichs.

Herzog-Garibald-Str.

(seit 1912) Garibald I. (um 500–um 593) stammte aus dem Geschlecht der Agilolfinger und war der erste namentlich bekannte Herzog der Bajuwaren. Er verbündete sich mit den Langobarden gegen die Franken.

Herzogstandstraße

(seit 1899) Der 1731 m hohe Herzogstand ist ein Berg in den Voralpen nahe des Walchensees.

Hochederstraße

(seit 1922) Der Architekt Carl Hocheder (1854–1917), Professor für Gebäudekunde an der TUM, prägte maßgeblich das Münchner Stadtbild der Jahrhundertwende. Er baute u. a. das Müllersche Volksbad, das Armenversorgungshaus St. Martin und die Hauptfeuerwache an der Blumenstraße.

Hochkalterstraße

(seit 1937) Der 2607 m hohe Hochkalter liegt westlich des Watzmannmassivs im Nationalpark Berchtesgaden.

Villa in der Holzkirchner Straße 2

Hochleite

(seit 1907) Eine Leite ist ein steiler Abhang. Hier führt der Weg hoch oben an der Leite entlang der Isar.

Hochvogelplatz

(seit 1921) In den Allgäuer Alpen liegt der 2592 m hohe Hochvogel. Über seinen Gipfel verläuft die deutsch-österreichische Grenze.

Hohenschwangauplatz/-straße

(seit 1910) Schloss Hohenschwangau, ursprünglich eine Burg aus dem 12. Jh., liegt bei Füssen genau gegenüber dem Schloss Neuschwanstein. Max II. ließ die alte Burgruine ab 1832 im Stil der Neugotik zur königlichen Sommerresidenz neu aufbauen.

Hohenwaldeckstraße

(seit 1904) Hohenwaldeck ist die Ruine einer Burg aus dem 13. Jh. südöstlich des Schliersees.

Holtzendorffstraße

(seit 1906) Der Jurist Franz von Holtzendorff (1829–1889), Professor in Berlin und München, gründete den Deutschen Juristentag und engagierte sich für eine Reform des Strafwesens und gegen die Todesstrafe.

Holzkirchener Straße

(seit 1900) Holzkirchen, eine Marktgemeinde südlich von München, ist die bevölkerungsreichste und wirtschaftlich stärkste Kommune des Landkreises Miesbach.

Das auffallende Landhaus um Fachwerkstil, Haus Nr. 2, ließ sich Verlagsbuchhändler Julius Friedrich Lehmann 1905 bauen. Lehman gehörte zu den engagiertesten Förderern Hitlers und der NSDAP.

Humboldtstraße

(seit 1893) Er galt als der »zweite Kolumbus«, denn er entdeckte die Welt wissenschaftlich neu: Alexander von Humboldt (1769–1859). Der Naturforscher unternahm ausgedehnte Reisen nach Lateinamerika, in die

USA und nach Zentralasien. In seinem umfangreichen Œuvre versuchte er nicht mehr und nicht weniger als den gesamten Wissensstand seiner Zeit über die physische Welt zu beschreiben. Die nach ihm benannte Straße ist heute die Grenze von Giesing und Au.

Ichostraße

(seit 1959) Der Priester Ihcho schenkte am 14. Juli 790 sein Erbe im Dorf Kyesinga an die Freisinger Kirche und sorgte damit für die erste schriftliche Erwähnung Giesings.

Isenschmidstraße

(seit 1900) Auch so kommt man zu einem Straßennamen: Regimentsarzt Friedrich Isenschmid (gest. 1885) spendete dem Krankenhaus links der Isar die stolze Summe von 100 000 Goldmark.

Jakob-Gelb-Platz

(seit 1931) Bei der Sendlinger Mordweihnacht 1705 wurden auch 34 Mitglieder des »Bruderbunds der Zimmerleute in der Au« (gegründet 1606) niedergemetzelt. Jakob Gelb (gest. um 1718), selbst schwer verwundet, kümmerte sich um die 45 Waisen der Gefallenen.

Jamnitzerstraße

(seit 1877) Gleich vier Kaisern diente Wenzel Jamnitzer (1508–1585). Der Goldschmied fertigte so ausgefallene Geschmeide und kunstvolle Objekte, dass ihn die Kaiser Karl V., Ferdinand I., Maximilian II. und Rudolf II. als Hofgoldschmied beschäftigten.

Jollystraße

(seit 1910) Die Straße hat zwei Namenspatrone, die beide Mitglieder der Bayerischen Akademie der Wissenschaften waren:
1) Philipp von Jolly (1809–1884) war Experimentalphysiker und Mathematiker, der u. a. exakte Messungen zur Ausdehnung von Gasen und zur Fallbeschleunigung durchführte.
2) Julius Jolly (1849–1932), einer von Philipps fünf Söhnen, war Professor für Sanskrit und Vergleichende Sprachwissenschaft in Würzburg.

Josef-Humar-Straße

(seit 1981) Josef Humar (1865–1940) war Stadtrat , Förderer des Tierparks Hellabrunn sowie Vorsitzender des Haus- und Grundbesitzervereins München.

Josef-Vötter-Straße

(seit 1922) Ein echter Menschenfreund: Josef Vötter (1834–1921), wohlhabender Privatier und Kunstsammler, vererbte der Stadt München 965 000 Reichsmark für soziale Zwecke.

Kapellenfeldstraße

(seit 1930) Beim Kapellenfeld handelt es sich um einen alten Flurnamen.

Karneidplatz/-straße

(seit 1934) Als eine der schönsten Burgen Südtirols gilt Burg Karneid östlich von Bozen. Die im 13. Jh. erbaute Burg war zeitweise im Besitz des Münchner Erzgießers Ferdinand von Miller.

Karolingerallee

(seit 1958) Die Karolinger herrschten bereits ab 639 im Frankenreich – allerdings als Hausmeister der Merowinger. Nach der Entmachtung der Merowinger wurde Pipin der Jüngere 751 als erster Karolinger fränkischer König. Unter dessen Sohn Karl dem Großen, der als erster westeuropäischer Herrscher seit der Antike die Kaiserwürde erlangte, hatte das Frankenreich seine größte Ausdehnung.

Kastenseestraße

(seit 1932) Das beliebte Badegewässer Kastensee liegt bei Glonn im Landkreis Ebersberg.

Kesselbergstraße

(seit 1899) Der Kesselberg ist eine Passhöhe zwischen Kochel- und Walchensee, die schon früh als wichtige Handelsroute nach Italien genutzt wurde. Die erste Straße am Kesselberg ließ Herzog Albrecht IV. im Jahr 1492 anlegen, die heutige Straße ist Teil der B11.

Kiefernstraße

(seit 1938) Wie schon bei den Föhren standen hier die vielen Kiefern im Perlacher Forst Pate.

Kiesmüllerstraße

(seit 1930) Weil ein gewisser Herr Kiesmüller der erste Bewohner des Fasangartenviertels gewesen sein

Kleinbebauung wie in der Feldmüllersiedlung findet sich auch in der Kistlerstraße

Der Abriss des Uhrmacherhäusls in einem Wandbild am Kolumbusplatz

soll, benannte man flugs eine Straße nach ihm.

Kiesstraße

(seit 1856) Die Straße führte zu Kiesgruben, daher der Name.

Kistlerstraße

(seit 1856) Schreiner nannte man früher Kistler. Ein solcher Kistler führte seinen Betrieb im Haus Nr. 1.

Klara-Heese-Straße

(seit 1912) Die Schauspielerin Klare Heese (1851–1921) gehörte 18 Jahre zum Ensemble des Münchner Hoftheaters.

Klausener Platz/Str.

(seit 1929) Die Stadt Klausen (ital. Chiusa) in Südtirol hat etwas mehr als 5 000 Einwohner und gilt als Törggelehauptstadt.

Kleinfeldstraße

(seit 1930) Auch hier handelt es sich um einen alten Flurnamen.

Kleiststraße

(seit 1902) Hier widmete man gleich drei Kleists eine Straße.
1) Ewald Christian von Kleist (1715–1759), preußischer Offizier und Lyriker, machte sich vor allem mit seinen Gedichten zur Natur wie seinem Hauptwerk *Der Frühling* einen Namen.
2) Friedrich Emil Ferdinand Heinrich von Kleist (1762–1823), preußischer

Offizier, führte seine Truppen u. a. bei der Schlacht von Kulm und Nollendorf siegreich gegen Napoleon ins Feld, wofür er zum Generalfeldmarschall befördert und in dem Grafenstand erhoben wurde.
3) Der bekannteste der drei Kleists: Heinrich von Kleist (1777–1811), Dramatiker, Lyriker und Publizist. In seiner Zeit ein Außenseiter, gehört Kleists dramatisches Werk heute zu den Klassikern auf den Theaterbühnen, darunter *Käthchen von Heilbronn*, *Der zerbrochene Krug* und *Penthesilea*.

Klobensteiner Straße

(seit 1934) Klobenstein (ital. Collalbo) ist der Hauptort der Gemeinde Ritten (rund 7 500 Einwohner) auf dem rund 1 000 m hoch gelegenen Plateau Ritten in Südtirol.

Königswarterstraße

(seit 1900) Der Privatier Wilhelm Simon Königswarter (1809–1887) führte die von seinem Vater, einem Fürther Bankier, eingerichteten sozialen Stiftungen fort.

Konradinstraße

(seit 1899) Konradin (1252–1268) lebte nur 16 Jahre, trug aber die Titel des Herzogs von Schwaben, Königs von Jerusalem und Königs von Sizilien. Er war der letzte legitime Erbe der Staufer und wuchs bei seinem Onkel, Herzog Ludwig II. von Bayern, auf. Mit 14 heiratete er die achtjäh-

rige Sophia von Landsberg. Konradin zog 1267 mit einem Heer nach Italien, um sein sizilianisches Erbe zurückzuerobern, musste sich aber Karl I. von Anjou geschlagen geben und wurde schließlich hingerichtet.

Kornblumenweg

(seit 1935) Die Kornblume, berühmt für ihr Blau, gehört zur Gattung der Flockenblumen innerhalb der Familie der Korbblütler.

Kreuzbichlweg

(seit 1934) Hier stand ein alter Flurname Pate.

Kreuzdornweg

(seit 1958) Kreuzdorn, auch Wegedorn genannt, ist eine beliebte Heckenpflanze zur Begrenzung von Grundstücken.

Kriegerstraße

(seit 1910) Der Mehlhändler Max Krieger (1842–1904) gehörte mehrfach als Mitglied der liberalen Partei dem Magistratsrat der Stadt München an.

Kronacher Straße

(seit 1931) Die 1003 erstmals erwähnte oberfränkische Stadt Kronach liegt am Fuß des Frankenwalds. Sie ist die Geburtsstadt des bedeutendsten deutschen Renaissancemalers Lucas Cranach d. Ä.

Krumpterstraße

(seit 1878) Der frühbarocke Bildhauer

Hans Krumpter, auch Krumpper (um 1570–1634), diente als Hofbildhauer unter den Herzögen Wilhelm V. und Maximilian I. und entwickelte eine ganz eigene Handschrift. Von ihm stammen u. a. die Patrona Bavariae an der Residenz und das Grabmal Ludwigs des Bayern in der Frauenkirche.

Kühbachstraße

(seit 1877) Diese Straße führte einst direkt zum Kühbächl.

Kulmbacher Platz

(seit 1931) Die im 11. Jh. erstmals erwähnte oberfränkische Stadt Kulmbach ist heute vor allem aus zwei Gründen berühmt: als Geburtsort von Thomas Gottschalk und wegen des Biers. Außerdem beherbergt das dort ansässige Zinnfigurenmuseum die größte Zinnfigurensammlung der Welt.

Kuntersweg

(seit 1934) Der Weg erinnert an die gleichnamige Straße im südtiroler Eisacktal zwischen dem Brenner und Bozen. Der Kaufmann Heinrich Kunter erhielt 1314 das Recht, einen Weg zwischen Bozen und Klausen anzulegen und Wegzoll zu erheben. Der originale Kuntersweg ist heute noch als Wanderweg erhalten.

Kupferhammerstraße

(seit 1867) Die Straße verdankt ihren Namen einem Anwohner, der im Kupferhammer-Walzwerk links der Isar arbeitete und daher sein Haus »Zum Kupferhammer-Sepp« nannte.

Kurzstraße

(seit 1915) Johann Nepomuk von Kurz (1783–1865) gründete in München 1833 die »Conservator von Kurz'sche praktisch-technisch-industrielle Privat-, Unterrichts-, Erziehungs- und Beschäftigungsanstalt für arme krüppelhafte Kinder in München«, aus der die heutige Bayerische Landesschule für Körperbehinderte hervorging.

Gasthaus im Fasangarten

Landfriedstraße

(seit 1906) Der Adlige Landfri(e)d (740–773), meist Lantfried, aus dem Stamm der Huosi, die zu den fünf Uradelsgeschlechtern Bayerns zählen, gründete mit seinen Brüdern Waltram und Eliland u. a. die Klöster Benediktbeuern und Staffelsee.

Landlstraße

(seit 1906) Die Gemeinde Landl (ca. 1 300 Einwohner) liegt im Norden der Steiermark.

Landrichterstraße

(seit 1930) Meist kam der Landrichter einmal im Monat nach Perlach, um dort Recht zu sprechen. Perlach war nämlich ab 1284 für rund fünfhundert Jahre einer der Gerichtsorte des Landgerichts Wolfratshausen.

Langobardenstraße

(seit 1960) Das Volk der Langobarden (»Langbärte«) wurde im 3. Jh. v. Chr. erstmals erwähnt. Die Langobarden siedelten an der unteren Elbe und wanderten im Laufe der Jahrhunderte südwärts nach Mähren, Ungarn und schließlich im 6. Jh. n. Chr. nach Italien (Lombardei!). Weil Langobardenkönig Authari mit der bajuwarischen Herzogstochter Theodolinde verheiratet war, herrschten bereits im 7. Jh. enge Beziehungen zwischen Italien und Baiern.

Latemarstraße

(seit 1930) Der Latemar ist eine Berggruppe in den italienischen Dolomiten, dessen höchste Erhebung der Diamantiditurm mit 2 842 m ist.

Laufzorner Straße

(seit 1963) Das Dorf Laufzorn wurde bereits 804 erstmalig erwähnt. Bis heute erhalten ist das Jagdschloss aus dem Jahr 1616. Laufzorn ist Teil der Gemeinde Oberhaching.

Laurinplatz

(seit 1910) Der sagenhafte Zwergenkönig Laurin soll einen wunderschönen Rosengarten in einem Bergmassiv in den Dolomiten besessen haben. Daher heißt die Berggruppe seit dem 15. Jh. »Rosengarten«. Was mit Laurin und seinem Rosengarten passierte, berichtet ein mittelhochdeutsches Heldenepos aus dem 14. Jh.

Lautererstraße

(seit 1912) Der wohlhabende Privatier Max Lauterer (1814–1893) vermachte sein gesamtes Vermögen dem Lokalarmenfonds München.

Lavendelweg

(seit 1965) Der violett blühende Lavendel aus der Familie der Lippenblütler stammt ursprünglich aus dem Mittelmeerraum, ist aber inzwi-

Die Straßennamen

Herbergen in der Lohstraße 1913

schen auch in vielen mitteleuropäischen Gärten heimisch.

Lebschéestraße

(seit 1899) Ohne ihn wüssten wir nicht, wie München mal ausgesehen hat: Carl August Lebschée (1800–1877) hielt in zahlreichen Gemälden, Zeichnungen und Radierungen das alte München fest.

Leifstraße

(seit 1954) Der isländische Wikinger Leif Eriksson (um 970–um 1020) trug den Beinamen »der Glückliche« nicht zu Unrecht: Er entdeckte um das Jahr 1000 den amerikanischen Kontinent, betrat in Neufundland als erster Europäer amerikanischen Boden und nannte das Gebiet »Vinland« – und das alles lange vor Kolumbus.

Leitzachstraße

(seit 1906) Die Leitzach ist ein rund 33,5 km langer Zufluss der Mangfall im Voralpenland.

Lengmoosstraße

(seit 1937) Das Dorf Lengmoos ist ein Teil der Gemeinde Ritten auf dem Hochplateau nördlich von Bozen in Südtirol.

Leonburgstraße

(seit 1935) In der südlich von Meran gelegenen Stadt Lana, der siebtgrößten Gemeinde Südtirols, steht

die Leonburg aus dem 13. Jh. Sie ist bis heute bewohnt.

Lincolnstraße

(seit 1962) Der aus einfachsten Verhältnissen stammende Abraham Lincoln (1809–1865) begann früh seine Karriere in der Republikanischen Partei und wurde schließlich 1860 zum 16. Präsidenten der USA gewählt. Der »ehrliche Abe«, so sein Spitzname, schaffte es, die abgespaltenen Südstaaten nach dem Sezessionskrieg wieder in die Union einzubinden und setzte die Abschaffung der Sklaverei durch.

Lindenstraße

(seit 1912) Ja, hier ist sie, die Münchner Lindenstraße. Sie hat nichts mit der gleichnamigen Fernsehserie in der ARD zu tun. Die Linde galt einst bei den Germanen als heiliger Baum. Viele Dörfer hatten noch bis in die Neuzeit ihre Dorflinde als Ortszentrum.

Die Villa mit Haus-Nr. 33 ließ sich 1910 der Kunstmaler Otto Bauriedl, bekannt für seine Alpenpanoramen, erbauen.

Lohstraße

(seit 1814) Nur noch diese Straße erinnert an das Dorf Lohe am Giesinger Berg, das 1814 nach Giesing eingemeindet wurde. Heute heißt Lohe Untergiesing.

Lorenzonistraße

(seit 1900) Der Schauspieler Lorenz Lorenzoni (1733–1817) betrieb sein Kreuzer- oder Lipperl-Theater im Sommer in einer Bretterbude auf dem Anger (der heutige Jakobsplatz), im Winter im Faberbräu in der Sendlinger Straße. Er sicherte sich eine dauerhafte Spiel-Konzession, indem er der Stadt ein Armenhaus am Anger und 2 500 Gulden zum Armenfonds stiftete.

Ludmillastraße

(seit 1899) Die böhmische Prinzessin Ludmilla (um 1170–1240) heiratete erst Adalbert III. von Bogen, nach dessen Tod dann dessen Erzfeind Ludwig I. von Bayern. Da Ludmillas Sohn aus erster Ehe, Adalbert VI. von Bogen, kinderlos starb, ging sein Erbe an die Wittelsbacher über – so auch das weiß-blaue Rautenwappen derer von Bogen, das heute eine der beiden bayerischen Staatsflaggen ist.

Lungstraße

(seit 1906) Christof Lung (gest. zwischen 1514 und 1520) war von 1501 bis 1503 Oberrichter der Stadt München und 1505 Mitglied des Landtags.

Mailänder Straße

(seit 1912) Die Millionenmetropole Mailand (ital. Milano) ist die zweitgrößte Stadt Italiens, Hauptstadt der Lombardei, Mode- und Designmekka, bedeutender Kultur- und Wirtschaftsstandort.

Mangfallplatz/-straße

(seit 1931/1906) Die rund 60 km lange Mangfall ist der Abfluss des Tegernsees, sie mündet bei Rosenheim in den Inn.

Marklandstraße

(seit 1956) Die Wikinger nannten ein Gebiet im kanadischen Neufundland Markland (= Waldland), als sie unter

Leif Eriksson um das Jahr 1000 in Nordamerika landeten.

Marquartsteiner Str.

(seit 1906) Die Gemeinde Marquartstein mit ihrer Burg aus dem Jahr 1075 liegt im Landkreis Traunstein südlich des Chiemsees.

Martin-Luther-Straße

(seit 1933) Mit seinen 95 Thesen wollte Augustinermönch und Theologieprofessor Martin Luther (1483–1546) eigentlich nur den Anstoß zu einer Reformation von Fehlentwicklungen des Papsttums geben. Stattdessen löste er DIE Reformation aus, die in der Gründung weiterer christlicher Konfessionen mündete. Und er übersetzte die Bibel in nur elf Wochen in ein einfaches, für jeden verständliches Deutsch.

Maukestraße

(seit 1931) Der Komponist Wilhelm Mauke (1867–1930) schuf ein umfassendes Werk aus Opern, Operetten und Liedern, außerdem befasste er sich als Musikschriftsteller vor allem mit dem Werk von Richard Strauss. In München kamen seine Opern *Der Taugenichts* (1906) und *Fanfreluche* (1912) zur Uraufführung.

Maxlrainstraße

(seit 1904) Maxlrain mit seinem Schloss aus dem 16. Jh. ist heute ein Ortsteil der Gemeinde Tuntenhausen im Landkreis Rosenheim.

Meichelbeckstraße

(seit 1900) Der Benediktbeurer Mönch Karl Meichelbeck (1669–1734) trug mit seinen Werken entscheidend dazu bei, dass sich die wissenschaftlich-fundierte Geschichtsschreibung in Deutschland durchsetzte. Er verfasste u. a. die Chroniken der Diözese Freising und des Stifts Benediktbeuern.

Menterschwaigstraße

(seit 1900) Der Besitzer des Menter-

bräus, Johann Gaibl, erwarb 1807 das Gut Harthausen, baute es zur Gaststätte um und gab ihm den neuen Namen Menterschwaige.

Meraner Straße

(seit 1906) Die Stadt Meran (ital. Merano) ist absolut sonnenverwöhnt: durchschnittlich 300 Sonnentage pro Jahr! Heute ist Meran, einst jahrhundertelang die Hauptstadt Tirols, nach der Landeshauptstadt Bozen die zweitgrößte Stadt Südtirols.

Methfesselstraße

(seit 1936) Der Komponist und Dirigent Albert Methfessel (1785–1869) wurde bei seinen Zeitgenossen vor allem mit seinen volksnahen und studentischen Liedern populär, er schrieb u. a. die Hamburg-Hymne *Hammonia*.

Miesbacher Platz/-Str.

(seit 1906)/1932) Die Kreisstadt Miesbach im Süden von München wurde 1114 erstmals schriftlich erwähnt. Die historische Altstadt steht heute unter Ensembleschutz.

Minnewitstraße

(seit 1954) Der niederländische Seefahrer Peter Minuit (um 1580–1638),

im Deutschen zu Minnewit(t) verballhornt, stand im Dienst der Niederländischen Westindien-Kompanie, für die er mehrfach in die nordamerikanische Kolonie Nieuw Nederland reiste, um den Ausbau von Nieuw Amsterdam voranzutreiben. Fälschlicherweise gilt Minuit als Gründer Nieuw Amsterdams (heute New York); für die berühmte Geschichte, dass er den Indianern die Insel Manhattan abgekauft habe, gibt es keinerlei Belege. Er gründete allerdings 1638 die Kolonie Nye Sverige (Neuschweden, heute Delaware).

Mitterteicher Straße

(seit 1955) Die Stadt Mitterteich (rund 7 000 Einwohner) liegt im Landkreis Tirschenreuth, Oberpfalz.

Mörikestraße

(seit 1906) Der Dichter Eduard Mörike (1804–1875) hätte sich gerne ganz und gar der Schriftstellerei verschrieben, traute sich aber nicht, studierte daher Theologie und verdiente als evangelischer Pastor seinen Lebensunterhalt. Erst nach seiner Frühpensionierung widmete er sich ganz der Lyrik. Viele seiner Gedichte wurden vertont.

Am Mangfallplatz

Die Straßennamen

Mondstraße

(seit 1877) Diese Straße verläuft in einem Halbrund – ganz so wie eine Mondsichel. Daher der Name.

Münchberger Straße

(seit 1931) Die Stadt Münchberg in Oberfranken (ca. 10 000 Einwohner) ist ein Zentrum der Textilindustrie. Sie liegt zwischen dem Fichtelgebirge und dem Frankenwald.

Münchner-Kindl-Weg

(seit 1962) Die Münchner Wappenfigur, im Volksmund als »Münchner Kindl« bezeichnet, ist kein Kind, sondern ein Mönch. Es müsste also z. B. beim Oktoberfestumzug von einem Mann und nicht einer Frau dargestellt werden.

Naupliastraße

(seit 1910) Im Hafen der griechischen Stadt Nauplia (griech. Nafplio) auf dem Peloponnes ging am 6. Februar 1833 Prinz Otto von Bayern an Land, um König von Griechenland zu werden. Nauplia war damals die Hauptstadt des neu geschaffenen Staates Griechenland. Erst 1834 verlegte Otto den Regierungssitz nach Athen.

Neuschwansteinplatz

(seit 1910) Schloss Neuschwanstein bei Füssen ist der Inbegriff des romantischen Märchenschlosses und eine der meistbesuchten Sehenswürdigkeiten Deutschlands. König Ludwig II. ließ es ab 1869 errichten. Die Pläne stammen nicht von Disney, sondern von Christian Jank.

Nithartstraße

(seit 1906) »Herr Nithart«, wie er allgemein genannt wurde, war einer der bedeutendsten und einflussreichsten Lyriker des Mittelalters. Nithart von Riuwental (um 1180–um 1247), auch Neidhart von Reuental, lebte vermutlich im südlichen Bayern und in Wien.

Noldinstraße

(seit 1932) Der Rechtsanwalt Josef Noldin (1888–1929) wehrte sich gegen die Italianisierung Südtirols und förderte deutschsprachige Privatschulen.

Oberaudorfer Str.

(seit 1934) Die im Jahr 780 erstmals erwähnte Ortschaft Oberaudorf ist ein Luftkurort an der Grenze zu Österreich im Landkreis Rosenheim.

Oberbiberger Straße

(seit 1935) Der Ort Oberbiberg im Süden von München, 778 erstmals erwähnt, gehört heute zur Gemeinde Oberhaching.

Obere Grasstr.

(seit 1856) Einst ein Feldweg, der zu den Wiesen und Weiden, also zum Gras führte.

Obere Weidenstr.

(seit 1899) Die vielen Weiden im nahen Überschwemmungsgebiet der Isar gaben den Namen.

Obernzeller Str.

(seit 1931) Der Markt Obernzell liegt an der Donau im Landkreis Passau.

Oberviechtacher Str.

(seit 1931) Die Stadt Oberviechtach im Oberpfälzer Landkreis Schwandorf war der Geburtsort des berühmten Wundheilers Johann Andreas Eisenbarth, der bis heute in einem Spottlied weiterlebt: »Ich bin der Doktor Eisenbarth | widewidewitt, bum bum | Kurier die Leut nach meiner Art | widewidewitt, bum bum | Kann machen, dass die Blinden gehn | Und dass die Lahmen wieder sehn. | Gloria, Viktoria, widewidewitt juchheirassa! | Gloria, Viktoria, widewidewitt, bum bum.«

Oefelestraße

(seit 1877) Der Historiker Felix Andreas von Oefele (1706–1780) war zunächst Erzieher der Söhne des Prinzen Ferdinand Maria Innozenz von Bayern am Hofe von Kurfürst Karl Albrecht. 1746 machte ihn Kurfürst Max III. Joseph zum Leiter der Hofbibliothek. Oefele zählte auch zu den Gründervätern der Bayerischen Akademie der Wissenschaften.

Oertlinweg

(seit 1958) In dem 1850 erschienenen Buch *Münchner Bilder aus dem 14. Jahrhundert* heißt es: »Im Jahr 1330 baute der Rath unter Leitung des Meisters Oertlin ein großes Wöhr bei Harlaching, zu dessen Kostentilgung alle vorbeifahrenden Kaufleute einen Zoll zu entrichten hatten.«

Den bronzenen Pinguin an der Perlacher Straße 53/55, der auf einer Kugel inmitten eines Beckens aus Kunststein steht, schuf der Bildhauer Adolf Giesin im Jahr 1931

Eine Wagnerei in der Perlacher Straße im Jahr 1919

Otkerstraße

(seit 1906) Otker (auch Otgar), Adeliger aus dem altbayerischen Geschlecht der Huosi, gründete zusammen mit seinem Bruder Adalbert 746 oder 765 das Kloster Tegernsee.

Oxnerweg

(seit 1978) Die Oxners waren eine angesehene Goldschmiedfamilie in München, deren berühmteste Mitglieder die Brüder Franz (gest. 1697) und Johann Georg Oxner (gest. 1712) waren. Franz wurde 1674 sogar Hofgoldschmied.

Paula-Herzog-Weg

(seit 1990) Paula Herzog (1921–1988), engagiertes Mitglied im Bezirksausschuss von Untergiesing von 1965 bis 1988, ist es zu verdanken, dass der Auer Mühlbach eine Brücke bekam.

Pechdellerstraße

(seit 1900) Vinzenz Pechdeller (gest. 1777), Kaufmann und Mitglied im Äußeren Rat der Stadt München, gründete ein Jahr vor seinem Tod eine Stiftung, um arme Schuster-, Schneider- und Strumpfwirker-Lehrjungen zu unterstützen.

Peißenbergstraße

(seit 1914) Der Hohe Peißenberg ist nicht so hoch, nur 968 m, aber er ist ein beliebtes Ausflugsziel im oberbayerischen Landkreis Weilheim-Schongau. Auf dem Peißenberg steht u.a. die älteste Bergwetterstation der Welt, die 1781 in Betrieb ging.

Peitinger Weg

(seit 1967) Der oberbayerische Markt Peiting fand seine erste Erwähnung im Jahr 1055 dank seiner Burg, die damals der Stammsitz der Welfen (deren aktuelles Oberhaupt ist Ernst August von Hannover) war.

Pennstraße

(seit 1954) Der Quäker William Penn (1644–1718) gründete den US-Bundesstaat Pennsylvania und die Stadt Philadelphia. Hier versuchte er sein »heiliges Experiment« zu verwirklichen, das auf Brüderlichkeit, voller Religionsfreiheit und persönlicher Freiheit von Siedlern und Indianern beruhte. Pennsylvania wurde so zum Zufluchtsort vieler verfolgter religiöser Minderheiten. Penn war damit seiner Zeit weit voraus.

Perathonerstraße

(seit 1927) Julius Perathoner (1849–1926) war der letzte deutsche Bürgermeister der süditalienischen Stadt Bozen.

Perlacher Straße/- Weg

(seit 1897) Die Straße führt bis heute nach Perlach, einst eine selbstständige Gemeinde, seit 1930 ein Teil Münchens. Perlach wurde um 790 erstmals als Peralohe erwähnt (pera = Bär/Eber, in diesem Fall Saubär, also Eber, und loh = lichter Wald).

Peter-Auzinger-Str.

(seit 1930) Der in Athen geborene Peter Auzinger (1836–1914) versuchte sich erfolglos als Schauspieler und wurde erst durch seine bayerischen Volksstücke berühmt. Von ihm stammen so klingende Stücke wie Aso san mir, Aufi und obi oder auch Es feit si nix.

Petristraße

(seit 1935) Friedrich Petri (1817–1893) erfand einen Fahrgeschwindigkeitsmesser für die Eisenbahn sowie einen Kontrollapparat , der nicht nur die Geschwindigkeit, sondern auch die zurückgelegte Strecke und die Zeit anzeigte.

Die Straßennamen

Die Ecke Pilgersheimer-/Kühbachstraße im Jahr 1904

Pilgersheimer Straße

(seit 1856) Hofbankier Anton von Pilgram ließ sich 1785 ein Schlösschen in Giesing erbauen, das er Pilgramsheim nannte.

Pistorinistraße

(seit 1956) Über das Leben des italienischen Baumeisters Antonio Francesco Pistorini (zuletzt erwähnt 1667) ist kaum etwas bekannt. Er gestaltete im Auftrag von Kurfürstin Henriette Adelaide einige Räume in der Münchner Residenz, von denen noch die sog. Päpstlichen Zimmer erhalten sind.

Plattnerstraße

(seit 1902) Zacharias Plattner (gest. um 1730) war Pfarrvikar an St. Peter.

Plecherstraße

(seit 1960) Bezirksschulrat Hans Plecher (1878–1934) veröffentlichte mehrere Bücher zur Unterrichtsmethodik an Volksschulen und war Vorstand des Bayerischen Lehrervereins.

Pöllatstraße

(seit 1952) Die wilde Pöllat durchfließt unterhalb von Schloss Neuschwanstein die Klamm der Pöllatschlucht.

Poißlweg

(seit 1967) Der Komponist Johann Nepomuk von Poißl (1783–1865), ab 1825 Hofmusik-Intendant in München, trug wesentlich dazu bei, dass sich die deutsche Oper gegenüber der damals bevorzugten italienischen und französischen durchsetzen konnte.

Portiastraße

(seit 1900) Dank einer großzügigen Spende der Maria Josepha Hyacintha Tapor von Portia (1714–1787) konnten sich die Spitäler der Barmherzigen Brüder zu St. Max und die Elisabethinerinnen zu St. Elisabeth neue Krankenbetten anschaffen.

Prößlstraße

(seit 1900) Die Generalmajorswitwe Therese Prößl (gest. 1857) stiftete rund 60 000 Gulden für Witwen und Waisen.

In Haus Nr. 6 lebte die Bestsellerautorin Kunigunde Tremel-Eggert, deren vor NS-Ideologie triefenden, von »Herzen frauenhafte« Romane während des Dritten Reichs reißenden Absatz fanden. Das alte Haus wurde 1973 abgerissen.

Quagliostraße

(seit 1899) Die ursprünglich aus dem oberitalienischen Laino stammende Künstlerfamilie Quaglio kam im Gefolge von Kurfürst Karl Theodor nach München. Ihr bekanntester Vertreter war wohl Domenico Quaglio (1787–1837), eigentlich Johann Dominicus, der als einer der bedeutendsten Architekturmaler der Romantik gilt.

Rabenkopfstraße

(seit 1935) Der Rabenkopf erhebt sich 1 555 m hoch in den Voralpen zwischen Benediktenwand und Jochberg.

Raintaler Straße

(seit 1901) Das Raintal (meist Reintal) ist ein Hochgebirgstal, durch das man von Garmisch-Partenkirchen aus die Zugspitze besteigen kann.

Ravennastraße

(seit 1910) Die italienische Stadt Ravenna in der Emilia-Romagna hatte ihre bedeutende Zeit in der Spätantike, als sie ab 402 die Hauptstadt der weströmischen Kaiser war. Heute ist Ravenna ein beliebtes Touristenziel.

In der Pilgersheimerstraße 12-16 sah es 1910 noch so aus

Reginfriedstraße

(seit 1906) Im 11. Jh. trug der Mönch Reginfried (Reinfried) im Kloster Tegernsee wesentlich zum Aufbau der dortigen Bibliothek bei. Er schenkte dem Kloster »so viele Handschriften nämlich als der Hochaltar fassen konnte«, wie eine Chronik berichtet. Diesem Reginfried wurde die Straße gewidmet, es gab aber noch einen anderen Reginfried, der unmittelbar mit Giesing zu tun hatte: Im Jahr 975 tauschte der »clericus frising, ecclesiae proprius« Reginfried Grundstücke in Giesing und Leimbach mit Bischof Abraham von Freising gegen Land in Eggenberg.

Reichardtweg

(seit 1960) Buchhändler und Verleger Franz Reichardt (1836–1908) richtete eine Stiftung zur unentgeltlichen Aufnahme von Pfleglingen im Sanatorium Harlaching ein.

Reichenhaller Straße

(seit 1906) Die oberbayerische Kreisstadt Bad Reichenhall an der Saalach lebte und lebt bis heute vom Salz. Sie verfügt über Solequellen und -bäder. Reichenhall wurde 2001 zur Alpenstadt des Jahres gekürt.

Reinekestraße

(seit 1934) Der schlaue Fuchs namens Reineke, der alle durch seine genialen Lügengeschichten täuscht, taucht schon 1498 in dem niederdeutschen Epos *Reyneke de Vos* auf. In noch älteren Werken wird der Fuchs Reinardus, Renart oder auch Reynaerde genannt. Durch Goethes humorvollsatirische Neudichtung *Reineke Fuchs* wurde die Geschichte ein Klassiker der deutschen Literatur.

Reinerstraße

(seit 1900) Armenarzt Franz Xaver Reiner (1790–1837) eröffnete 1818 in seiner Wohnung die »Reinersche Besuchsanstalt für kranke Kinder und Augenkranke« für mittellose Kinder, Vorläufer der ersten Kinderpoliklinik Münchens.

Reisachstraße

(seit 1900) Der Theatiner Kajetan Maria Freiherr von Reisach (1735–1805), Titularbischof von Dibona und Bischof des Münchner Hofbistums, oberster Hofkaplan und Großalmosenier, Wirklicher Geheimer Rat und schließlich Präsident des Geistlichen Rates, vermachte sein Erbe dem Spital der Elisabethinerinnen.

Resedenweg

(seit 1929) Reseden sind krautige Pflanzen mit langen, stark duftenden Blütendolden. Der deutsche Name ist kurz und bezeichnend: Wau.

Rißbachstraße

(seit 1960) Bei Bayerns Wildwassersportlern ist der wilde Rißbach sehr beliebt. Der 26 km lange Fluss entspringt in Tirol und wird seit 1951 durch einen Stollen in den Walchensee geleitet.

Ritterspornweg

(seit 1962) Der Rittersporn gehört zur Familie der Hahnenfußgewächse und ist eine beliebte Gartenpflanze.

Roßtalerweg

(seit 1954) Eine uralte Giesinger Sage handelt vom Roßtaler Jörg, dessen Hof in Zeiten der Pest am Giesinger Waldrand gelegen haben soll. Der Roßtaler wurde in der ersten Pestwelle verschont, in der zweiten hingegen raffte der schwarze Tod auch seine Familie weg, woraufhin er eine Christusstatue auf den Boden schleuderte, was die Pest noch verschlimmerte (*siehe auch* S. 47).

Die Straßennamen

Markante Hingucker: Die U-Bahnstation am St.-Quirin-Platz und ein Haus in der St.-Bonifatius-Straße

Rotbuchenstraße

(seit 1945) Die Rotbuche hat grüne Blätter und rotes Holz. Sie ist der häufigste Laubbaum in den deutschen Wäldern.

Rotdornstraße

(seit 1929) Der Rotdorn ist der rotblühende Vetter des Weißdorns. Der sehr widerstandsfähige Strauch ist in Europa und Nordamerika verbreitet.

Rottacher Straße

(seit 1929) Die Gemeinde Rottach-Egern, Landkreis Miesbach, liegt am Südufer des Tegernsees. Sie gehört zu den reichsten Ortschaften Deutschlands.

Rotwandstraße

(seit 1904) Mit 1 884 m ist die Rotwand der höchste Berg im Mangfallgebirge. Im Rotwandgebiet wurde am 26. Juni 2006 der »Problembär« Bruno alias JJ1 erschossen.

Sabine-Schmitt-Str.

(seit 1900) Appellationsgerichtspräsidentenwitwe Sabine von Schmitt (1799–1872) spendete großzügig für wohltätige Zwecke, so z. B. für den »Maria-Hilf-Verein in München für Erziehung armer Kinder zu braven Dienstboten«, den Kleinkinder-Bewahranstalten und dem Waisen-Verein für mittlere Stände.

Sachranger Straße

(seit 1922) Sachrang ist ein bayerisches Bilderbuchdorf im Chiemgau, das heute zur Gemeinde Aschau gehört.

Sachsenstraße

(seit 1901) Mehrere Stämme schlossen sich im 3. Jh. zum westgermanische Völkerverband der Sachsen zusammen. Die Sachsen lebten ursprünglich im Osten der Niederlande, von der Weser bis zur Elbe und nördlich der Elbe in Holstein (daher auch Niedersachsen) und besiedelten auch England. Heinrich der Löwe, der Gründer Münchens, war nicht nur Herzog von Bayern, sondern auch Herzog von Sachsen. Das heutige Bundesland Sachsen hat (außer dem Namen) nichts mit dem historischen Volk der Sachsen zu tun.

Säbener Platz/- Straße

(seit 1922/1906) Das 1686 gegründete Benediktinerinnenkloster Säben liegt auf dem Säbener Berg oberhalb von Klausen in Südtirol. Der Säbener Berg war schon in der Steinzeit besiedelt, diente ab dem 5. Jh. als christliche Kultstätte und war zeitweise Bischofssitz. Diese Straße trennt Obergiesing und Harlaching.

Säckingenstraße

(seit 1910) Die Kurstadt Bad Säckingen liegt am Hochrhein an der Grenze zur Schweiz. Berühmt wurde sie durch das epische Gedicht *Der Trompeter von Säckingen*, das Victor von Scheffel 1854 veröffentlichte. Die auf einer wahren Begebenheit beruhende Liebesgeschichte um einen Bürgerlichen zu einer Adligen (mit Happy End!) war ein absoluter Bestseller, der weit über 300 Auflagen erlebte.

Sägstraße

(seit 1956) In der kleinen Straße waren einst Sägfeiler angesiedelt.

Saleggstraße

(seit 1958) Von der einst stolzen Burg Salegg, die um 1200 auf 1 219 m Höhe oberhalb von Seis am Schlern in Südtirol erbaut wurde, ist nur noch eine verfallene Ruine übrig.

Salierstraße

(seit 1899) Das ostfränkische Adelsgeschlecht der Salier stammte ursprünglich aus dem Speyer-, Worms-, Nahegau. Sie stellten im 10. bis 12. Jh. mehrere Herzöge, Könige und schließlich auch Kaiser. Letzter Salier-Kaiser war Heinrich IV., der bis 1125 regierte.

Sanatoriumsplatz

(seit 1900) Das heutige Klinikum Harlaching eröffnete am 18. November 1899 als Sanatorium Harlaching, eine Kombination aus Krankenhaus und (Lungen-)Erholungsanstalt.

St.-Bonifatius-Straße

(seit 1951) Der im kleinen angelsächsischen Königreich Wessex geborene Benediktinermönch Bonifatius hieß eigentlich Wynfreth/Winfried (um 673–754). Er unternahm 716 seine erste Missionsreise zu den Friesen. Später gehörte zu seinem Missionsgebiet Hessen, Thüringen und Bayern. Er gründete viele Klöster und ordnete oder reorganisierte die Bistümer. Bonifatius gilt deshalb als »Missionar der Deutschen«.

St.-Magnus-Straße

(seit 1910) Über den heiligen Magnus von Füssen weiß man nur sicher, dass er irgendwann im 8. Jh. in der Gegend von Füssen gelebt hat. Er war vermutlich ein iroschottischer Mönch aus St. Gallen, der die Abtei St. Mang gegründet haben soll. Er wird als »Apostel des Allgäus« verehrt und zählt zu den Vierzehn Nothelfern (soll u. a. bei Schädlingsbefall helfen).

St.-Martins-Platz/ -Straße

(seit 1891/1897) Der heilige Martin von Tours (um 316–397) ist einer der bekanntesten Heiligen und durch die Geschichte mit dem geteilten Mantel das Vorbild für selbstloses Handeln. Der ehemalige römische Offizier Martin gründete als Eremit das erste Kloster des Abendlandes in Ligugé bei Poitiers. 372 wurde er zum Bischof von Tours geweiht. Weil er nach seinem Tod am 11. November in einer Lichterprozession mit einem Boot nach Tours überführt wurde, feiern wir bis heute den Martinstag mit einem Laternenumzug.

St.-Quirin-Platz/-Str.

(seit 1937/1938) Quirinus von Tegernsee (gest. 269) war ein römischer Märtyrer, dessen Gebeine im Jahr 746 als Geschenk von Papst Zacha-

rias an die Huosi-Grafen Adalbert und Ottokar in das neu gegründete Kloster Tegernsee überführt wurden.

St.-Zeno-Weg

(seit 1957) Einst war St. Zeno eine eigenständige Gemeinde, seit 1905 gehört sie zu Bad Reichenhall. Den Namen verdankt sie dem ehemaligen Kloster der Augustiner-Chorherren. Die Augustiner errichteten hier das dem heiligen Zenon von Verona geweihte Münster, den größten romanischen Kirchenbau Oberbayerns.

Scharfreiterplatz/-str.

(seit 1935/1933) Der Scharfreiter (meist Scharfreuter genannt) ist ein 2 102 m hoher Berg im Karwendel, über den die Grenze zwischen Bayern und Tirol verläuft.

Schellenbergstraße

(seit 1959) Es gibt viele Schellenbergs. Hier ist aber die Gemeinde Marktschellenberg im Berchtesgadener

Land gemeint, die bis 1805 von der Salzgewinnung lebte.

Schilcherweg

(seit 1956) Franz Sales von Schilcher (1766–1843) war Vorstand der Staatsbuchhaltung, Staatsrat und Präsident des Obersten Rechnungshofs sowie Commandeur des Zivil-Verdienstordens der bayerischen Krone.

Schlehdorfer Straße

(seit 1904) Die Gemeinde Schlehdorf liegt am Kochelsee im Landkreis Bad Tölz-Wolfratshausen. Das 763 erstmals erwähnte Dorf ist bekannt für sein Kloster der Missions-Dominikanerinnen.

Schlichtweg

(seit 1932) Stadtrat und Kommunalreferent Heinrich Schlicht (1864–1932) initiierte die Anlage von Spiel- und Sportplätzen sowie Kleingartensiedlungen wie die Heinrich-Schlicht-Anlage in Nederling.

Das Germania- oder Fink-Schlössl stand an der St.-Bonifatius-Straße 1, es wurde 1893 abgerissen

Die Straßennamen

Schlierachstraße

(seit 1932) Die Schlierach entspringt dem Schliersee und ist ein rechter Nebenfluss der Mangfall.

Schlierseestraße

(seit 1904) Rund 50 km südlich von München liegt am Schliersee die gleichnamige Gemeinde, die im Jahr 779 erstmals erwähnt wurde, als am »Slyrse« fünf Mönche eine Klosterzelle samt Kirche gründeten.

Schloß-Berg-Straße

(seit 1910) Schloss Berg in Berg am Starnberger See war die Sommerresidenz Ludwigs II. Hier wurde er auch nach seiner Entmündigung untergebracht. In unmittelbarer Nähe ertrank Ludwig II. im Jahr 1886. Das Schloss war unter Kurfürst Ferdinand Maria ab 1676 erbaut worden.

Schmorellplatz

(seit 1946) Der Medizinstudent Alexander Schmorell (1916–1943) war einer der Mitbegründer der Widerstandsgruppe Weiße Rose. Er lebte bei seinen Eltern in der Benediktenwandstraße 12. Schmorell war Mitverfasser der meisten antifaschistischen Flugblätter. Er wurde 1943 mit den Geschwistern Scholl in Stadelheim hingerichtet. Die russisch-orthodoxe Kirche sprach den gebürtigen Russen Schmorell am 4. Februar 2012 heilig. Gedenktag des hl. Alexander von München ist der 13. Juli.

Schönchenstraße

(seit 1912) Zwei bedeutende Musiker brachte die Künstlerfamilie Schönchen hervor: den Pianisten Heinrich (1827–1887) und seine Schwester Amalie (1836–1905), eine gefeierte Mezzosopranistin.

Schönegger Weg

(seit 1965) Schönegg ist ein Ortsteil von Dietramszell im Landkreis Bad Tölz-Wolfratshausen.

Schönseer Straße

(seit 1931) Die Gemeinde Schönsee (rund 2 500 Einwohner) liegt bei Schwandorf in der Oberpfalz nahe der tschechischen Grenze.

Schönstraße

(seit 1893) Der Baumeister Heinrich Schön d. Ä. (gest. 1640) diente dem Herzog von 1608 bis 1620 als Hofbauamtsverwalter. Er erbaute u. a. den Kaiserhof der Residenz und den Dianatempel im Hofgarten.

Schorerstraße

(seit 1954) Alois Schorer (1856–1920), Sohn eines Schlossers, stellte Kassenschränke her und engagierte sich für den Straßenbahnanschluss von Grünwald.

Schrafnagelberg

(seit 1951) Die Münchner Bürgerfamilie Schrafnagel betrieb mehrere Mühlen, darunter die älteste Münchner Mühle, die 957 erstmals erwähnte Bäckermühle am Auer Mühlbach.

Schwandorfer Straße

(seit 1931) Die große Kreisstadt Schwandorf an der Naab in der Oberpfalz hat rund 28 000 Einwohner.

Schwanseestraße

(seit 1910) Der Schwansee ist ein beliebter Badesee rund 400 m nördlich des Alpsees im Ostallgäu. Er befindet sich in unmittelbarer Nähe der Schlösser Neuschwanstein und Hohenschwangau.

Schwarzenbacher Str.

(seit 1931) Die Saale fließt durch die oberfränkische Stadt Schwarzenbach nahe Hof.

Zum Wohnhaus umgebauter Hochbunker in der Sachsenstraße

Schwarzenbergstraße

(seit 1906) Johann von Schwarzenberg (1463–1528) war Hofmeister des Fürstbischofs von Bamberg und verfasste die *Bamberger Halsgerichtsordnung*. Zudem schrieb er moralisch-satirische Gedichte und war ein Anhänger Luthers.

Schyrenplatz/-straße

(seit 1876) Die Grafen von Scheyern schrieben sich ursprünglich Schyren. 1115 bezog Otto V. von Scheyern die Burg Wittelsbach. Als er ein Jahr später Pfalzgraf von Bayern wurde, übernahm der den Namen der Burg, und damit begann die bis 1918 dauernde Herrschaft der Wittelsbacher über Bayern. Sein Sohn Otto wurde der erste Herzog von Bayern.

Seemüllerstraße

(seit 1930) Der Baumeister Simon Seemüller (1836–1908) gehörte zu den ersten Siedlern im Fasangarten.

Setzbergstraße

(seit 1952) Der Setzberg erhebt sich 1706 m hoch im Mangfallgebirge.

Severinstraße

(seit 1897) Der hl. Severin von Noricum (um 410–482) missionierte im Land Noricum (heute östl. Bayern und weite Teile Österreichs) und gründete mehrere Klöster, darunter auch in Passau. Severin ist der Patron der Bayern und Österreicher.

Seybothstraße

(seit 1912) Der Industrielle Friedrich Seyboth (1844–1910) betrieb eine Fabrik für Mineralwasser/chemische Fabrik. In seiner Zeit als Abgeordneter für die Deutsche Freisinnige Partei im Bayerischen Landtag stellte er 1894 den (erfolgreichen) Antrag zum Bau des Sanatoriums in Harlaching.

Siebenbrunner Str.

(seit 1906) Der kurfürstliche Leibarzt Joseph von Berger kaufte sich eine einsam gelegene Ausflugswirtschaft

In der Schönstraße

und erreichte es bei seinem Landesherren, dass das Anwesen 1750 zum Adelssitz mit dem Namen »Sibenbrun« erhoben wurde. Angeblich sollen hier sieben Quellen aus dem Isarhochufer geflossen sein.

Silberhornstraße

(seit 1899) Johann Nepomuk Aloys Silberhorn (1780–1842) war ab 1827 Pfarrer der Giesinger Heilig-Kreuz-Kirche und Distriktschulinspektor.

Simsseestraße

(seit 1933) Der Simssee liegt östlich der Stadt Rosenheim und ist das größte Gewässer im Landkreis.

Sintpertstraße

(seit 1956) Sintpert (um 750–807), auch Simpert oder Sindbert, war Bischof von Augsburg und Vertrauter Karls des Großen. Papst Nikolaus V. sprach Sintpert 1468 heilig.

Söllereckstraße

(seit 1939) Das Söllereck erhebt sich

1706 m hoch bei Oberstdorf in den Allgäuer Alpen.

Söltlstraße

(seit 1910) Für den Sohn eines Tagelöhners machte Johann Michael von Soeltl (1797–1888) für die damalige Zeit eine erstaunliche Karriere: Er konnte studieren, wurde Gymnasiallehrer, dann Dozent und Professor und schließlich Ordinarius für Geschichte der Münchner Universität sowie Vorstand des Geheimen Staatsarchivs. Er verfasste neben historischen Schriften auch volkstümliche Werke.

Sommerstraße

(seit 1894) Hier diente keine bedeutende Persönlichkeit als Pate, sondern die Jahreszeit Sommer.

Soyerhofstraße

(seit 1856) Der Giesinger Bauer Sebastian Soyer errichtete 1826 seinen Hof an der heutigen Ecke Kastanien-/Soyerhofstraße.

Graffiti am SMW-Häusl am Schyrenplatz

Die Straßennamen

Spitzingplatz

(seit 1959) Der Spitzingsattel (1 129 m) liegt östlich vom Brecherspitz nahe dem Spitzingsee und ist ein beliebtes Skigebiet.

Spixstraße

(seit 1902) Der Naturwissenschaftler Johann Baptist von Spix (1781–1826) studierte Philosophie, Theologie, praktizierte zeitweise als niedergelassener Arzt in Bamberg und wurde 1811 zum Konservator der zoologischen Sammlung in München. Epochal waren allerdings seine Forschungsreisen nach Brasi-

Rhino an der Tegernseer Landstraße

lien (1817–1820). Er brachte 6 500 Pflanzenarten, 2 700 Insekten, 85 Säugetiere, 350 Vögel, 150 Amphibien und Reptilien sowie 116 Fische, dazu noch eine reichhaltige Sammlung an ethnologischen Stücken mit nach München zurück.

Stadelbergstraße

(seit 1925) Der Stadelberg (924 m) ist als Ausflugsziel beliebt, weil man von ihm einen tollen Ausblick auf Miesbach und die Chiemgauer Alpen hat.

Stadelheimer Straße

(seit 1897) Joseph Stadler baute 1838 einen Gutshof im Osten Giesings, den er Stadelheim nannte. Auf dem ehemaligen Gutsgelände befinden sich heute die JVA und Teile des Perlacher Friedhofs.

Ständlerstraße

(seit 1931) Ständler (auch Stantler) hieß eine Familie von Klingenschmieden, die ursprünglich aus Passau stammte. Christoph I. Ständler (letzte Erwähnung 1579) besaß ab 1555 ein Haus samt Hammerschmiede in München. Auch sein Sohn Wolfgang (1554–1620) arbeitete als Klingenschmied. Ständler-Waffen befinden sich heute noch im Bayerischen Armee- und im Nationalmuseum.

Steingadener Straße

(seit 1945) Zwei bedeutende Sehenswürdigkeiten beherbergt die Gemeinde Steingaden in Oberbayern: das Welfenmünster aus dem 12. Jh. und die berühmte Wallfahrtskirche »Zum Gegeißelten Heiland auf der Wies«, kurz die Wieskirche.

Sterzingerstraße

(seit 1899) Der Theologe und Kirchenrechtler Ferdinand Sterzinger (1721–1786) lehrte u. a. in Prag und München. 1762 wählten ihn die Theatinermönche zu ihrem Superior. Sterzinger versuchte durch aufklärerische Schriften seinen Zeitgenossen den Aber- und Hexenglauben auszutreiben.

Stettnerstraße

(seit 1906) Simon Stettner zu Altenbeuren (gest. 1541) taucht 1510 als Zeit-Verweser der Pfleg- und Landrichter in Urkunden auf, 1524 als Stadtoberrichter zu München, 1531 als Pfleger zu Weilheim und 1538 als Kämmerer und Rentmeister.

Stilfser-Joch-Straße

(seit 1929) Das Stilfser Joch (ital.

Passo dello Stelvio) ist der höchste Gebirgspass Italiens (2757 m hoch). Es verbindet das lombardische Veltlin mit dem südtiroler Vinschgau.

Stresemannstraße

(seit 1945) Der Politiker Gustav Stresemann (1878–1929) gab nicht nur einem Kleidungsstück den Namen (der Stresemann-Anzug bezeichnet eine schwarz-grau gestreifte Hose und ein einreihiges schwarzes oder anthrazitfarbenes Jackett). Stresemann war mehrere Legislaturperioden Mitglied des Reichstags und 1923 Kanzler einer Großen Koalition. Ab 1923 bemühte er sich als Reichsaußenminister um eine Aussöhnung mit Frankreich, wofür ihm gemeinsam mit dem französischen Außenminister Aristide Briand 1926 der Friedensnobelpreis verliehen wurde.

Strohblumenweg

(seit 1962) Die Strohblume ist eine blühende Pflanze aus der Familie der Korbblütler.

Sudelfeldstraße

(seit 1970) Auf dem Sudelfeld im Mangfallgebirge bei Bayrischzell befindet sich das größte zusammenhängende Skigebiet Deutschlands.

Südtiroler Straße

(seit 1956) Südtirol (ital. Alto Adige) gehörte bis Ende des Ersten Weltkriegs zum österreichischen Kaiserreich, danach wurde es Italien zugeschlagen. Seit 1972 genießt die Autonome Provinz Bozen-Südtirol umfassende Selbstverwaltungsrechte. Immer noch gehören fast 70 % der Südtiroler zur deutschsprachigen Bevölkerung.

Sutnerstraße

(seit 1900) Jurist und Historiker Georg Karl von Sutner (1763–1836), königlich bayerischer Staats- und Reichsrat, Mitglied der Akademie der Wissenschaften, war ab 1804 Bürgermeister in München und ab 1814

Vorstand der Schuldentilgungskommission im Finanzministerium. Er schrieb u. a. die Abhandlung *München während des dreißigjährigen Krieges* (1796).

Tauernstraße

(seit 1906) Die Übersetzung des vorslawischen Worts »Tauern« bedeutet nichts anderes als »Hohe Übergänge«. Gemeint sind die vielen Saumpfade und Pässe jenes Gebirgszuges in den Alpen, der heute einfach als Tauern bezeichnet wird. Der Großglockner ist mit seinen 3 797 m der höchste Berg der Hohen Tauern.

Tegelbergstraße

(seit 1921) Der Tegelberg (1 881 m) erhebt sich in den Ammergauer Alpen bei Schwangau.

Tegernseer Landstraße/- Platz

(vor 1858/1990) Die Straße führte schon seit Urzeiten nach Tegernsee, der Stadt am gleichnamigen Gewässer. Erstmals erwähnt wurde Tegernsee mit der Gründung eines Benediktinerklosters im Jahr 746. Nach der Säkularisation kaufte König Max I. Joseph das Kloster und nutze es fortan als Schloss für die Sommerfrische.

Terhallestraße

(seit 1963) Der Wirtschaftswissenschaftler Fritz Terhalle (1889–1962) war 1945/46 Bayerischer Finanzminister und ab 1949 Vorsitzender des Wissenschaftlichen Beirats beim Bundesfinanzministerium.

Terlaner Straße

(seit 1929) Zwischen Bozen und Meran liegt die Gemeinde Terlan (ital. Terlano), eines der bekanntesten Weindörfer Südtirols.

Teutoburger Straße

(seit 1899) Im Teutoburger Wald, einer Region zwischen Osnabrück und

Vorher – nachher: der Tegernseer Platz im Jahr 1912 und heute

Bielefeld, soll angeblich im Jahr 9 die Varusschlacht getobt haben. Cheruskerfürst Arminius vernichtete in dieser Schlacht die zahlenmäßig deutlich überlegenen römischen Truppen unter Publius Quinctilius Varus.

Thannkirchener Weg

(seit 1965) Der Weiler Thannkirchen ist Teil der Gemeinde Dietramszell im Süden von München.

Thelemannstraße

(seit 1922) Der Jurist Heinrich von Thelemann (1851–1923) war von 1912 bis 1918 bayerischer Justizminister.

Theodolindenplatz/ -straße

(seit 1900) Die bajuwarische Fürstentochter Theodolinde, auch Theudelinde (um 570–627), war zunächst mit Langobardenkönig Authari, dann mit dessen Nachfolger König Agilulf verheiratet. Sie versuchte die Christianisierung der Langobarden voranzutreiben. Theodolinde führte nach Agilulfs Tod die Regierungsgeschäfte für ihren minderjährigen Sohn.

Thusneldastraße

(seit 1914) Auch wenn sich von ihr der heute als Schimpfwort übliche Begriff »Tussi« ableitet, war Thusnelda (gest. nach 17) keine solche. Cheruskerfürst Arminius entführte und heiratete die Tochter des Cheruskerfürsten Segestes im Jahr 14. Segestes ließ Thusnelda (inzwischen schwanger) zurückentführen und lieferte sie den Römern aus. Ge-

Die Straßennamen

gemeinsam mit dem in Ravenna geborenen Sohn Thumelicus wurde Thusnelda als Trophäe beim Triumphzug des Germanicus in Rom mitgeführt.

Tierparkstraße

(seit 1914) Es dürfte kaum jemanden überraschen, dass diese Straße nach dem Tierpark Hellabrunn benannt wurde.

Tiroler Platz

(seit 1927) Die Region Tirol gehörte kurzfristig von 1805 bis 1814 zu Bayern, dann wieder zu Österreich. Nach dem Ersten Weltkrieg teilte man Tirol auf, Südtirol und Trentino

Weinbauernstraße an der Ecke Tegernseer Landstraße

kamen zu Italien. Hauptstadt des heutigen österreichischen Bundeslands Tirol ist Innsbruck.

Tirschenreuther Str.

(seit 1931) Die 1134 erstmals erwähnte Stadt Tirschenreuth liegt in der Oberpfalz nahe der tschechischen Grenze.

Traminer Straße

(seit 1934) Tramin (ital. Termeno) ist ein Weinort in Südtirol, der als Anbaugebiet der Rebsorte Gewürztraminer berühmt wurde.

Trauchbergstraße

(seit 1960) Der bei Steingaden gelegene Trauchberg (1 527 m) gehört zu den Ammergauer Alpen.

Traunsteiner Straße

(seit 1906) Die große Kreisstadt Traunstein an der Traun (rund 19 000 Einwohner) ist der Hauptort des Chiemgaus.

Über der Klause

(seit 1912) Die nahe Marienklause, eine 1866 erbaute kleine Privatkapelle, gab den Namen.

In Haus Nr. 10 lebte der Verhaltensforscher Karl von Frisch, der 1973 den Nobelpreis für

Physiologie oder Medizin erhielt.
Die repräsentative Villa Hausnummer 12 ließ sich Prinz Ernst von Sachsen-Meiningen 1910 erbauen.

Ulmenstraße

(seit 1912) Die Ulmen, Laubbäume in mehreren Arten, sind momentan stark gefährdet, da eine Pilzerkrankung die Bestände drastisch dezimiert.

Untere Grasstraße

(seit 1856) Einst war dies ein Feldweg, der zu den Wiesen der Giesinger Bauern führte.

Untere Weidenstraße

(seit 1899) Hier gaben die Weiden in den Isarauen den Namen.

Untersbergstraße

(seit 1903) Der Untersberg (1 973 m) gehört zu den Nördlichen Kalkalpen. Über seinen Gipfel verläuft die Grenze zwischen Bayern und Österreich.

Vahrner Straße

(seit 1927) Die Gemeinde Vahrn (ital. Varna, etwas mehr als 4 000 Einwohner) liegt nördlich von Brixen in Südtirol.

Valeppstraße

(seit 1929) Valepp ist ein Gebirgstal, ein Bach und eine Siedlung südlich des Spitzingsees. Der Bach Rote Valepp ist der Abfluss des Sees.

Veroneser Straße

(seit 1957) Die Markgrafschaft Verona (praktisch ganz Nordostitalien) grenzte im Mittelalter nicht nur an Bayern, sie gehörte von 952 bis 976 dem bayerischen Herzog als Lehen. Der Hauptort war damals und ist bis heute Verona, Partnerstadt von München, deren Altstadt zum UNESCO Weltkulturerbe gehört.

Vierheiligstraße

(seit 1928) Josef Vierheilig (1846–1925) betrieb ein Militäreffektengeschäft und saß für die liberale Partei im Magistratsrat.

Vintschgauer Straße

(seit 1906) Der Vin(t)schgau (ital. Val Venosta) ist der oberste Teil des Etschtals in Südtirol zwischen Reschenpass und Meran.

Volckmerstraße

(seit 1899) Goldschmied und Geodät Tobias Volckmer d. J. (1586–1659) fertigte zusammen mit seinem gleichnamigen Vater u. a. mathematische Instrumente zur Landvermessung an und schuf 1613 auf der

Grundlage dieser Messungen den ersten detaillierten, gedruckten Stadtplan von München.

Vollmarpark/-straße

(seit 1967) Georg von Vollmar auf Veltheim (1850–1922) beschäftigte sich nach Ende seiner Militärlaufbahn mit Politik und bekannte sich ab 1877 zum Sozialismus. Nach etlichen Verhaftungen wandte er sich der moderateren Sozialdemokratie zu und baute ab 1892 den bayerischen Landesverband der SPD auf, deren Landesvorsitzender er von 1894 bis 1918 war.

Voßstraße

(seit 1902) Der Dichter Johann Heinrich Voß (1751–1826) hinterließ ein reichhaltiges Werk an Lyrik. Bedeutender jedoch war seine Tätigkeit als Übersetzer. Voß übertrug die Epen *Ilias* und *Odyssee* von Homer sowie Werke weiterer antiker Dichter wie Ovid, Horaz und Hesiod sprachgewandt ins Deutsche.

Waginger Straße

(seit 1937) Der Markt Waging im Landkreis Traunstein führt eigentlich den etwas irreführenden Beinamen »am See«, liegt aber nicht direkt am Ufer des gleichnamigen Sees.

Waidbrucker Straße

(seit 1929) Das Dorf Waidbruck (ital Ponte Gardena) im unteren Eisacktal existiere schon als römische Siedlung »Sublavio« im 1. Jh., weil hier eine Brücke über den Fluss führte.

Walchenseeplatz

(seit 1906) Der Walchensee, rund 75 km südlich von München, ist einer der tiefsten und größten Alpenseen Deutschlands. 2008 drehte Michael »Bully« Herbig an seinen Ufern die Realverfilmung von *Wickie und die starken Männer*. Einige Kulissenbauten des Wikingerdorfs Flake blieben stehen und sind heute touristischer Anziehungspunkt für Filmfans.

Etwas versteckt in der Unteren Grasstraße 6 findet man diese Jugendstilfassade von 1904 (Architekt: Hans Thaler, Stuck: Max Scheidl)

Waldmünchener Str.

(seit 1931) Die Stadt Waldmünchen in der Oberpfalz, Landkreis Cham, wurde im 10. Jh. erstmals urkundlich erwähnt.

Waldsassener Straße

(seit 1931) Einst stand hier nur ein Zisterzienserkloster namens Waldsassen aus dem 12. Jh. Im 17. Jh. siedelten dann calvinistische Glaubensflüchtlinge im Umkreis und gründeten die Stadt.

Waldschmidtstraße

(seit 1916) Der bayerische Heimatschriftsteller Maximilian Schmidt (1832–1919), bekam den Spitznamen bzw. Ehrentitel Waldschmidt, weil viele seiner damals sehr populären Werke im Bayerischen oder Böhmer Wald spielten. 1890 gründete Waldschmidt zudem den Bayerischen Fremdenverkehrsverband.

Wallbergstraße

(seit 2007) Der Wallberg (1 722 m) im Mangfallgebirge ist beliebt als Startpunkt für Gleitschirm- und Drachen-

flieger. Zudem bietet er die längste Winterrodelstrecke Deutschlands.

Waltramstraße

(seit 1906) Der Adlige Waltram stammte aus dem altbayerischen Geschlecht der Huosi und soll mit seinen Brüdern Lantfrid und Eliland das Kloster Benediktbeuern auf dem Gelände einer von Karl Martell eingerichteten fränkischen Wachstation gegründet haben.

Warngauer Straße

(seit 1904) Der Ort Warngau im Landkreis Miesbach wurde 804 erstmals erwähnt.

Warthofstraße

(seit 1910) An der Stadelheimer Straße befand sich einst ein Rastplatz für Fuhrwerke namens Warthof. Das Gelände kaufte 1823 Bürgermeister Joseph von Utzschneider und errichtete einen Gutshof.

Watzmannstraße

(seit 1877) Das zentrale Bergmassiv der Berchtesgadener Alpen ist der

Watzmann mit seiner 2 713 m hohen Mittelspitze. Der Sage nach handelt es sich bei der Berggruppe um den grausamen König Wazemann, der mit seiner Frau und den sieben Kindern das Land terrorisierte. Die ganze Königsfamilie wurde durch einen Fluch in Stein verwandelt.

Wegscheider Straße

(seit 1931) Die Marktgemeinde Wegscheid liegt im Landkreis Passau.

Weinbauernstraße

(seit 1856) Im Jahr 1826 eröffnete hier der Weinbauer Jakob Dick aus der

Am Wettersteinplatz

Pfalz im ehemaligen Schmiedbauerngut eine Weinwirtschaft, schon wenige Jahre später hatte sich der Name »Zum Giesinger Weinbauern« eingebürgert.

Weißenseestraße

(seit 1947) Am Nordufer des Weißensees liegt der gleichnamige Stadtteil von Füssen im Allgäu.

Wendelsteinstraße

(seit 1876) Der Wendelstein (1.838 m) liegt bei Bayrischzell im Mangfallgebirge.

Weningstraße

(seit 1899) Der Nürnberger Metzgerssohn Michael Wening (1645–1718) stand als Hofkupferstecher im Dienste von Kurfürst Max Emanuel. Wening schuf Kupferstiche von rund 1 000 bayerischen Orten in seinem vierbändigen Hauptwerk *Historico-topographica descriptio Bavariae*.

Werinherstraße

(seit 1899) Der Priester und frühmittelhochdeutsche Dichter Werinher bzw. Wernher stammte vermutlich aus Augsburg. Im Jahr 1172 schrieb er über das Leben der Jungfrau Maria *Driu liet von der maget* (*Drei Dichtungen von der Jungfrau*).

Werner-Schlierf-Str.

(seit 2011) Der Giesinger Optikermeister Werner Schlierf (1936–2007) veröffentlichte zahlreiche Romane, Geschichten und Theaterstücke über die Münchner Nachkriegszeit.

Wettersteinplatz/-str.

(seit 1906/1936) Das Wettersteingebirge erstreckt sich zwischen Garmisch-Partenkirchen, Mittenwald,

Seefeld in Tirol und Ehrwald. Höchster Gipfel und gleichzeitig höchster Berg Deutschlands ist die Zugspitze mit 2 962 m.

Weyarner Straße

(seit 1932) Hauptsehenswürdigkeit der Gemeinde Weyarn im Landkreis Miesbach ist das Augustinerchorherrenkloster aus dem 12. Jh., zu dem die Burg Viare aus dem 11. Jh. umgebaut wurde.

Widdersteinstraße

(seit 1921) Der Große Widderstein (2533 m) liegt im österreichischen Vorarlberg, südlich des Kleinwalsertals.

Wieskirchstraße

(seit 1952) Eigentlich heißt sie »Wallfahrtskirche zum Gegeißelten Heiland auf der Wies«, doch jeder kennt sie unter dem Kurznamen Wieskirche: die prächtig ausgestattete Wallfahrtskirche im Pfaffenwinkel, nahe der Gemeinde Steingaden.

Wikingerstraße

(seit 1954) Unter Wikingern versteht man heute streng genommen nur die Angehörigen von kriegerischen Seevölkern aus dem Nord- und Ostseeraum, die zwischen 800 und 1050 Raubzüge entlang der europäischen Küsten unternahmen und quasi ständig an Bord der Schiffe lebten. Einige gründeten auch neue Kolonien. Nur wenige skandinavische Völker sind demnach automatisch Wikinger, auch wenn es weiterhin populär ist, sie als solche zu bezeichnen. Leif Eriksson, der lange vor Kolumbus Amerika entdeckte, gilt nach moderner Definition nicht als Wikinger.

Wilhelm-Kuhnert-Str.

(seit 1958) Der Maler Friedrich Wilhelm Kuhnert (1865–1926) spezialisierte sich auf Tierbilder und unternahm immer wieder Reisen nach Afrika und Indien, um vor Ort Tiere in freier Wildbahn zu studieren und zu zeichnen. So trug er u. a. auch zu *Brehms Tierleben* Illustrationen bei.

Willroiderstraße

(seit 1912) Landschaftsmaler und Akademieprofessor Ludwig Willroider (1845–1910) fand seine Lieblingsmotive rund um den Starnberger See, im Isartal und in Kärnten.

In der nicht mehr existenten Villa »Tannhof«, Haus-Nr. 10, lebte Karl Fiehler, NSDAP-Oberbürgermeister von München.

Winlandstraße

(seit 1956) Winland (heute meist Vinland geschrieben) nannte der isländische Seefahrer Leif Eriksson um das Jahr 1000 herum einen Küstenabschnitt in Nordamerika, wo er als erster Europäer landete.

Winterstraße

(seit 1897) Wenn schon der Sommer eine Straße in Giesing bekam, so sollte auch der Winter nicht zu kurz kommen.

Wirtstraße

(seit 1856) Ab 1790 stand an der Kreuzung Wirt-/Tegernseer Landstraße das beliebte Wirtshaus »Zum letzten Pfennig«, zuvor ein Gehöft des Klosters Beuerberg. Die Wirtschaft wurde 1926 durch einen Brand zerstört, der Straßenname blieb.

Wörnbrunner Platz

(seit 1945) Wörnbrunn im Perlacher Forst wurde 1170 erstmals als »Wernprethsprunn« erwähnt. Aus dem Gehöft wurde ein Jagdhaus der Wittelsbacher, heute ist im Forsthaus eine Gastwirtschaft untergebracht.

Wolgemutstraße

(seit 1963) Der Nürnberger Maler und Holzschnittmeister Michael Wolgemut (1434–1519) betrieb eine große Werkstatt, in der auch Albrecht Dürer sein Handwerk lernte. Wolgemuts Werkstatt schuf u. a. die 1809 Holzschnitte zur *Schedelschen Weltchronik* von 1493.

Wolkensteinstraße

(seit 1933) Über dem Ort Wolkenstein in Gröden, Südtirol, thront die Ruine der gleichnamigen Burg aus dem 13. Jh. Sie war Stammsitz der Tiroler Adelsfamilie Wolkenstein-Trostburg, aus der der bedeutende spätmittelalterliche Dichterkomponist Oswald von Wolkenstein stammte.

Zasingerstraße

(seit 1899) Der um 1430 geborene Nürnberger Goldschmied und Kupferstecher Martin (auch Mathäus) Zasinger (auch Zagel, Zanzinger oder Zazinger) schuf zwischen 1496 und 1510 »treffliche Arbeiten in Schongauers Manier« in München, wie eine alte Chronik berichtet. 1512/13 gehörte er dem Äußeren Rat Münchens an.

Garten an der Zehentbauernstraße

Wunderhornstraße

(seit 1928) Clemens Brentano und Achim von Arnim veröffentlichten 1805 bis 1808 *Des Knaben Wunderhorn* eine umfangreiche Sammlung von alten Volksliedtexten in drei Bänden – von einigen Zeitgenossen durchaus kritisch »als heilloser Mischmasch von allerlei schmuzigen und nichtsnuzigen Gassenhauern« bezeichnet. Gustav Mahler vertonte zwölf Texte der Sammlung.

Zehentbauernstraße

(seit 1856) Hier stand ab 1574 bis 1900 der Zehentbauernhof.

Zugspitzstraße

(seit 1877) Deutschlands höchster Berg, die 2 962 m hohe Zugspitze, wurde 1820 erstmals bestiegen. Heute führen drei Seilbahnen bequem auf den Gipfel.

Giesing und Harlaching in Zahlen

106 537 Einwohner, davon 52 303 Männer und 54 234 Frauen

61 040 Haushalte, davon 35 652 (= 58,5 %) Singlehaushalte

1 287 Geburten gegenüber 892 Sterbefällen

7 Grundschulen, 1 Haupt-/Mittelschulen, 3 Gymnasien, 11 berufliche Schulen

83 Kindertageseinrichtungen mit 4 520 Betreuungsplätzen

6 Krankenhäuser mit 1 171 Betten

3 Museen, 3 öffentliche Bibliotheken, 1 Kino

504 776 Übernachtungen in 11 Tourismusbetrieben mit 2 706 Betten

214 Ärzte – 498 Einwohner je Kassenarzt

87 Zahnärzte – 1 225 Einwohner je Kassenzahnarzt

21 Apotheken – 5 073 Einwohner je Apotheke

2 271 Arbeitslose

18 243 Einwohner sind 65 Jahre und älter

1 377,71 ha Gesamtfläche, davon 769,27 ha Gebäude- und 234,51 ha Erholungsflächen

42 773 Kraftfahrzeuge, davon 1 280 Lkw und 4 051 Krafträder

Ergebnisse Stadtratswahl 2014:

SPD	30,8 %
CSU	28,4 %
Grüne	18,2 %
Freie Wähler	3,2 %
Die Linke	3,1 %
FDP	3,0 %

28 963 Menschen mit ausländischem Pass leben in den Stadtbezirken 17 und 18; die Top-5 der Nationalitäten:

1.	Kroaten	2 954
2.	Türken	2 728
3.	Griechen	2 326
4.	Polen	1 605
5.	Italiener	1 756

61,0 % für OB Dieter Reiter (SPD)

Zahlen für die Bezirke Obergiesing-Fasangarten und Untergiesing-Harlaching.
Quelle: Statistisches Jahrbuch München 2018 (Stand der Zahlen Ende 2017)

Stichwortverzeichnis

Stichwortverzeichnis | Literatur

Literatur

Alt, Karl: Überschreiten von Grenzen. Strafgefängnis München Stadelheim zwischen 1934 und 1945. München 1994

Arz, Martin/Schäfer, Marc: Unser München – Das Stadt-Teil-Buch. München 2011

Bauer, Richard/Graf, Eva: Nachbarschaften – Altmünchner Herbergsviertel und ihre Bewohner. München 1984

Bildhauer, Maximilian: Munich Boazn – Teil 1 Giesing. München 2012

Dollinger, Hans: Die Münchner Straßennamen. München, 2007

Fachhochschule München, Fachbereich Architektur (Hrsg.): Die historischen Kleinhäuser der Feldmüllersiedlung in München-Obergiesing. München 1979

Furtmayr, Helga: Das frühmittelalterliche Gräberfeld von München-Giesing, Diss. München 1995

Giesing, Au, Haidhausen 1854–1979. Seit 125 Jahren bei München. Alte Dörfer rechts der Isar vor den Toren Münchens. Festschrift. München 1979

Gratz, Fritz: 1900–2000, 100 Jahre Ostfriedhof München, hrsg. von der Städtischen Friedhofsverwaltung. München 2000

Grad, Andreas: Harlaching vom Miocän bis heute. München 1974

Greipl, Egon Johannes (Hrsg.): Münchner Lebenswelten im Wandel – Au, Haidhausen und Giesing 1890–1914, Fotografien aus dem Bildarchiv des Bayerischen Landesamtes für Denkmalpflege. München 2008

Gribl, Dorle: Harlaching und die Menterschwaige – Vom Edelsitz zur Gartenstadt. München 2004

Guttmann, Thomas (Hrsg.): Giesing. – Vom Dorf zum Stadtteil. Beiträge zur Geschichte und Gegenwart Giesings und Harlachings. München 2004

ders.: Unter den Dächern von Giesing – Politik und Alltag 1918–1945. München 1993

ders.: Giesing und die Eisenbahn. München 1998

Haerendel, Ulrike: Kommunale Wohnungspolitik im Dritten Reich – Siedlungsideologie, Kleinhausbau und »Wohnraumarisierung« am Beispiel Münchens. München 1999

Haftmann, Heinz/ Karl, Willibald/Scharf, Alfons: Giesing – Bauern, Bach und Berg. Vom dörflichen Leben um 1800. München 2004

Haftmann, Heinz: Das Dorf Obergiesing – Eine Chronik der bäuerlichen Anwesen und ihrer Besitzerfamilien. München 2013

Karl, Willibald (Hrsg.): Giesinger Köpfe – 50 Lebensbilder aus zwei Jahrhunderten. München 2008

Karl, Willibald/Pohl, Karin (Hrsg.): Amis in Giesing – München 1945-1992. München 2013

Katholische Pfarrgemeinde Hl. Kreuz (Hrsg.): 175 Jahre katholische Pfarrgemeinde Hl. Kreuz-Giesing. München 2002

Klimesch, Peter: Drunt in der grünen Au. München 2014

Lutherkirche (Hrsg.): 75 Jahre Lutherkirche. München 2002

Mollenhauer, Bernd: Zwischen Monarchie und Münchner Freiheit. München 2010

Münchener Begräbnisverein e. V. (Hrsg.): Der Ostfriedhof in München – ein Ort mit reicher Geschichte. München 2000

Münchner Gesellschaft für Stadterneuerung mbH: Sanierung der Feldmüllersiedlung in Giesing. München 2006

Schlierf, Werner: »Kiesgruben-Krattler«. – Geschich-

ten aus einer schadhaften Zeit. 4. Aufl., München 2004

Stein, Maria: Edelweißstraße 7 in München-Giesing – Meine Wohnung ist meine Heimat. hrsg. von Karin Goetz-Dreher. München 2003

Stuiber, Irene: Hingerichtet in München-Stadelheim – Opfer der nationalsozialistischen Verfolgung auf dem Friedhof am Perlacher Forst. München 2004

Vieregg, Hildegard: Deckname »Betti« – Jugendlicher Widerstand und Opposition gegen die Nationalsozialisten in München. München 1997

Weyerer, Benedikt: München 1933–1949 – Stadtrundgänge zur politischen Geschichte. München 2006

http://www.stbam1.bayern. de/wir_ueber_uns/geschichte-dienstgebaeude.php

Bezirksausschuss Obergiesing-Fasangarten
Bezirksausschuss Untergiesing-Harlaching:

Bezirksausschuss 17 und 18
BA-Geschäftsstelle Ost
Landeshauptstadt München Baureferat
Friedenstraße 40
81671 München

Fon: 089-233-61480/-81/-82/-83/-84/-85
Fax: 089-23361485

E-Mail (Geschäftsstelle): bag-ost.dir@muenchen.de

So setzt sich der Bezirksausschuss 17
Obergiesing-Fasangarten seit der
Kommunalwahl 2014 zusammen:

SPD	9 Mitglieder
CSU	7 Mitglieder
Die Grünen	6 Mitglieder
Freie Wähler	2 Mitglieder
FDP	1 Mitglied

So setzt sich der Bezirksausschuss 18
Untergiesing-Harlaching seit der
Kommunalwahl 2014 zusammen:

SPD	10 Mitglieder
CSU	8 Mitglieder
Die Grünen	5 Mitglieder
FDP	2 Mitglieder

Giesing-Safari

Bauern · Edelsitze · Grattler · Revolutionäre · Bier · Fußball …

Giesing exklusiv erkunden und erleben mit einer Giesing-Safari.
Alle Termine finden Sie auf unserer Webseite **www.muenchen-safari.de**

Bildnachweis | Impressum

Impressum

2. überarbeitete Auflage, Februar 2019

Text und Gestaltung: Martin Arz

Grundlayout: Franz Schiermeier Verlag

Druck: Druckservice Brucker, Mainburg

ISBN 978-3-940839-36-7

Besuchen Sie uns im weltweiten Netz:
www.hirschkaefer-verlag.de

Mit Liebe gemacht.